老年护理

（1+X 老年照护职业技能等级考证用书）

主　编　但　琼　杨玉梅
副主编　余　幸　雷　湘　杨　珍
　　　　燕雪琴　吴文静
编　者　（以姓氏笔画为序）
　　　　王　娜　武汉市武昌医院
　　　　杨　珍　武汉铁路职业技术学院
　　　　杨玉梅　武汉铁路职业技术学院
　　　　吴文静　武汉铁路职业技术学院
　　　　但　琼　武汉铁路职业技术学院
　　　　余　幸　武汉铁路职业技术学院
　　　　贾　可　武汉市中心医院
　　　　雷　湘　武汉铁路职业技术学院
　　　　燕雪琴　武汉铁路职业技术学院

华中科技大学出版社
http://press.hust.edu.cn
中国·武汉

内容简介

本书为1+X老年照护职业技能等级考证用书。

本书共五个项目,内容包括人口老龄化与老年护理、老年保健、老年人健康评估、老年人常见疾病与护理、老年人日常健康问题与安全护理(实践技能模块)。本书重视数字资源对学习过程和具体教学环节的跟踪和支持,书中大部分知识点和操作技能有配套视频演示。

本书适用于高等职业教育护理专业的学生,也可作为1+X老年照护职业技能等级考证用书。

图书在版编目(CIP)数据

老年护理/但琼,杨玉梅主编.—武汉:华中科技大学出版社,2023.5
ISBN 978-7-5680-9445-0

Ⅰ.①老… Ⅱ.①但… ②杨… Ⅲ.①老年医学-护理学-高等职业教育-教材 Ⅳ.①R473.59

中国国家版本馆 CIP 数据核字(2023)第 090148 号

老年护理(1+X老年照护职业技能等级考证用书) 但 琼 杨玉梅 主编
Laonian Huli(1+X Laonian Zhaohu Zhiye Jineng Dengji Kaozheng Yongshu)

策划编辑:黄晓宇 周 琳	
责任编辑:李艳艳 李 佩	
封面设计:廖亚萍	
责任校对:李 弋	
责任监印:周治超	

出版发行:华中科技大学出版社(中国·武汉)　　电话:(027)81321913
　　　　　武汉市东湖新技术开发区华工科技园　　邮编:430223

录　排:华中科技大学惠友文印中心
印　刷:湖北新华印务有限公司
开　本:787mm×1092mm　1/16
印　张:15.25
字　数:348千字
版　次:2023年5月第1版第1次印刷
定　价:59.80元

本书若有印装质量问题,请向出版社营销中心调换
全国免费服务热线:400-6679-118　竭诚为您服务
版权所有　侵权必究

前言

Qianyan

随着人口老龄化的迅速发展,我国已经成为世界上老年人口最多的国家,巨大的养老服务需求与专业化服务提供不足的矛盾日益突出。老年人值得全社会的尊敬和爱戴,更需要关心和帮助。积极应对人口老龄化,为老年人提供有尊严的专业照护服务,从而提升老年人的生活水平和生命质量是全社会的共同愿望。

2019年,教育部推出"学历证书+若干职业技能等级证书"制度(以下简称1+X证书制度)试点项目,其中确定在养老服务领域首批推出老年照护职业技能等级证书试点项目。这一重大举措旨在充分发挥教育资源在服务经济社会发展方面的人才支撑作用,积极引导并推进养老服务业与相关职业院校快速融合,有效引导相关应用型职业院校学生关注中国养老服务业对人才的迫切需求,努力学习并掌握养老服务相关职业技能,成为中国养老服务业科学发展培育的专业化职业技能人才,确保养老服务业的可持续发展。与此同时,加快老年护理教材建设迫在眉睫。因此编者参照国内外护理专业各层次教材和资料,编写了本书。

本书以培养实用性与技能性高等职业教育护理人才为指导思想,结合我国老年人口不断增长和对养老服务需求不断扩大的特点,强化护士的岗位角色、岗位任务与动手能力的培养,与护士执业资格考试以及1+X老年照护职业技能等级考试密切结合,注重科学性、实用性和新颖性,以便更好地与临床对接,从而满足医院、社区、家庭及养老服务机构等对高端技能型老年护理人才的需求。全书共五个项目,内容包括人口老龄化与老年护理、老年保健、老年人健康评估、老年人常见疾病与护理、老年人日常健康问题与安全护理(实践技能模块)。本书重视数字资源对学习过程和具体教学环节的跟踪和支持,书中部分知识点和操作技能有配套视频演示。

本书在编写过程中,得到了编者所在学校、医院的领导及有关专家的大力支持和热情指导,在此表示衷心的感谢。由于时间仓促,且编者水平和能力有限,书中难免存在错误与疏漏,不妥之处敬请使用本书的老师、学生和护理界同仁等批评、指正。

编 者

目录
Mulu

项目一　人口老龄化与老年护理 / 1
　任务1　人口老龄化 / 1
　任务2　老化与衰老 / 9
　任务3　老年护理的发展与现状 / 13

项目二　老年保健 / 19
　任务1　老年保健 / 19
　任务2　老年照护职业认知 / 27

项目三　老年人健康评估 / 33
　任务1　老年人健康评估的特点 / 33
　任务2　老年人身体健康状况的评估 / 37
　任务3　老年人心理健康状况评估 / 44
　任务4　老年人生存质量评估 / 54

项目四　老年人常见疾病与护理 / 58
　任务1　老年慢性阻塞性肺疾病的护理 / 58
　任务2　老年胃食管反流的护理 / 62
　任务3　老年急性心肌梗死的护理 / 65
　任务4　老年帕金森病的护理 / 68
　任务5　老年阿尔茨海默病的护理 / 71
　任务6　老年白内障的护理 / 75
　任务7　老年糖尿病的护理 / 79
　任务8　老年骨质疏松症的护理 / 84
　任务9　老年抑郁症的护理 / 88
　任务10　老年人临终照护 / 91

项目五　老年人日常健康问题与安全护理（实践技能模块） / 99
　任务1　用药护理 / 99
　任务2　居住环境 / 105

任务3　老年人的活动　　　　　　　　　　　　　　　/ 109
任务4　转运照护　　　　　　　　　　　　　　　　　/ 115
　　任务4-1　助行器具的使用帮助与指导　　　　　　/ 115
　　任务4-2　轮椅转运　　　　　　　　　　　　　　/ 121
　　任务4-3　平车转运　　　　　　　　　　　　　　/ 125
任务5　急危应对　　　　　　　　　　　　　　　　　/ 129
　　任务5-1　异物梗喉的应对　　　　　　　　　　　/ 129
　　任务5-2　跌倒的应对　　　　　　　　　　　　　/ 134
　　任务5-3　烫伤的应对　　　　　　　　　　　　　/ 139
任务6　饮食照护　　　　　　　　　　　　　　　　　/ 145
　　任务6-1　进水帮助　　　　　　　　　　　　　　/ 145
　　任务6-2　进食帮助　　　　　　　　　　　　　　/ 149
　　任务6-3　特殊进食帮助　　　　　　　　　　　　/ 154
任务7　排泄照护　　　　　　　　　　　　　　　　　/ 160
　　任务7-1　如厕帮助　　　　　　　　　　　　　　/ 160
　　任务7-2　便器使用帮助　　　　　　　　　　　　/ 163
　　任务7-3　尿垫、纸尿裤更换　　　　　　　　　　/ 168
　　任务7-4　简易通便帮助　　　　　　　　　　　　/ 174
　　任务7-5　一次性尿袋协助更换　　　　　　　　　/ 180
　　任务7-6　造口袋更换　　　　　　　　　　　　　/ 184
任务8　清洁照护　　　　　　　　　　　　　　　　　/ 188
　　任务8-1　口腔清洁　　　　　　　　　　　　　　/ 188
　　任务8-2　头发清洁与梳理　　　　　　　　　　　/ 194
　　任务8-3　身体清洁　　　　　　　　　　　　　　/ 199
　　任务8-4　衣物更换　　　　　　　　　　　　　　/ 207
　　任务8-5　压疮预防　　　　　　　　　　　　　　/ 212
任务9　冷热应用　　　　　　　　　　　　　　　　　/ 216
　　任务9-1　热水袋使用　　　　　　　　　　　　　/ 216
　　任务9-2　湿热敷运用　　　　　　　　　　　　　/ 221
　　任务9-3　体温测量　　　　　　　　　　　　　　/ 225
　　任务9-4　使用冰袋物理降温　　　　　　　　　　/ 230
　　任务9-5　使用温水拭浴物理降温　　　　　　　　/ 234

参考文献　　　　　　　　　　　　　　　　　　　/ 237

项目一　人口老龄化与老年护理

随着社会和经济的快速发展，人们生活水平不断提高，人类的平均寿命普遍延长，世界各地的老年人口数量绝对或相对增加。随着老龄化社会的到来，老年人的医疗保健问题日益受到重视。因此，提供优质的老年健康照护，满足老年人的健康需要，提高老年人的生活质量，已成为护理领域的重要课题。

任务1　人口老龄化

【任务描述】

2022年末，60岁及以上人口28004万人，约占全国人口的19.8%，其中65岁及以上人口20978万人，约占全国人口的14.9%。

问题：
1. 根据以上资料分析我国人口老龄化的特点。
2. 应对我国人口老龄化应采取哪些措施？

【任务目标】

⊙掌握老年人年龄划分标准；
⊙掌握人口老龄化的概念及判断标准；
⊙理解人口老龄化的发展现状；
⊙熟悉人口老龄化对我国的影响及应对措施。

【任务分析】

我国已进入老年人口高速增长时期，人口老龄化形势比较严峻，老年人口规模较大，此外还存在着"未富先老""空巢老人"等现象。因此，人口老龄化在养老保障、医疗保障、养老服务等方面向我们提出了挑战。

正常情况下，每个人都要经历婴幼儿、童年、青年、中年和老年，在不同的年龄阶段，人体会发生一系列的生理变化，老年从生理意义上讲，是生命过程中组织器官走向老化和生理功能走向衰退的阶段。

【相关知识】

一、老年人年龄划分

(一)年龄分类

年龄是以时间为单位计算人类个体生存期间的概念。表示年龄的方法不尽相同，老年护理中通常用时序年龄和生物学年龄两种表示方法。

(1)时序年龄　即实际年龄，以时间表示自出生以后经历期间的个体年龄。按照出生年、月、日计算，取决于出生时期的长短。

(2)生物学年龄　即生理年龄，是根据正常个体生理功能和发育状况所推算的年龄，是反映器官功能状况的一个指标。

时序年龄与生物学年龄不同，由于先天遗传与后天环境等因素的影响，有的人时序年龄较大，生物学年龄较小；而有的人则相反。

(二)老年人的年龄划分标准

1. 老年人年龄界限

世界卫生组织(WHO)对老年人年龄的划分有两个标准：在发达国家将65岁以上的人群定义为老年人，而在发展中国家(特别是亚太地区)则将60岁以上的人群称为老年人。

我国《老年人权益保障法》规定，老年人的年龄起点是60周岁，即凡年满60周岁的中华人民共和国公民都属于老年人。我国把老年人的起点年龄标准定为60周岁主要有以下几点原因：第一，是从人的生理状况考虑的。正常人的一生分为婴幼儿、童年、青年、中年、老年这几个阶段，标志着人从出生、成长到衰老的过程。划分老年人的标准主要以人的生理机能开始衰老为依据。我国目前人口平均寿命虽然已达70岁，但到了60岁以后，体质已发生明显的衰老，一般不再承担繁重的工作和重体力劳动。所以规定60周岁作为老年人的年龄起点，符合我国大多数人的身体状况。第二，参考了国际通用的标准。国际上通常把65周岁定为发达国家老年人的年龄起点，把60岁定为发展中国家老年人的年龄起点。我国属于发展中国家，因此采用60周岁作为标准较为适宜。第三，同退休年龄相衔接。目前，我国一般规定男60岁、女干部55岁、女工人50岁为退休年龄，还有一些特殊工种的退休年龄较早(延迟退休提出前)。不少人虽然退出原工作岗位，但并未进入老年阶段，不能称为老年人。为了与多数人的退休年龄相衔接，将60岁作为老年人年龄起点与我国目前的情况是相适应的。

2. 老年期划分标准

(1)我国老年期划分标准　自古以来，我国关于年龄的划分界限说法不一。民间有三十而立，四十而不惑，五十而知天命，六十花甲，七十古稀，八十为耋，九十为耄。现阶段我国老年人按时序年龄的划分标准：45～59岁为老年前期，即中老年人；60～89岁为老年期，即老年人；90～99岁为长寿期，100岁及其以上为寿星，即长寿老年人。

(2)世界卫生组织(WHO)老年期划分标准　根据现代人生理、心理结构上的变化,WHO将人的年龄界限划分为44岁以下为青年人;45~59岁为中年人;60~74岁为年轻老年人(the young old);75~89岁为老老年人(the old old);90岁以上为非常老的老年人(the very old)或长寿老年人(the longevous)。

二、人口老龄化的概念及判断标准

(一)人口老龄化

人口老龄化是指总人口中因年轻人口数量减少,年长人口数量增加而导致的老年人口比例相应增长的动态过程。人口老龄化的主要因素有二:其一是婴儿出生率的下降,其二是人口死亡率的下降。人口老龄化标志着人类科学事业的发展,经济条件的改善,卫生事业的发达,是社会进步的必然趋势。

(二)老龄化社会的划分标准

老龄化社会有两个含义:一是指老年人口相对增多,在总人口中所占比例不断上升的过程;二是指社会人口结构呈现老年状态,进入老龄化社会。国际上通常将60岁以上人口占总人口比例达到10%,或65岁以上人口占总人口比例达到7%作为国家或地区进入老龄化社会的标准。由于世界各国对老年人年龄的划分存在差异,所以,目前国际上对社会的分型也有所不同,主要分为两种标准(表1-1)。

表1-1 两种老龄化社会的划分标准

分 类	发达国家	发展中国家
老年人界定年龄	65	60
青年型(老年人口系数)	<4%	<8%
成年型(老年人口系数)	4%~7%	8%~10%
老年型(老年人口系数)	>7%	>10%

三、人口老龄化的发展现状

(一)世界人口老龄化的现状

(1)世界人口老龄化的速度加快 最早出现人口老龄化的国家是法国,约在1850年,法国60岁以上老年人口数量占人口总数的10%左右。从世界各国和地区人口老龄化进程看,65岁以上老年人口数量占总人口比例已经达到7%,较发达地区老年人口数量占比为14%,不发达地区占比为5%。65岁以上人口数量占人口总数16%以上的国家有保加利亚、德国、挪威、英国、比利时、法国、希腊、西班牙等;占17%以上的国家有瑞典、意大利;超过22%的国家是摩洛哥;2002年,意大利超过25%。据联合国统计,人口老龄化问题最严重的3个国家是西班牙、意大利和日本。到2050年,西班牙老年人口数量占全国总人口比例将由目前的22%增长到44%,意大利将增长到42%,而日本将达到60%。此外,瑞典、德国和比利时等国也将是人口老龄化严重的国家。

(2)发展中国家老年人口增长速度快 目前世界上65岁老年人每月以80万速度增长,其中66%发生在发展中国家。2000年,发展中国家的老年人口数量占全球老年

人口总数的60%。

(3)高龄老年人口增长速度快　高龄老年人是指年龄在80岁及以上的老年人。全世界的高龄老年人占老年人口的16%,其中发达国家占22%,发展中国家占12%,日本的高龄老年人口增长迅速,预计到2025年,每3个日本老年人中就有1个高龄老年人。2000年上海80岁以上老年人口30.56万,占60岁以上人口的12.64%,100岁以上人口有324人。

(4)女性老年人口增长速度快　一般而言,男性老年人死亡率高于女性老年人,如法国女性老年人的平均预期寿命比男性老年人高8.4岁。据统计,60岁年龄组,男女比例为81∶100;80岁年龄组,男女比例为53∶100;100岁年龄组,男女比例为25∶100。平均而言,在年龄达到60岁以后,男性预计可以再活17年,女性则为20年。

(5)平均期望寿命不断延长　假设同年出生的一批人,按当前各年龄组的死亡概率逐年死亡,以此为依据计算他们的平均生存年限,就得出当年的平均预期寿命。一般常用出生时平均预期寿命作为衡量人口老化程度的重要指标。随着社会经济和医疗技术的发展,从1900年初到1990年的90年间,发达国家男性平均预期寿命增长了66%,女性增长了71%。2006年世界卫生组织公布,全世界平均预期寿命最长的国家是日本,男性为78岁,女性为86岁,平均为80岁。1997年我国人口平均预期寿命为70.8岁,其中男性为68.7岁,女性为73岁。2005年我国人口平均预期寿命为72岁。

(二)我国人口老龄化趋势

1999年是国际老年人年,十分巧合,在1999年2月20日我国60岁及以上人口占人口总数比例悄然越过10%的标准线,使我国跨入了人口老龄化国家的行列。我国人口老龄化的趋势可大致分为五个时期。

(1)人口由成年型向老年型的过渡期　即从1982—1999年。这一时期60岁及以上老年人口数量由7663万增加到1.26亿,老年人口在总人口数量中的比重从7.64%上升到10.1%,我国仅用了十几年的时间就完成了发达国家几十年甚至上百年的过渡期。

(2)人口老龄化加速期　即从2000—2010年。这一时期虽然我国已进入老龄化国家的行列,但是少儿的绝对数仍然很高,因此老龄化的速度并不是特别快,这期间老年人口的占比平均每年上升0.1%。在这一时期,我国计划生育工作所造成的家庭"少子化"还没有充分表现出来,进入老年人行列的城市老年人平均有3.5个子女,农村老年人平均有4.5个子女,人口老龄化速度呈上升趋势。

(3)人口老龄化高速增长期　即从2010—2040年。这一时期老年人口占比平均每年上升0.4%,老年人口总数将从1.73亿上升到4.09亿,老年人口占比将从12.54%上升到26.53%,人口老龄化趋势达到顶峰。这是因为从20世纪70年代末加大计划生育工作力度显现明显效应,生育率持续30年下降,独生子女的父母逐渐进入老年期。

(4)人口老龄化发展的减速期　即从2040—2060年。其间老年人口占比每年上升的速度回落到0.1%。虽然预计此时65岁以上的老年人占比已达21%,但最高也不会超过25%。

(5)人口老龄化发展稳定期　从2060年以后,老年人口占比将停止上升,全国人口数量基本上趋于稳定。

(三)我国人口老龄化发展特征

纵观我国人口老龄化的发展趋势,呈现以下五个特征。

(1)我国老龄化人口绝对值为世界之冠　由于我国人口基数大,加上改革开放的政策,人民生活水平日益提高,医疗卫生条件得到明显改善,人口预期寿命延长,老年人口逐年增加。2008年底,我国老年人口(≥60岁)数量为1.5989亿,占人口总数的12%。截至2010年11月1日,60岁以上的老年人占人口总数的13.26%。我国成为全世界老年人口数量最多的国家,占世界老年人总数的1/5,我国是世界上唯一一个老年人口超过1亿的国家。因此,解决好我国老年人口问题非常重要。

(2)人口老龄化发展速度快　我国人口年龄结构从成年型进入老年型仅用了18年左右的时间,与发达国家相比,速度十分惊人。法国完成这一过程用了115年,瑞士用了85年,美国用了60年,英国用了45年,日本也用了25年。由于我国人口政策的作用,改变了世界老龄人口的发展格局,即人口老龄化不仅成为发达国家的问题,而且开始成为发展中国家的问题。

(3)我国人口未富先老,对经济的压力很大　发达国家人口老龄化伴随着城市化和工业化,呈渐进的步伐。当发达国家65岁以上老龄人口数量占比达到7%时,人均GDP一般在1万美元以上;而我国进入老龄化国家的行列时,人均GDP仅为800美元。发达国家的人口是先富后老,我国是未富先老,人口老龄化对经济的压力很大。解决老龄化问题的重点和难点在高龄老年人,80岁以上的老年人生活不能自理,带病生存甚至卧床不起的概率最高。庞大的"中老年"和"老老年"人口无疑会给家庭和社会带来沉重的负担。

(4)老龄人口在区域分布上不均衡　在东部经济发达地区和大中城市,人口已经进入老龄化阶段,如2000年上海市老年人口已达238万,占总人口的18.5%,到2025年将达到最高峰468.8万,占总人口的32.7%,大大超过现在发达国家人口老龄化的程度。而在中西部地区,人口老龄化的程度低于东部。另外,人口老龄化的趋势,静态而言,由于农村婴儿的出生率高于城市,因此老龄化程度城市高于农村;但动态而言,由于农村越来越多的青壮年携带子女流入城镇,因此城乡老龄化的程度正在接近,农村人口老龄化的问题也日益突出。

(5)老龄人口高龄化趋势十分明显　人口学中认定,60~69岁为低龄老年人口,70~79岁为中龄老年人口,80岁及以上的为高龄老年人口。过去说"人活七十古来稀",现在说"活到七十不稀奇"。我国高龄老年人口以每年5.4%的速度增长,已从1990年的800万增长到2000年的1100万。高龄老年人丧偶和患病的概率高,高龄老年人中女性多于男性,且生活自理能力差,因此他们不仅需要经济上的供养,而且需要生活上的照料。

四、人口老龄化对我国经济和社会的影响

人口老龄化是经济发展和社会人口发展达到一定阶段后的产物,它反映了人类社会的进步,标志着经济、文化、卫生和社会安定的水平。当然,我们也应当辩证、全面地看待这个问题,人口老龄化给经济和社会都带来了重大影响,这些影响既有积极的一

面,也有消极的一面。对此我们必须未雨绸缪,认真对待。

(1)人口老龄化使劳动年龄人口占比下降,老年人赡养比上升 人口年龄结构预测表明,1990年我国劳动年龄人口的老年人赡养比为13.7%,2000年上升为15.6%,预计到2025年上升为29.46%,2050年上升为48.49%。如果加上对幼年子女的抚养,劳动年龄人口的总抚养比上升得更为迅速,2025年达到59.55%,2050年达到76.8%。人口老龄化将使劳动年龄人口的经济负担日益加重。2010年,中国大约5个劳动年龄人口负担1个老年人。据最新预测,2030年约2.5个劳动年龄人口负担1个老年人。

(2)人口老龄化对投资、消费、储蓄和税收都带来相关影响 国民收入经过初次分配和再分配后,最终形成积累基金和消费基金,二者此消彼长。一般来说,未成年人无力储蓄,老年人减少投资并开始动用储蓄,人口老龄化会使更多人口从劳动状态转移到退休状态。未成年人和老年人都是单纯消费人口,成为劳动年龄人口提供税收的享受者,这样无疑会造成税基缩小,税收减少,储蓄率下降,投资率比例降低,单纯消费增加。当然从近期来看,消费增长可以刺激消费,扩大内需;但从长期来看,我国是发展中国家,为使经济发展产生强大的劲头,必须继续扩大积累,持续增加投资。

(3)人口老龄化使政府用于老年人的财政支出增加,政府负担加重 国家的财政支出结构对经济建设至关重要。由于人口老龄化的程度不断加重,财政中用于社会保险、社会福利、社会救济、社会服务的支出不断增加。据统计,从1985—1997年12年间,我国用于社会保障的资金从327亿元增加到3043亿元,增长了近10倍,其中用于支付离退休职工的各种费用从149亿元增加到2068亿元,增长了12倍以上,高于同期经济增长速度。近几年来,由于完成"两个确保"(指确保企业离退休人员基本养老金按时足额发放,确保国有企业下岗职工基本生活费按时足额发放)的任务,全国各地区普遍调整了财政预算结构,为确保"两金"发放,实行财政兜底,各地的财政负担十分沉重。

(4)人口老龄化、高龄化影响家庭结构和赡养功能 随着人口老龄化,高龄老年人口日益增多,三世同堂的家庭比例增大,加上我国履行计划生育政策,家庭的代际人口结构呈"四二一"和"四二二"型。家庭"少子化"使家庭赡养老年人的功能减弱,急需社会发挥养老功能,以弥补家庭养老功能的不足。

(5)人口老龄化使完成脱贫任务更加艰巨 我国老年人是"穷人"居多的群体。据统计,50%以上的城镇老年人和80%左右的农村老年人在银行基本没有存款,只能依靠子女或社会供养,老年人的储蓄水平低于全国人均储蓄水平。随着人口老龄化程度的加深和生活方式的演变,核心家庭比例上升,世代同堂的家庭比例下降。由于经济发展不平衡,至今我国尚有500万贫困老年人,他们有的处于老少边穷地区,有的身为孤寡,有的染病在身,有的身患残疾,在人生的晚年仍忍受着生活的艰辛和病痛的折磨,是最需要社会帮扶的贫困对象和脆弱群体。

(6)人口老龄化和高龄化,不仅影响老年人的生理健康,而且影响老年人的心理健康 老年人离开工作岗位后,与同事见面减少,家庭中的子女忙于工作,使"空巢家庭"增多,因此老年人大多存在苦闷、孤独、抑郁、烦躁、多疑、健忘的症状,甚至出现幻觉和厌世。老年人的心理变化和心理障碍日益成为普遍的社会问题,需要全社会的认同和理解。老年人不仅需要经济基础的赡养,而且更需要精神的慰藉,对他们要给予更多尊重、安慰和体贴。

五、健康老龄化与健康老年人

(一)健康老龄化的含义

健康老龄化是指社会或一个社区进入老年型社会后,多数老年人生理、心理和社会功能的健康状态大幅度上升,同时也使社会发展不过度受人口老龄化的影响。健康老龄化是当今国际社会关注的热点,它有"两个含义、四个外延"。

1. 两个含义

(1) 个体的健康老龄化 表现为老年人的健康时期延长,生命晚期的持续时间很短,老年人生存质量提高,晚年生活更加有意义。

(2) 群体的健康老龄化 即老年人群中健康者的比例越来越大,老年人的健康预期寿命延长。健康预期寿命与一般的预期寿命不同,前者以日常生活自理能力的丧失为终点,后者以死亡为终点。

2. 四个外延

(1) 老年人的个体健康 表现为身心健康和良好的适应能力。

(2) 老年人的家庭健康 代际和谐,婚姻美满幸福。

(3) 老年人群的整体健康 表现为生活美好、身体健康,健康预期寿命延长。

(4) 人文环境健康 表现为老龄化社会的社会氛围良好及发展的持续、有序、符合规律。其中老年人的个体健康和家庭健康是基础,整体健康是核心,人文环境健康是目标。

欧洲地区1912年提出的健康老龄化标准可供借鉴参考:①欧洲地区2000年平均期望寿命达到75岁,任何一个欧洲国家需最低达到70岁;②女性与男性的期望寿命差缩小25%;③65岁及以上老年人中能够独立生活的人数增多,提高其生活质量;④老年人积极参与社区活动的人数增多;⑤改善老年人的生活方式和生存环境,延长其健康时期;⑥为不能独立生活的老年人提供适当的服务和供养。

1994年底在北京召开的健康老龄化研讨会上,各界学者一致认为我国老龄化情况与国外有所不同,应开辟中国特色的健康老龄化道路。健康老龄化的对策也不能仅以老年人为对象,而应包括儿童、青壮年和老年人在内的全部人口,要将它作为社会整体的一部分,进行综合、全面的考虑。

(二)健康老年人

老年人处在衰老和多病的年龄阶段,是弱势群体。如何判定是否属于健康老年人?有关部门联合学术界提出了一些社会医学家的多维评价标准。

(1) 日常生活功能 有独立的生活能力,即生活上有自理的能力,能操持一定的家务劳动,并能自理经济,购买生活用品、打电话、取报等。

(2) 心理健康 自我意识良好,能自尊、自信、自制,不固执、不多疑,能克服自私和偏执等不良心理状态,遇事能自我排解,不焦虑、不抑郁,能保持良好的心理状态。

(3) 身体健康 从老年人健康自我评价、医学症状、慢性病患病情况,以及因健康不济、活动受限和卧床休息对医疗服务的利用等方面来反映。身体健康不佳,可表现为多种器质性疾病,如高血压、冠心病、支气管炎、糖尿病、肿瘤等,也易引起人们的关注。

(4)社会健康　主要指个体人际关系的数量与质量及社会参与的程度。能建立良好的人际关系;能适应社会环境和家庭环境的变化;注重礼仪,重视仪表和着装跟上时代的变化;不守旧,勇于参与社会活动,能有所为,有所乐;能与不同年龄、不同职业的人群相处,注重道德修养。

(5)经济状况　老年人的经济状况对其物质生活和精神生活有着密切而广泛的影响,新的健康概念包括子女对老年人的赡养及敬老、爱老等社会美德,否则,老年人不可能有全面的健康。

六、人的寿命

人的寿命分为个体寿命和群体寿命。个体寿命是长期以来在自然情况下(没有意外事故),生物体从第一次呼吸到最后一次呼吸的时间。群体寿命是指某一物种的平均寿命,有时也用最长寿命来表示对某一物种迄今所观察到的某些个体寿命的最大值。人类的寿命通常是按人口社会学生命表计算出的平均期望寿命来推算的。

衡量人类寿命主要有2个指标:一是平均期望寿命或预期寿命,它代表一个国家或地区人口的平均存活年龄;二是最大寿命或最高寿命,也就是在没有外因干扰的条件下,从遗传学角度人类可能存活的最大年龄。

(1)平均期望寿命　平均期望寿命简称平均寿命,是指通过回顾性死因统计和其他统计学方法,计算出一定年龄组的人群能生存的平均年数。一般常用出生时的平均预期寿命作为衡量人口老龄化程度的重要指标。平均寿命是以死亡作为终点。2021年世界卫生组织统计宣布,日本凭借人均寿命83.7岁成为全球的长寿国家;排在第二位的是瑞士,2021年人均寿命已经达到83.4岁;而排在第三位的是新加坡,人均寿命已经达到83.1岁;澳大利亚则排在第四位,人均寿命达到82.8岁。2020年国家卫生健康委召开新闻发布会,我国人均预期寿命提高到77.93岁。

(2)最高寿命　现代科学家们用各种方法来推测人的最高寿命,例如按性成熟期(14~15岁)的8倍、生长期(20~25岁)的5~7倍、细胞分裂次数(40~60次)的2.4倍等方法推算,人的最高寿命应该是110~175岁。由于受到疾病和生存环境的影响,目前人类寿命与最高寿命的差距仍然较大,但随着科学的发展,人类的平均寿命将逐渐接近或达到最高寿命。

(3)健康期望寿命　健康期望寿命是指去除残疾和残障后所得到的人类生存曲线,即个人在良好状态下的平均生存年数,也就是老年人能够维持良好的日常生活自理能力的年限。健康期望寿命的终点是日常生活自理能力的丧失,即进入寿终前的依赖期。因此,平均期望寿命是健康期望寿命和寿终前依赖期的总和。将测定健康期望寿命的方法与日常生活能力(ADL)的指标结合起来,广泛用来计算和评定各年龄组的健康期望寿命。

任务 2 老化与衰老

【任务描述】

张奶奶,90岁,曾经是某大学教授,现在日常生活不能自理,记忆力明显下降,甚至不知道自己住在哪里,注意力不集中,答非所问,不认识自己的儿女,有时对人漠不关心,有时大吵大闹。

问题:
1. 患者这是怎么了?
2. 如何为患者提供帮助?

【任务目标】

⊙ 掌握老化的概念及其特征;
⊙ 熟悉主要的老化理论的观点;
⊙ 理解老化理论的含义;
⊙ 能用主要的老化理论指导老年人的健康保健行为。

【任务分析】

老化是不以人的意志为转移的,是机体随着年龄的增加而丧失某些生理机能,进而迈向死亡的过程。随着年龄的增长,人的身心都会发生一些变化和退化,老化会带来身心的不适和痛苦,以致生活上的无能为力。随着人口老龄化日趋严重,老年人的健康问题、有关老化理论的研究也迅速发展起来。

【相关知识】

一、老化与衰老概念

(1) 老化(aging) 老化是指在生命过程中,身体各个系统、器官和组织在生长发育成熟后,随着年龄的增加出现形态、结构、代谢和功能的进行性和退行性变化,它是一个漫长的动态过程。老化是生命正常发展的一种过程,可分为生理性老化和病理性老化,常说的老化为生理性老化。病理性老化主要是指在生理性老化的基础上,因某些生物、环境、心理、社会因素导致的异常老化,两者往往共同存在。人类老化的过程因人而异,不同个体或同一个体不同的组织和器官,老化的速度不尽相同,因此老化的差异性受许多因素的影响,包括遗传、心理、社会等因素。

(2) 衰老(senescence) 衰老与老化的概念基本一致,但在某些方面略有不同。老化常指轻微的衰老,机体的组织细胞仅有轻微的退行性变化,出现随时间而恶化的现象。衰老是一个多因素、复杂的综合性生理变化过程,是生物体随着时间进展表现出形体、功能不断衰退、恶化导致死亡的过程,是信息丧失与自由能力下降的表现,是

老化终末期的表现,是生物老化过程的结果或结局。

二、老化的特征

人的一生要经历生长期、成熟期、老年期三个阶段,但老化怎样发生一直是老年医学非常关注的问题。虽然老化现象随处可见,有的组织器官发生得早,有的发生得晚,但老化主要从成熟期开始。老年医学专著往往以30岁为起点,阐述人体机能随年龄的增加而减退,即老化。衰老生物学家结合老化现象总结出7点共性。

(1)普遍性　老化是多细胞生物普遍存在的生物学现象,只要是生物,都存在老化的过程,老化是必然的、普遍发生的。

(2)累积性　老化是一个渐进的过程,从成熟期组织器官开始老化,但老化的改变非常轻微,暂不表现症状,随着时间的推移,老化积累到一定程度,机体形态结构才会出现退行性变化,生理功能才会下降。

(3)内在性　老化是生物本身固有的内在特性,是由本身遗传性决定的,同一物种表现出的老化征象大致相同。

(4)渐进性　老化是持续、渐进、逐步加重的过程,从不知不觉地轻微变化直至出现老化征象,整个过程是不可逆转的。

(5)有害性　老化是机体的结构改变和功能衰退的过程,会导致生理、免疫功能普遍下降,机体适应环境的能力下降,机体衰弱易感染疾病,生病后生活质量下降,机体寿命也将缩短。

(6)隐蔽性　在生命过程中,老化是一个不知不觉的过程,在成熟期几乎没有人意识到自己体内的细胞在老化,这也是老化隐蔽性的一种表现。

(7)可逆性　老化的整体过程是不可逆的,但某些组织的形态老化改变是可逆的,如动脉粥样硬化的斑块通过药物治疗是可以逆转的。医学技术、保健措施的干预可以部分逆转老化的心血管功能、骨关节功能结构和提高认知功能、免疫功能等,当然严重的老化状态除外。

熟悉和掌握老化的特征对延缓衰老、防治老年病、提高生活质量具有积极意义。

三、老化的生物学理论

随着全球老龄化现象日趋严重,世界各国越来越关注老年人相关问题,以提高老年人的生活质量。老化理论也随之迅速发展,为老年医学和老年护理实践提供指导。老化理论早期只注重在生物学方面的研究,20世纪初才逐渐出现社会及心理方面的理论发展。

(一)老化的生物学理论的概念

老化的生物学理论(biological theories of aging)主要研究老化过程中人体生理改变的特性和原因,解释老化的生理变化。它认为人体的生理性老化现象是由于细胞发生突变或耗损,导致细胞内基因或蛋白质改变,细胞功能衰退,停止分化与修复,最终导致细胞死亡。自19世纪末以来,关于老化的学说不下20种,但没有哪一种学说能够完全阐明老化的原因。目前关于老化的原因大体分为三类:一是遗传因素,二是损伤因子,三是神经内分泌因素。

(二)老化的损伤因素

(1)自由基学说(free radical theory)　自由基学说是1956年由Harman提出的。他发现用射线照射动物,动物寿命缩短,认为是机体产生自由基的结果。自由基是细胞正常代谢的产物,普遍存在于生物体中,数量大、活性高、有损于细胞代谢,人体内外环境的改变也可产生自由基。他认为老化是由于自由基产生有害作用,自由基反应能力极强,难以控制,易产生连锁反应,随着年龄的增长,自由基水平也增高,而机体内抗自由基损伤的抗氧化成分活性降低,对自由基的防御能力逐渐下降,自由基的损伤作用日趋增强,引起机体各种生理功能障碍和多种疾病的发生和发展,最终导致机体的老化、衰老、死亡。

(2)免疫学说(immunity theory)　免疫学说是1962年由Walford提出的。他认为老化过程中免疫功能逐渐降低,T细胞功能减退,免疫系统对外来异物的反应性降低,对疾病的抵抗能力下降,导致感染和肿瘤的患病率增加。另外,机体的免疫系统在正常的情况下不会与自身的组织成分发生免疫反应,但随着年龄的增加,T细胞功能下降,不能有效地抑制B细胞,导致自身抗体产生过多,使机体自我识别功能障碍,体内细胞发生突变的概率也随之增加,机体会产生自体免疫反应,造成一系列的细胞损害,加快老化速度。免疫功能低下是否是老化的原始因素有待进一步探讨。

(3)代谢与衰老学说(metabolism and senescence theory)　我国生物学家郑集是该学说的提出者之一。该学说认为生命的形式是物质代谢,没有物质代谢也就没有生命存在。新陈代谢不仅影响人的生长发育和生命活动,也影响老化的进程。代谢失调是老化发生的机制,影响主要体现在以下几个方面。①脂代谢的紊乱和组织缺血:随着年龄的增加,血脂发生多方面变化,加速了动脉粥样硬化的进程,可导致机体组织缺血、细胞凋亡,机体老化加速。②糖代谢紊乱和非酶糖基化:增龄过程中糖代谢紊乱,引起小血管损伤,进而损伤组织细胞促进老化。③蛋白质和核酸代谢紊乱:在蛋白质合成过程中,DNA翻译出错,生成有缺陷的蛋白质,其数量不断积聚,导致细胞的老化和死亡。这3种代谢紊乱过程中都会产生大量的自由基,对机体造成损伤,又会进一步加速老化。

此外,有关老化的生物学理论还有神经-内分泌理论、细胞损耗理论、分子串联理论、脂褐质和游离放射理论、预期寿命和功能健康理论等。

(三)老化的生物学理论与护理

老化的生物学理论主要研究和解释老化过程与生理功能之间的关系,主要有以下几种观点。①生物老化影响所有有生命的生物体。②生物老化是随着年龄的增长而发生自然的、不可避免的、不可逆的以及渐进的变化。③因年龄增长引起个体老化的原因各不相同。④机体内不同器官和组织的老化速度各不相同。⑤生物老化受非生物因素的影响。⑥生物老化过程不同于病理过程。⑦生物老化可增加个体对疾病的易感性。

学习老化的生物学理论观点,可帮助护理人员正确认识人类的老化机制,更有针对性地开展老年人的健康教育、老年疾病的早期预防、老年人的心理护理等,如护理人员可借助遗传程序学说,让老年人知道老化是由基因决定的一种必然过程,每种生物

都有其恒定的年龄范围,这样就能让老年人正确面对老化甚至死亡。免疫学说可指导护理人员注意老年人对某些疾病的易感性,在护理工作中有针对性地防范感染,以便早发现、早治疗。神经-内分泌理论可帮助护理人员正确理解老年人多疑、忧郁、孤独、失去自我控制等心理特征,有针对性地做好老年人的心理护理。代谢与衰老学说指导护理人员了解老年人的生物学改变,协助老年人建立健康的行为方式,促进其生活质量的提高。

四、老化的心理学理论

老化的心理学理论主要探讨老化过程对老年人认知、思维、智力和行为动机的影响,同时还包括应用适应能力来进行行为控制和自我调节。护理人员不仅要关心老年人生理功能的变化,更应注意老化对老年人心理因素的影响。有关老化的心理学理论有人的需求理论、自我概念理论和人格发展理论。

(一)人的需求理论

人的需求理论中最有代表性的是心理学家Maslow于1954年提出的马斯洛需要层次理论。他认为人类行为受满足一些基本需求的动机支配,当其需求满足时,个体处于一种平衡健康状态。根据需求的重要性和从低到高的次序分为5个层次:生理的需要、安全的需要、爱与归属的需要、自尊的需要、自我实现的需要。Maslow强调:人类需求有高低层次,当低层次的需求满足后才有更高层次的需求;不同人生阶段,需求不同,各层次的需求在不断变化中,但总向更高层次迈进。老年人属于成熟个体,更迫切需要满足高层次需求,该理论较适合老年人。

(二)自我概念理论

自我概念理论(self-concepts theory)强调个人对自己角色功能的认知与评价。自我包括个体思想、情感、行为、态度等,是在社会互动与沟通中,随个体心理成长、人格发展而逐步形成的。自我概念是由于人类能意识到自己意识的存在,不仅能认识自己、评价自己、反省自己存在的价值和发展目标,也能产生自我发现、自我设计、自我确立、自我教育、自我发展等一系列能动性活动。但个体进入老年期,个体角色发生转变,社会角色逐渐减少或丧失,生理机能衰退,自我概念也减弱。

(三)人格发展理论

美国精神科医生Erikson提出人格发展理论(life-course and personality development theories)描述得最为完整。他认为:人的自我意识发展持续一生,自我意识的形成和发展过程可划分为八个阶段,即婴儿期、幼儿期、学龄前期、学龄期、少年期、青年期、成年期和晚年期。个体人生过程中,每一个阶段有其特定的发展任务,若能顺利完成该任务,个体将呈现正向的自我概念及对生命的正向态度,人生则趋向成熟和完美;反之,个体将呈现负向的自我概念及对生命的负向态度,人生则出现失败的停滞或扭曲发展现象。

晚年期的发展任务是自我整合。老年人此期会回顾评价自己的一生,寻找生命的价值,努力达到一种整合感,以成熟的心态接纳自己、肯定自己,对老年生活产生满足,并学会面对死亡。绝望是指个体在老年期觉得一生不如愿,但又没有机会重新选择,

对生活充满失望及无力感,失去完整的自我。老年人能否成功整合,和其在人生早期发展任务的成功完成与否有关,老年人的发展危机也是其经历许多心理社会危机的顶峰。

五、老化的社会学理论

老化的社会学理论主要研究、了解及解释社会互动、社会期待、社会制度与社会价值对老化过程适应的影响。老化的社会学理论早期出现在20世纪60年代,主要研究老年人失去原来的角色和群体后调整适应的过程,代表性理论有隐退理论、活跃理论、次文化理论、持续理论等。20世纪70年代,主要研究社会及社会结构大环境对老化过程的影响,代表性理论是年龄层次论。近年来老年社会学家进一步探讨老年人的生理、政治、社会经济环境间的关系。

(一)隐退理论

隐退理论(disengagement theory)是 E. Cumming 和 W. Henry 于1961年提出的。该理论认为社会平衡的维持,取决于社会与老年人退出相互作用所形成的彼此有益的过程。老年人随着社会交往的性质、数量、方式发生改变,逐步走向以自我为中心的生活,与社会交往的机会逐渐减少,与社会的要求渐渐拉大距离,因此,让老年人在适当的时候以适当的方式从社会中逐步退出是对老年人最好的关爱。老年人从社会环境、社会角色中隐退,是成功老化所必须经历的过程,也是一种有制度、有秩序、平稳的权力与义务的转移,这个过程是促进社会进步、安定、祥和的完善途径,也是人类生生不息的道理。此理论可协助老年人适应退休带来的各种生活改变。

(二)活跃理论

活跃理论(activity theory)是 Havighurst 及其同事于1963年提出的。该理论认为,老年人的生理、心理、社会需求不因老化和健康状态的改变而减退,老年时仍期望积极参与社会活动,维持原有社会角色和生活形态,证明自己仍有价值。社会活动是老年人认识自我、获得社会角色、寻找生活意义的主要途径,若能让老年人积极参与社会活动,让其老有所为,有利于老年人生理、心理和社会等方面的健康发展,有利于老年人适应老年生活。该理论希望老年人原有的角色社会活动后被新角色、新关系取代,因此退休老年人可积极寻找替代角色,参与自己感兴趣、被需要或自感有价值的社会活动,这样晚年的生活品质和满意度就会大大提高。

任务3 老年护理的发展与现状

【任务描述】

老年护理学起源于现有的护理理论和社会学、生物学、心理学等学科理论。美国护士协会1987年提出用"老年护理学"概念代替"老年病护理"概念,因为老年护理学涉及的护理范畴更广泛。护理专业大多数开设了"老年护理学"这门课程,美国有老年护理资格认定。我国护士也渗透到各种养老机构,老年护理资格认定呼声日高,部分省有自己的培训认定程序。

【任务目标】
⊙ 掌握老年护理的概念；
⊙ 理解老年护理的范畴；
⊙ 掌握老年护理的特点；
⊙ 熟悉老年护理人员的素质要求；
⊙ 了解老年护理的发展与展望。

【任务分析】
研究老年人的健康问题，满足老年人的健康需求，提高老年人的生活质量和生活满意度，提供优质的护理服务，是老年护理的方向和重要工作内容。

【相关知识】

一、老年护理的相关概念

(一)老年护理

老年护理是以老年人群及其主要照顾者作为服务对象，提供护理服务的过程，指导老年护理实践的主要方法是护理程序。完善和发展我国的老年护理体系，提高老年人的护理质量和生活质量，是老年护理的首要任务。为老年人提供个体化、专业化、普及化和优质化的护理服务是老年护理的主要工作。

(二)老年护理学

老年护理学是研究、诊断和处理老年人健康问题的学科，老年护理学源于老年学，是护理学的一门重要学科，涉及生物学、心理学、社会学等学科理论，是一门跨学科、多领域，同时又具有其独特性的综合性学科，其应用性和实践性都很强。

老年护理学涉及的护理范畴广泛，包括评估老年人的健康和功能状态，制订护理计划，提供有效护理，发挥老年人的日常生活能力，实现老年人机体的最佳功能，保持人的尊严和卫生保健服务，并评价照顾效果。老年护理学强调恢复、保持和促进健康，预防和控制急、慢性病引起的残疾，发挥老年人的日常生活能力，实现老年人机体的最佳功能，保持人生的尊严和舒适的生活，直至死亡。

老年护理学的重点在于以老年人为主题，研究自然、社会、文化教育和生理、心理因素对老年人健康的影响，探讨用护理手段或措施解决老年人的健康问题。

二、老年护理的目标与原则

(一)老年护理的目标

传统老年护理的目标是疾病转归和寿命的延长，而现代老年护理目标如下。

(1)健康老龄化　健康不仅指个体身体状况良好，还包括良好的心理状态和社会适应能力。老年护理是以健康为基础，以患者为中心，护理人员不仅需掌握老年疾病的护理知识和技能，更要掌握老年人健康的知识和方法，最大限度地改善老年人健康

状况、功能水平和生活方式,维持老年人的最佳功能状态和生活状态,使老年人真正享受到老有所养、老有所医、老有所乐、老有所学、老有所为和老有所教。

(2)增强自我照顾能力　老年人由于年老体衰或患慢性病,常以被动的形式生活在依赖、无价值、丧失权利的感受中,自我照顾意识淡化,久而久之将会丧失生活自理能力。适时地给予老年人及其照顾者以护理知识技能的教育及监督指导,使老年人出院回归社会后仍能获得连续的自我护理及照顾者的护理。因此,护理人员应在尽可能保持老年人个人独立及自尊的情况下提供协助,适时给予全补偿、部分补偿的护理服务。

(3)提高生活质量　目前许多发达国家已经把提高老年人的生活质量作为老年护理的最终和最高目标,同时也作为老年护理活动效果评价的一个有效判断标准。因此,老年护理工作主要是促进老年人在生理、心理和社会适应方面的完美状态,在健康基础上长寿,做到年高不老,寿高不衰,提高老年人生命质量,体现生命的意义和价值。

(4)延缓衰退及恶化　开展健康教育,改变不良的生活方式,避免和减少其对健康的危害。通过三级预防,做到早发现、早诊断、早治疗,防止病情恶化及并发症、伤残的发生。

(二)老年护理的原则

(1)满足需求　护理人员应增强对自己的专业要求,使护理活动与技术相结合,及时发现老年人的需求,从而帮助老年人的健康发展。

(2)早期防护　一级预防应及早进行,老年护理的实施应从中青年期开始,进入老年期后要更加关注,要了解老年人常见病的病因、危险因素和保护因素,采取有效的预防措施,防止老年疾病的发生和发展。对于有慢性病及残疾老年人,根据具体情况开始实施康复治疗和护理,时间越早越好。

(3)持之以恒　老年疾病病程长,并发症及后遗症多,多数老年患者的生活自理能力下降,有的甚至出现严重的生理功能障碍,对护理人员有较大的依赖性。对各年龄段的健康老年人或患病老年人均应做好细致、耐心、持之以恒的护理,减轻老年人因疾病和残疾所遭受的痛苦,缩短临终依赖期,在其生命的最后阶段提供系统的护理和社会支持。

(4)注重个性　影响衰老和健康的因素错综复杂,衰老是全身性、多方面、复杂的退化过程。老年人因性别、病情、家庭、经济、社会角色等不同,个体差异性很大,护理人员应充分认识到老年人的个性特征、疾病特点、家庭状况、经济状况、人际关系和社会参与程度的重要性,既要遵循一般性护理原则,又要注意因人施护,执行个体化的护理。

(5)整体护理　因为老年人的健康受生理、心理、社会适应能力等多方面因素的影响,特别是老年病具有临床表现不典型、多种疾病并存、病程长、病情重、易发生意识障碍和水、电解质紊乱等特点,所以护理人员必须树立系统化整体护理的理念。这一方面要求护理人员在护理工作中注重患者身心健康的统一,解决患者的整体健康问题;另一方面要求护理业务、护理管理、护理制度、护理科研和护理教育各个环节的整体配合,共同保证老年护理水平的整体提高。

(6)长期护理　老年人由于慢性病或衰弱,导致生活自理能力下降,在一个相对长

的时期内,需要他人给予帮助。随着我国人口老龄化的持续发展,老年人口日益高龄化,以及家庭结构变化使家庭照料功能削弱,老年人的长期护理问题越来越突出。应为老年人提供针对性的护理场所和设施,建立社区护理服务模式,依据社区老年人的年龄分布、生理特征、居住特征和照顾来源,设计个性化的护理服务,解决家庭成员在护理技术上的缺陷,减轻家庭的照护负担,提高家庭护理质量。

三、老年护理的特点

(一)健康老年人的护理

(1)老年人的生理特点与护理 随着年龄增长,老年人机体出现一系列衰退性的变化。主要表现为组织器官储备能力减弱,各种功能衰退,免疫功能下降,对内外环境的适应能力下降,容易出现各种慢性退行性疾病;视觉、听力减退,反应迟钝,操作能力和反应速度降低;手足协调能力下降,生活自理能力差;平衡功能减退,易发生跌倒。故应注意保护老年人的安全,避免发生意外损伤,必要时可帮助老年人使用助听器、老花镜、手杖与助行器等日常生活辅助用品。注意做好健康教育,如可进行健康运动、营养膳食及自我保健等方面的指导。

(2)老年人的心理特点与护理 主要表现为精神活动能力减弱,运动反应时间延长,学习和记忆力减退以及性格改变等,如注意力不集中、记忆力下降、孤独、多疑、自卑、抑郁以及情绪不稳定、脾气暴躁等。故护理人员要以极大的耐心和热心护理老年人,加强情感沟通,帮助老年人树立正确的人生观、死亡观,抛开烦恼,享乐天年。

(3)老年社会问题与护理 老年人由于离退休、经济收入减少、生活贫困、丧偶、疾病等原因,其家庭角色和社会角色发生了变化,产生诸多不适应的心理问题。故要加强老年社会学方面的研究,帮助老年人保持健康的心态,成立老年协会、休闲娱乐活动中心,辅助健康老年人再就业,鼓励老年人多参与社会活动,促使老年人保持乐观的情绪和良好的心态,保证家庭和社会的稳定。

(二)患病老年人的护理

老年慢性病多是慢性退行性改变,有时难以区分生理和病理的界限。即使老年人与年轻人患同一种疾病,其临床症状和体征、疾病进展、康复与预后亦不完全一致,因此应针对老年疾病的特点来护理老年患者。老年人患病的特点与护理分述如下。

(1)发病缓慢,临床表现不典型 由于老年人感受性降低,往往疾病已经较为严重,却无明显的自觉症状,或临床表现不典型。据统计,有35%~80%的老年人发生心肌梗死时无疼痛,常呈无痛性心肌梗死;49%的老年人患腹膜炎时无明显疼痛反应,严重感染时也仅仅出现低热,甚至不发热,容易被漏诊或误诊。故护理人员要仔细观察,同时要善于观察老年人的病情变化,及时发现不典型症状,准确评估老年患者的健康状况,为及早明确诊断提供依据,以免延误诊治。

(2)多种疾病同时存在 约有70%的老年人同时患有两种或两种以上疾病,而且各种症状的出现及损伤的累积效应也使病情错综复杂。故护理老年患者应考虑周全,要同时注意多个护理问题,制订全面的护理计划,方能满足老年患者的需要。

(3)病程长、恢复慢、并发症多 老年患者免疫力低,抗病与修复能力差,导致病程

长、恢复慢,且容易出现意识障碍、水、电解质紊乱、运动障碍、多器官功能衰竭、出血倾向等多种并发症,导致病情危重。故护理老年患者要特别注意观察病情,要有耐心,对预期目标不能操之过急,多进行有关疾病护理及预防并发症的健康教育,同时应鼓励老年患者及家属树立战胜疾病的信心,使老年人和家属共同参与康复护理计划的制订。

四、老年护理人员的素质要求

老年人具有特殊的生理心理特点,因而对从事老年护理工作的人员也提出了更严格的素质要求。

(一)职业素质

(1)高度的责任心、爱心、细心、耐心与奉献精神　尊老敬老是中华民族的传统美德。老年人操劳一生,对家庭和社会均有很大的贡献,理应受到尊重和爱戴。老年人对护理人员的依赖性较大,老年患者的护理问题较多,加之其生理、心理情况复杂多变,增加了老年护理的难度。因此,护理人员要以"老人为本",不论其地位高低,社会背景如何,均应平等相待,一视同仁,尊重老年人的人格和尊严;要有足够的责任心、爱心、细心和耐心对待老年人,全身心地投入到老年护理活动中,使老年人感到舒适,并产生信任感。

(2)慎独　老年患者病程长、病情重而复杂。护理老年患者要一丝不苟,严格履行岗位职责,认真恪守"慎独"精神。

(3)良好的沟通技巧和团队合作精神　老年护理的开展需要多学科的合作,因此护理人员必须具备良好的沟通技巧和团队合作精神,促进专业人员、老年人及其照顾者之间的沟通与配合,在各种不同情况下给予老年人照顾和护理服务。

(二)业务素质

具有博专兼备的专业知识、精益求精的技术是对护理人员的业务素质要求。多数老年人身患多种疾病,有多器官功能受损,故要求护理人员全面掌握专业知识以及相关学科的知识,并将其融会贯通。只有这样,才能做到全面考虑,有重点地解决问题,帮助老年人实现健康方面的需求。

(三)能力素质

具有准确、敏锐的观察力,准确的判断力和良好的沟通能力是对护理人员的能力素质要求。老年人的机体代偿功能相对较差,健康状况复杂多变,因此要求护理人员必须具备敏锐的观察力和准确的判断力,能够及时发现老年人的问题与各种细微的变化,对老年人的健康状况做出准确的判断,以便及早采取相应的护理措施,保证护理质量。

五、老年护理的发展与现状

老年护理的发展起步较晚,它伴随着老年医学而发展,是相对年轻的学科。其发展大致经历了四个阶段。①理论萌芽期(1900—1955年):在这一阶段没有任何的理论作为指导护理实践的基础。②理论初期(1956—1965年):随着护理专业的理论和

科学研究的发展,老年护理的理论也开始进入研究和发展阶段,第一本老年护理教材问世。③推行老年人医疗保险福利制度后期(1966—1981年):在这一阶段,老年护理的专业活动与社会活动相结合。④全面完善和发展期(1985年至今):老年护理学全面发展,形成了比较完善的老年护理理论,用来指导老年护理实践。

当前,老年护理面临着严峻的挑战。人口老龄化带给我们的难题是日益增多的老年人口的赡养和照护问题,特别是迅速增长的"空巢"、高龄和患病老年人的服务需求、寿命延长与"寿而不康"造成的医疗卫生和护理的压力。据统计,全国老年人群慢性病患病率达51.8%,高龄老年人是增长最快的一个群体,又是老年人口中的脆弱群体,他们带病生存甚至卧床不起的概率最大。老年群体渴望老有所医,希望得到保健护理、生活照料和精神呵护。然而,我国护理事业发展与老龄化的需要及国际标准水平相比,还存在较大的差距,特别是老年护理教育明显滞后。显然,这种现状难以满足我国不断增长的老年人口的就医保健需求,也难以做好适合老年人医疗保健特点的防治工作。

因此,我们可借鉴国外的先进经验,积极营造健康老龄化的条件和环境。要扩大护理教育规模,缓解护理人力的紧张状况。开设老年护理专业,加强老年护理教育,加快专业护理人才培养,以适应老年护理市场的需求。加强老年人常见疾病的防治护理研究,解决好老年人口的就医保健问题。开拓专业护理保健市场,发展老年服务产业,逐步建立以"居家养老为基础、社区服务为依托、机构养老为补充"的养老服务体系。开发老年护理设备、器材,为社区护理和家庭护理提供良好的基础条件,真正满足老年群体在日常生活照顾、精神慰藉、临终关怀、紧急救助等方面日益增长的需求。广大医护人员要努力探索、研究和建立我国老年护理的理论和技术,构建有中国特色的老年护理理论和实践体系,不断推进我国老年护理事业的发展。

(但 琼 杨玉梅)

项目二　老年保健

我国已进入老龄化社会,且人口老龄化速度还在加快。面对不断增长的老龄化人口,如何保持健康、延缓衰老、提高生活质量、让老年人安度晚年是医疗卫生行业和政府部门需要重点关注的问题,因为这不仅与老年人的健康幸福相关,还影响到家庭、社会的和谐、稳定与发展。

任务1　老年保健

【任务描述】

让·蒂约姆,男,虽然已过了100岁生日,蒂约姆依然坚持每天约朋友打2 h的网球。走进他的家,会发现里面挂满了各式各样的奖牌。在过去15年里,让·蒂约姆一共夺得了40多项比赛的金牌。

他每天早上7点起床,然后打2 h的网球;在午饭后会小睡一会儿,接着就去健身房进行锻炼;收看完晚上11点的新闻后,他还会上网查看邮件,然后上床睡觉。此外,每周社区的多种娱乐活动让他的身心经常保持在兴奋状态,他也会听从社区医生的指导,定期改变食谱,并保持一定的体重。至今,让·蒂约姆无任何内脏疾病,与妻子一共生活了69年,直到2005年妻子去世。现在,老年人膝下共有3个子女、13个孙子女及19个曾孙子女,每逢生日和节日,总有子孙辈的聚会和各种形式的祝福。

问题:
让·蒂约姆长寿的秘诀是什么?

【任务目标】

⊙ 掌握老年保健的服务对象及特点、老年保健策略及健康管理步骤;
⊙ 熟悉老年保健的基本原则及养老照顾模式;
⊙ 了解国内外老年保健的发展趋势。

【任务分析】

让·蒂约姆长寿的秘诀是坚持锻炼和积极生活的方式,主要包括积极的心态、健康的身体、幸福的家庭,还有良好的经济与社会环境。生、老、病、死是人类生命的自然规律,但提高老年人的生活质量,延长其预期寿命,促进健康老龄化是老年保健的重要

任务和目标。在老年医疗保健福利体系中,护理人员应充分利用各种社会资源,通过指导和协助,开展老年病防治工作,并丰富老年人的晚年生活,促进老年人自我保健,满足其长期保健护理的需要。

【相关知识】

一、老年保健的概念

保健是指为保护和促进人体健康、防治疾病,医疗机构所采取的综合性措施。世界卫生组织(WTO)认为,老年保健是指在平等享用卫生资源的基础上,充分应用现有的人力、物力,以保护和促进老年人健康为目的,发展老年保健事业,使老年人得到基本的医疗、护理、康复、保健等服务。老年保健还应包括对老年人的生活起居、饮食营养、休息睡眠、卫生习惯、体格锻炼、娱乐活动、精神休养等提出积极、有效的建议和指导,积极开展老年健康教育,不断提高老年人的生活质量,较好地发挥老年人的智慧和专长,为社会做出力所能及的贡献,使其充实愉快、身心健康地度过晚年,以实现健康长寿的目标。

二、老年保健的服务对象及特点

(一)老年保健的服务对象

(1)高龄老年人　高龄老年人抵御疾病能力下降,体质相对脆弱,60%以上的老年人患有各种不同的慢性病,且常多种疾病合并存在。随着年龄的增长,老年人的身体机能和健康状况不断退化,同时心理调适能力逐步下降,因此,高龄老年人对医疗、护理、健康保健等方面的需求加大。

(2)独居老年人　随着社会的发展和人口老龄化、高龄化及我国推行计划生育政策所带来的子女数的减少和家庭结构变化,家庭结构已趋于小型化,只有老年人组成的家庭比例在逐渐增加。特别是我国农村,外出打工的青年人越来越多,导致老年人单独生活的现象比城市更加突出。独居老年人外出看病困难,对社区的医疗保健服务需求不断增长。因此,帮助他们购置生活必需品、定期巡诊、送医送药上门,为其提供健康咨询或开展社区保健具有重要意义。

(3)丧偶老年人　随着年龄增长,老年群体丧偶率呈大幅增长趋势。丧偶对老年人的生活影响很大,所带来的心理问题也比较严重。丧偶使多年的夫妻生活所形成的互相关爱、互相支持的平衡生活被打破,使夫妻中的一方失去了关爱和照顾,因此常会使丧偶老年人感到生活无望、乏味,甚至积郁成疾。据世界卫生组织报告,丧偶老年人的孤独感和心理问题发生率均高于有配偶者。这种现象对老年人的健康是有害的,尤其是近期丧偶者,常导致原有疾病的复发。

(4)患病老年人　老年人由于机能的减退易患各种疾病,患病后,身体状况差,生活自理能力下降,需要经过全面系统的治疗。这既加重了老年人的经济负担,也加重了心理负担。为缓解经济压力,部分老年人常自行购药、服药,易延误对病情的诊断和治疗。因此,应做好老年人的保健咨询、健康教育、健康体检,配合医生的治疗方案,促进老年人的康复。

(5)新近出院的老年人　近期出院的老年人仍处于疾病的康复期,身体状况差,常需要继续治疗和及时调整治疗方案,如遇到经济困难等不利因素,疾病极易复发,甚至导致死亡。因此,从事社区医疗保健的人员,应根据老年患者的情况,定期随访。

(6)精神障碍的老年人　老年人中的精神障碍者主要是痴呆患者,包括血管性痴呆和老年性痴呆。随着老年人口增多和高龄老年人的增多,痴呆患者也会增加。痴呆使老年人生活失去规律,并且不能自理,常伴有营养障碍,从而加重原有的身体疾病。因此,痴呆老年人需要的医疗和护理服务明显高于其他人群,应引起全社会的重视。

(二)老年保健服务对象的特点

(1)老年人对医疗服务需求的特点　老龄化对健康和医疗的影响非常显著。老年人对医疗卫生服务的需求明显增加,一是老年人的生理机能减退及抵御疾病能力下降,患病率和发病率明显增加;二是老年人慢性病的患病率增加,通常是总人口患病率的2~3倍。有研究显示,中国一个60岁以上的老年人所支付的医疗费占其一生医疗费用的80%以上;65岁以上老年人的医疗费是65岁以下老年人的3~5倍。根据中国老龄化趋势预测,按照现行的医疗服务价格,因人口老龄化导致的医疗费用负担每年将以1.54%的速度递增。

(2)老年人患病特点　老年人由于各组织器官的功能逐渐减退,机体的防御系统和对疾病的反应性均有不同程度的降低。

①患病后其临床表现常常不典型,有35%~80%的老年人发生心肌梗死时无疼痛,常呈无痛性心肌梗死,49%的老年人患腹膜炎时无明显疼痛反应,严重感染时也仅仅出现低热,甚至不发热,容易被漏诊或误诊。护理人员要善于观察老年人的病情变化,及时发现不典型症状,准确评估老年患者的健康状况,为及早明确诊断提供依据,以免延误诊治。

②多种疾病同时存在,约有70%的老年人同时患有2种或2种以上疾病。

③病程长,恢复慢,并发症多,且容易出现意识障碍,水、电解质紊乱,运动障碍,多器官功能衰竭、出血倾向等多种并发症,导致病情危重。故护理老年患者要特别注意观察病情,多进行有关疾病护理及预防并发症的健康教育。

(3)老年人对保健服务和福利设施需求的特点　首先,老年人由于老化、疾病和伤残而妨碍了正常的社会交往,降低了活动或独立生活能力;其次,实际收入减少,参与社会活动的机会减少,可能导致情感空虚,出现孤独感、多余感;最后,由于身体状况的变化对住房和环境产生新的需要等。因此老年人希望社会福利能尽力填补由于社会和经济发展造成的差距,使自己在家庭、社区或其他环境中有所作为,满足自我实现需要,尽快从身体和精神上的困境中解脱出来。

我国老龄事业发展已做出规划:加强居家养老服务,加大社区养老服务的设施建设,加快老年活动场所和便利化建设,加快推进无障碍设施建设,加强养老服务机构建设,满足老年人必要的医疗保健服务和生活照料、保健康复、精神慰藉等方面的基本需求。

为了进一步加强社区养老服务设施建设,2013年9月,国务院发文要求各地在制定城市总体规划、控制性详细规划时,必须按照人均用地不少于0.1 m² 的标准,分区分级规划设置养老服务设施。

三、老年保健的发展

欧美等国家进入老龄化社会较早,老年保健工作开始得也比较早,已经建立了比较规范、完善的老年保健制度和措施。我国由于经济发展、人口老龄化进程的不平衡以及老年人口众多等因素,使老年保健工作起步相对较晚,发展缓慢,我国老年保健及养老服务体系还需逐步正规化、全面化、系统化。

中国政府对老年工作十分关注,国家颁布并实施了一系列的法律、法规和政策,建立了符合我国国情的老年社会保障制度和社会互助制度,建立以家庭养老为基础、社区服务为依托、社会养老为补充的比较完善的以老年福利、生活照料、医疗保健、体育健身、文化教育和法律服务为主要内容的老年服务体系和老年保健模式。

(1)老年医疗保健纳入三级医疗预防保健网的工作任务之中　城市、农村的三级医疗预防保健网已把老年医疗保健纳入工作任务之中,省、市二、三级医院对社区老年医疗保健工作进行技术指导,有条件的医院还创建了老年病科(组)、老年咨询门诊、老年人门诊和老年人家庭病床。

(2)医疗单位与社会福利机构密切结合　医务人员走出医院,到社会福利机构中指导,并直接开展老年人健康教育和防病治病工作。为老年人进行健康查体,举办健康讲座,广泛开展以老年自我保健、疾病防治知识为主的健康教育活动,使广大老年人掌握基本的保健知识,鼓励老年人参加各种形式的文化体育活动、健身活动,以减少疾病的发生,增强体质,延缓衰老。

(3)开展老年人家庭医疗护理　各级医院开展方便老年人的措施,送医送药上门,开展家庭医疗护理和社区康复工作,鼓励离退休医护人员为老年医疗服务网站义务服务。一些大中城市开展对老年人常见病、慢性病、多发病的研究及群防群治,如全国已建立多个不同规模的老年医学研究所(室),开展了一些有价值的调查研究。

(4)举办各种院外或中间保健设施与服务项目　有些城市开办了老年日间医院、临终关怀医院或病房等,为社会、家庭排忧解难。我国的老年社区和家庭医疗保健正在逐步发展,敬老院、养老院、福利院、老年公寓、托老所、老年活动站、社区服务中心等可以为老年人提供一般医疗保健服务。

(5)加强对老年医学及养老服务人才的培养　医学、护理院校开设老年医学和老年护理等专业课程,有的已经设置了老年护理专业,为我国的老年保健事业培养人才。

四、老年保健的基本原则及任务

我国老年保健原则是开展老年保健工作的行动准则,指导老年保健工作的实施。

1. 全面性原则

老年人健康包括身体、心理和社会三方面,故老年保健也应该是多维度、多层次的。全面性原则包括以下两个方面。

①老年人的身体、心理及社会适应能力和生活质量等方面的问题。

②疾病和功能障碍的治疗、预防、康复及健康促进。因此,建立一个统一的、全面的老年保健计划是非常有益的。许多国家已经把保健服务和计划纳入不同的保健组织机构,不断促进这些机构与各种社会服务统一协调,以便更好地适应老年人具体的

健康需求。

近20年来,发达国家更加重视以支持家庭护理为特色的家庭保健计划,这一计划中的医护人员或其他服务人员可以为居家的老年人提供从医疗咨询、诊疗服务、功能锻炼、心理咨询到社会服务的一系列支持性服务,深受老年人的欢迎。

2. 区域化原则

老年保健的区域化是为了使老年人能方便、快捷地获得保健服务,服务提供者能够有效地组织保健服务,提供以一定区域为单位的保健,也就是以社区为基础提供的老年保健。社会老年保健的工作重点是针对老年人独特的需要,确保在要求的时间、地点,为真正需要服务的老年人提供社会援助。为此,让受过专门训练的人员提供服务是非常重要的。疾病的早期预防、早期发现和早期治疗,营养、意外事故、安全和环境问题及精神障碍的识别,依赖于医生、社会工作者、健康教育工作者、保健计划设计者所受到的老年护理和老年医学方面的训练。另外,还需要老年病学和精神病学专家在制订必要的老年保健计划和服务方面给予全面指导。

3. 费用分担原则

目前,日益增长的老年保健需求和紧缺的财政支持之间供需失调,因此老年保健的费用应采取多渠道筹集社会保障基金的办法,即政府承担一部分,保险公司的保险金补偿一部分,老年人自付一部分。

4. 功能分化原则

老年保健的功能分化是随着老年保健的需求增加而出现的,在对老年保健的多层次性有充分认识的基础上,对老年保健的各个层面有足够的重视,并在老年保健的计划、组织和实施及评价方面有所体现。老年人可能会存在特殊的生理、心理和社会问题,在老年保健的人力配备上要注重明确的功能分化,不仅要有从事老年医学研究的医护人员,还应有精神病学家、心理学家和社会工作者参与。

联合国老年人政策原则强调老年人的独立、参与、照顾、自我充实和尊严。

五、老年保健策略

鉴于我国老龄化人口增长快,养老服务需求大,需建立符合我国国情的老年保健制度和体系,抓紧做好物质、精神方面的准备,采取切实可行的对策,构建完善的多渠道、多层次、全方位的,即政府、社区、家庭和个人共同参与的老年保障体系,进一步形成老年人口寿命延长、生活质量提高、代际关系和谐、社会保障有力的健康老龄化社会的老年保健网络。

为了积极应对我国人口老龄化快速发展带来的新挑战,根据"实现健康的老年化"这一总体目标,针对老年人的特点和权益,我国进行老年保健的策略有六个方面,即老有所养、老有所医、老有所乐、老有所学、老有所为和老有所教。

1. 保障老年人的合法权益——老有所养

老有所养是老年人的生活保障,家庭养老目前仍是我国老年人养老的主要方式,但是家庭结构的小型化趋势使得家庭养老功能逐渐弱化,养老必然由家庭转向社会。建立完善的社区老年服务设施和机构,增加养老基金的投入,确保老年人的基本生活和服务保障,将成为确保老年人安度幸福晚年的重要方面。

2. 建立老年医疗保障体系——老有所医

老有所医关系到老年人的生活质量,要改善老年人的医疗状况,就必须首先解决好医疗保障问题。进行医疗保健制度的改革,实现社会化的医疗保险,运用立法的手段和国家、集体、个人合理分担的原则,将大多数的公民纳入这一体系当中,才能改变目前支付医疗费用的被动局面,真正实现老有所医。

3. 开展老年文化娱乐活动——老有所乐

老有所乐指老年人的文化生活内容十分广泛,如可在社区内建立老年活动站,开展琴棋书画、阅读欣赏、体育文娱活动,饲养鱼虫花草,组织观光旅游,参加社会活动等。国家、集体和社区都有责任为老年人的"所乐"提供条件,积极引导老年人科学地参与文化娱乐活动,提高身心健康水平和文化修养。

4. 建立老年人继续教育机构——老有所学

老年人可根据自己的兴趣和爱好,学习新知识,如书法绘画、养生保健、烹饪厨艺等,使其精神面貌发生改变,生活变得积极而充实,身体健康状况将会有明显的改善。

5. 建立老年人才开发体系——老有所为

对老年人才的开发可分为两类:①直接参与社会发展,将自己的知识和经验直接用于社会活动,如从事技术咨询服务、医疗保健服务、人才培养等;②间接参与社会发展,如编史、写回忆录、参加社会公益活动,或力所能及地分担家务来支持子女工作等。

6. 丰富老年人精神文化生活——老有所教

老年人群体一般相对脆弱,身体、心理极易受到伤害,造成老年人的心理失衡,良好的精神文化生活是老年人健康与良好生活质量的保证。因此,我们有责任帮助老年人开展科学教育,让他们拥有健康、丰富、高品位的精神文化生活。

六、老年保健的措施

老年保健措施的重点在于老年人的自我保健,自我保健是指人们为保护健康所采取的一些综合性的保健措施。老年自我保健是指健康或罹患某些疾病的老年人,利用自己所掌握的医学知识、科学的养生保健方法和简单易行的康复治疗与护理手段,依靠自己、家庭或周围的资源进行自我观察、预防、诊断、治疗和护理等活动。通过不断地调适和恢复生理和心理的平衡,逐步养成良好的生活习惯,建立适合自身健康状况的养生方法,达到促进健康、预防疾病、提高生活质量、延缓衰老和延年益寿的目标。老年保健的具体措施包括以下几点。

(1)自我观察 通过视、听、嗅、摸等方法观察自身的健康状况,及时发现异常或危险信号,做到疾病的早发现、早诊断和及早治疗。自我观察内容包括:观察与生命活动有关的重要生理指标;观察疼痛的部位、性质和特点;观察身体结构和功能的变化等。

(2)自我预防 建立健康的生活方式,养成良好的生活、饮食、卫生习惯,坚持适度运动,锻炼身体,调整和保持最佳的心理状态等是预防疾病的重要措施。

(3)自我治疗 指老年人对慢性病和轻微损伤的自我治疗,如患有心肺疾病的老年人可在家中用氧气袋、小氧气瓶等氧疗,患糖尿病的老年人自己进行皮下注射胰岛素,常见慢性病的自我服药等。

(4)自我护理 增强生活自理能力,运用老年护理知识进行自我照料、自我调节及自我保护等保健护理活动。

七、养老照顾模式

人口老龄化是经济社会发展的必然产物,也是社会文明进步的一个重要标志,与此相随的养老与照顾问题越来越受到人们的关注,并已成为世界各国普遍关心的社会问题。世界各国积极探索构建社会养老保障体系和养老照顾模式,制定社会保障制度和养老保险制度,解决养老与照顾问题。

养老模式是把解决养老问题、缓解老龄化所带来的社会问题的经验和方法,形成一个较为稳定的、系统的、典型的方式和方法。养老模式规定了养老的原则和范围,这不是一个简单地维系老年人生存的过程,而是一种实践和强化文化价值观的过程。一个国家的养老模式反映了该国养老保障体系的基本特征,建立什么样的养老模式是由生产力发展水平及与之相适应的社会经济制度和社会习俗、思想观念、文化传统决定的。

1. 居家养老照顾模式

居家养老照顾模式是指老年人居住在家中,由专业人员或家人及社区志愿者对老年人提供服务和照顾的一种新型社会化养老模式,而不是指我国传统的家庭养老方式。

居家养老照顾主要依托社区,以社区服务为保障,把社区养老服务延伸到家庭,是体现家庭养老和社会养老双重优势的一种养老照顾模式,尤其强调社区照顾在居家养老照顾中的重要作用,是老年人及其家属最愿意接受的一种方式,也是我国未来养老照顾模式的主流。这种模式更注重对老年人心理和情感的关怀,使老年人尽可能过上正常生活,提高老年人的生活质量。

(1)主要服务内容 服务内容包括基本生活照料、医疗护理服务、家政服务、精神慰藉、休闲娱乐设施支持等。

(2)服务提供者 居家养老服务的提供者主要有居家养老服务机构、老年社区、老年公寓、托老所的医疗保健、护理、家政服务等人员和社会志愿者等。服务中心按照约定安排服务人员到老年人家中为老年人提供烹调、清洁等家政服务和陪护老年人、倾听老年人等亲情服务。

(3)优点 居家养老符合多数老年人的传统观念,老年人居住在熟悉的家中,可以享受到家庭的温暖,精神愉悦,有利于身心健康;费用相对低廉,有利于解决中低收入家庭养老的经济压力;可以解决养老机构床位不足的难题;有利于推动和谐社区的发展和建设,在社区内形成尊老、助老的优良风气,提高社会道德风尚。

(4)目前存在的问题 居家养老服务目前还没有统一的操作标准、服务规范及类别划分;社区休闲娱乐设施不足;服务人员服务水平不高,缺乏经过专业合格认证的高素质的服务人员;法律法规的具体实施细则需要完善,保障机制需进一步健全;缺乏社会公众的参与,缺乏服务志愿者。

2. 机构养老照顾模式

机构养老照顾是指老年人居住在专业的养老照顾机构中,由养老照顾机构中的服务人员提供全方位的、专业化服务的养老照顾。机构养老服务是社会普遍认可的一种社会养老照顾模式,适合高龄多病和无人照料的老年人。

(1)养老照顾机构　主要有养老院、福利院、老年公寓、托老所、老年护理院、敬老院、临终关怀医院等。这些养老照顾机构具有专业化、社会化、市场化的特征,为老年人提供高水准的生活照顾服务及健康护理。

养老照顾机构除有医疗设施外,还设置了活动室和阅览室,举办文化建设活动,丰富老年人的娱乐生活和精神生活,提升老年人的生活质量。西方发达国家对入住养老机构的老年人实行分级管理,即根据老年人的身体健康状态、生活自理程度及社会交往能力,分为自理型、半自理型和完全不能自理型三级。不同级别的老年人入住不同类型的养老照顾机构。

(2)养老照顾机构的优点

①专业化的照护。养老机构采用集中管理的模式,能够使老年人得到全面的、专业化的照顾和医疗护理服务,良好的生活环境、无障碍的居住条件和配套设施齐全的养老照顾机构能使老年人的生活更加便利和安全。

②减轻家庭的压力。老年人入住养老照顾机构后,其子女可以从繁杂的日常照料中解脱出来,减轻压力,使他们有更多的时间与精力投入工作和学习中。

③解除老年人的孤独感。养老照顾机构中各种社会活动和丰富的文化生活有助于解除老年人的孤独感,从而提高其生活品质。

④增加就业。可以充分发挥专业分工的优势,创造就业机会,从而缓解就业压力。

(3)养老照顾机构的缺点

①家庭和社会经济负担加重。生活环境和居住条件好的养老照顾机构收费较高,只有经济实力强、家庭较富有的老年人才有能力在此颐养天年。对于多数家庭经济状况一般的老年人,则因费用太高而不敢入住。另外,养老照顾机构严重不足,如果要满足社会所有老年人的需求,国家就必须耗资巨大兴建大批养老院,这将会增加社会的经济负担。

②养老照顾机构管理体制和运营机制适应市场能力较差。国家投入主办的环境和居住条件较好的养老照顾机构数量不足,而民办养老照顾机构由于实力不足,大多数养老照顾机构生活环境条件较差,设备设施不齐全、服务内容不丰富、服务队伍人力不足、服务专业化水平较低等,没有达到《老年人福利机构基本规范》和《养老护理员国家职业标准》等法规的要求,因此,均难以满足老年人的需求。

③机构养老照顾模式会淡化亲情、友情。机构养老照顾模式容易造成老年人与子女、亲朋好友间情感的缺失。将老年人送至养老照顾机构后,子女们对养老照顾机构的照顾相对比较放心,会因为工作忙等原因而减少对老年人的探望频率,容易造成亲情、友情的淡化和缺失。

我国经济社会发展的水平与老年人口的增长速度不协调,人口老龄化进程超过社会经济的发展,"未富先老"使得养老照顾要承受巨大的财政负担和人力资源需求的双重压力,这就要求我国既不能单纯实行"居家养老",也不能大范围推广"机构养老",而必须走多元化养老照顾之路,创新养老模式,建立以居家养老照顾模式为主,以机构养老照顾模式为辅的养老照顾服务体系。

3. 其他养老照顾模式

(1)以房养老模式　指老年人为养老将自己购买的房屋出租、出售、抵押、以大换小或以高换低,以获取一定数额养老金来维持自己的生活或养老服务的一种养老模式。该模式在国外已推行20多年,如在美国一些城市,以房养老已被认为是一种有效的养老方式,但在中国还是一种新型的正在推行的养老方式。

(2)互助养老照顾模式 指老年人与家庭外的其他人或同龄人,在自愿的基础上相互结合、相互扶持、相互照顾的一种模式。在德国、瑞士,有很多老年人共同购买一栋别墅,分户而居,结成养老互助的生活共同体,搭伴养老,互相照顾或者由相对年轻的老年人照顾高龄老年人。

(3)"迷你"家庭养老院 指以居民的私人投资为主体的小型养老机构,一般建于居民的家中。投资者将自己的住房适当装修成适合老年人居住的场所,与老年人一起生活,为其提供家庭式的照顾,感受家庭般的温暖。这种养老方式投资少、见效快、重亲情,具有鲜明的中国特色,是大型的养老机构所不及的。

(4)候鸟式养老模式 指老年人像候鸟一样,随着季节和时令的变化而变换生活地点的养老方式。这种养老方式使老年人总能享受到最好的气候条件和最优美的生活环境。中国的云南、昆明、珠海,日本的福冈、北海道,韩国的济州岛,美国的佛罗里达等都是老年人相对集中的"迁徙"目的地。

(5)旅游养老模式 国外很多老年人退休后,喜欢到各地去欣赏秀美景色,体会不同的风俗民情,从而在旅游过程中实现养老。旅游机构通过与各地的养老照顾机构合作,为老年人提供医、食、住、行、玩等一系列的服务。

(6)异地养老模式 利用移入地和移出地的房价、生活费用标准等差异或利用环境、气候等条件的差别,以移居并适度集中的方式养老,如美国就建立了大量的退休新镇、退休新村,吸引老年人移居养老。

(7)乡村田园养老模式 乡村的空气新鲜,生态环境优越,生活成本低廉,国外一些喜欢大自然的老年人退休后会选择在乡村的田园、牧场、小镇等地颐养天年。

任务2 老年照护职业认知

为认真落实《"十三五"国家老龄事业发展和养老体系建设规划》中关于"推进涉老相关专业教育体系建设,加快培养老年医学、康复、护理、营养、心理和社会工作、经营管理、康复辅具配置等人才。建立以品德、能力和业绩为导向的职称评价和技能等级评价制度,拓宽养老服务专业人员职业发展空间"的要求,在养老服务相关专业学历教育和老年照护人员职业技能等级基础上,积极探索完善老年照护职业发展体系,打通老年照护人员职业晋级渠道。

【任务描述】

王某从某中职学校护理专业毕业后,因为考取了《老年照护职业技能等级证书(初级)》,顺利在城里一家大型养老中心就业,从事老年照护工作。王某发现,每天开展照护工作前的例会上,组长布置完每位照护人员的任务对象、工作内容和注意事项后,都要强调,"大家一定牢记自己的岗位职责!一定要遵守照护工作职业道德!"

【任务目标】
⊙ 遵守老年照护(初级)人员职业道德；
⊙ 明确老年照护(初级)人员的岗位职责；
⊙ 能制订个人岗位要求。

【任务分析】
老年照护人员明确自己的岗位定位是完成本职工作的前提，本次学习任务是明确老年照护(初级)人员的职业定位、岗位职责和应遵守的职业道德。

【相关知识】

一、职业定位

①老年照护也称老年照护服务，是指经过各级岗位技能培训，获得相关专业能力证书的专业照护人员为全日制养老机构、社区服务机构、居家的失能、半失能老年人提供的进食、排泄、清洁、睡眠、助行等生活照护服务和专业照护服务。

②初级老年照护职业技术人员是指能够为老年人提供进食、排泄、睡眠、助行等基本日常生活照护服务，并且能够应用基本照护技能进行安宁、转运、应急救护等专门技术照护服务的初级技术人员。

二、岗位职责

老年照护(初级)人员应履行以下岗位职责。

(一)为老年人提供日常生活照护

(1)饮食照护　帮助老年人科学合理进食进水，为进食困难的老年人进行鼻饲法特殊饮食的服务。

(2)排泄照护　帮助各类老年人安全顺利排泄，如协助如厕，帮助卧床老年人使用便器，更换尿垫及纸尿裤，帮助老年人呕吐时变换体位，使用人工取便的方法辅助老年人排便等，为留置导尿管的老年人更换一次性尿袋，为肠造瘘的老年人更换粪袋等。

(3)睡眠照护　对各类老年人提供睡眠帮助，保证老年人充足的睡眠。

(4)清洁照护　为老年人整理更换床单、清洁口腔、清洁与梳理头发、清洁身体、更衣等，卧床老年人预防压疮和对房间进行消毒等。

(5)冷热应用　帮助老年人使用热水袋、湿热敷，为高热老年人使用冰袋或温水拭浴，进行物理降温。

(二)配合上一级专业人员提供以下照护

(1)转运照护　帮助老年人使用助行器进行活动，使用轮椅和平车转运老年人。

(2)应急救护　协助医护人员进行老年人外伤的初步止血应急处理、摔伤后的初步处理、骨折后的初步固定及搬运、氧气吸入操作等，并配合为老年人提供烫伤、异物卡喉、痰液堵塞、跌倒的临时处理和心脏骤停现场复苏。

(3)日常生活训练 组织老年人进行穿脱衣服训练和站立、行走等训练活动。

三、职业道德

①举止端庄,文明礼貌,遵纪守法。
②热爱老年照护服务工作,忠于职守,履行岗位职责。
③以人为本,根据老年人生理、心理、社会等方面的需求,在岗位上体现尊老、爱老、孝老理念,为老年人提供优质照护服务。
④尊重老年人的人身权利,注意保护老年人的隐私,自觉维护老年人的权益。
⑤认真学习专业技术,在工作中精益求精,不断提高专业服务能力。
⑥对同事以诚相待,互敬互让,取长补短,助人为乐,具备良好的沟通协调能力。
⑦廉洁奉公,严于律己,不接受老年人及其家属馈赠,不言过其实,不弄虚作假。
⑧自尊自爱,自信自强,自觉奉献老年照护事业。

四、伦理与法律认知

老年照护规范化的行为应遵循伦理准则,体现支持维护行为、负责及关心关怀,主要遵循以下基本伦理学原则。

(一)尊重原则

在为老年人提供照护服务中的尊重原则主要是指对老年人自主性的尊重,也就是说老年照护人员应当尊重有自主能力的老年人自我选择、自由行动或按照个人的意愿自我管理和自我决策的权利和行为,因此,如何尊重老年人的自主性,老年人的自主性受哪些限制等问题就成为实践过程中需要着重考虑的问题。尊重原则除了对老年人自主性的尊重以外,还包括维护老年人知情同意的权利、老年人的隐私权等。实现尊重原则是与老年人建立和谐关系的必要条件,也是保障老年人根本权益的可靠基础。

(二)不伤害原则

不伤害是指在照护过程中不使老年人受到伤害,包括身体伤害(如疼痛、并发症、损伤、残疾和死亡等)和精神、社会伤害(如精神痛苦、经济损失和受侮辱歧视等)。不伤害的义务既包括避免或减少实际伤害,同时也意味着避免或减少伤害的风险,即在照护过程中,应将风险降到最低。

(三)关爱原则

关爱是一种发自内心的母亲对孩子般的关怀照顾,这是一种自然感情,任何人都需要这种感情。关爱最能体现照护的本质和专业的核心价值,关爱也是广大患者的一种心理期待,因此,关爱作为伦理原则的核心,是锤炼职业道德意识、指导照护行为、修炼道德情操的灵魂。照护人员要不断加强道德修养,培养一种自觉的伦理关爱。

(四)公正原则

公正是指不偏私、不偏袒和正直。所谓社会公正,主要指对一定社会结构、社会关系和社会现象的一种伦理认定和道德评价,具体表现为对一定社会的性质、制度以及相应的法律、法规、章程和惯例等的合理性和合理程度的要求和判断,社会公正是衡量社会合理性和进步性的一个标志。个人公正,既指个人行为的一种根本原则,也指个

人的一种优良品德,主要表现在个人为人处事中,能以当时社会的法律、法规、章程和惯例等为标准,严格规范自己的行为,正直做人,公道做事,能够保持自己行为的合理性、合法性和正当性。

五、老年照护常见伦理问题及其防范

(一)常见的伦理问题

老年照护中不符合伦理道德的行为主要表现如下。

(1)缺乏人文关怀 最显著表现是缺乏耐心和爱心。缺乏耐心是指护理人员对记忆力减退、听力不好、动作迟缓的老年人表现出的不耐烦情绪。缺乏爱心是指照护者对老年患者,尤其是长期卧床个人卫生情况很不理想的老年患者,职业护理人员对这样的老年患者置之不理,甚至连基本的照护操作都不愿意执行。这种行为是违背职业道德的。从职业道德角度来讲,在此情况下护理人员应该关爱老年患者,帮助清洗擦拭和及时更换被褥。

(2)忽视心理关怀 老年人的风险承受力下降,情感脆弱,容易出现孤独、寂寞、情绪低落,心理上畏惧疾病和死亡,渴望得到周围人和家属的关心。护理人员一般情况下只是遵照医嘱对老年患者进行疾病照护,很少会注意老年人心理的变化,帮助老年人排解心中的孤独、寂寞,所以忽视心理照护的情况普遍存在。甚至,有些护理人员在照护过程中已经发现老年患者出现不交流、不进食的抑郁萌芽状态,仍然视而不见,只完成自己的照护操作。

(3)漠视和不尊重 相对于缺乏人文关怀和忽视心理照护而言,漠视和不尊重是一种程度较重的违背职业照护道德的表现,对老年患者的身心造成的后果也是相当严重的。

漠视和不尊重从语言方面来说,体现在护理人员对老年患者的恶语相向,例如,有些老年人不服老,虽然独立行走能力不强,但仍不允许护理人员帮助,造成跌倒、坠床等意外。部分护理人员对于这种情况较为排斥,认为老年患者不能准确地自我评估,而非自己主观错误,因此极度反感,在语言上会采取较为不恰当的言辞。对于失能的老年患者,个人卫生不太理想,部分护理人员会产生嫌弃的心理,有的会直接对老年患者说出"你怎么这么脏"等语言。

漠视和不尊重从非语言方面来说,体现在护理人员对老年人的主观疏离和暴力殴打。有些老年患者,身边虽然有子女看护,但因嫌弃老年人脏而不尽照顾义务,部分护理人员会认为是老年患者子女的不孝顺增加了自己的工作量,加之部分老年患者也会将对子女的不满转移到护理人员身上。在这种状况下,行为违背职业道德的护理人员会给老年患者脸色看。一些老年患者孤独、寂寞,希望与护理人员多交谈,行为违背职业道德的护理人员会采取主观疏离,也就是我们所说的"假装看不见、听不见"。对于老年患者,特别是失能的老年患者,行为违背职业道德的护理人员甚至会暴力殴打。护理人员虐待老年患者事件频频在网络等媒体上曝光,比如护理人员戏谑瘫卧老年人,六旬老年人遭护理人员暴力虐待,扇耳光等。

老年照护中的漠视和不尊重不仅造成了老年患者身体上的创伤,更是心理上不可治愈的创伤,甚至是生命的代价。这种漠视与不尊重不仅违背了职业道德,更是违反

了法律。

(二)防范策略

(1)尊重服务对象的人格　在照护服务中,护理人员会接触到一些特殊的老年患者,如长期患病、有精神疾病的老年人等。护理人员在工作中应有爱心、耐心和同情心,要尊重这些特殊老年患者。

(2)尊重服务对象的权利　在养老机构这个特定环境,护理人员更要注意尊重服务对象的权利,保护他们的合法权益不受到侵害。

(3)公正地对待每一位服务对象　护理人员在单独照护老年人时,对老年人的家庭背景、社会地位、经济状况等比较了解,因此,护理人员应培养自己的慎独意识和慎独行为,对每一位服务对象都应认真负责,做到一视同仁,严格按照操作规程和职业伦理道德规范做好各项工作。

(4)有高度的责任感和严格的自律性　高度的责任感体现在对健康人的亲情感慰,对老年病、慢性病等患者的心灵安抚,对逝者的临终关怀和善后处理。大多数情况下,养老照顾机构中照护的老年人是健康人群与失能老年人的混合群体,护理人员应以整个机构的利益为重,对机构的所有老年人负责。

(5)坚持团结协作精神　在照护工作中,与相关人员建立团结协作关系,树立整体观念,护理人员、医技人员同心协力,技术上相互配合,工作上密切合作。

六、老年照护中相关的法律法规文件

近年来,我国老龄事业和养老体系建设取得长足发展,老年人权益保障和老年照护业发展等方面的法规政策不断完善,老年护理人员肩负着老年人照护和健康支持的双重责任,需要不断学习并遵守与老年人照护服务相关的法规政策、规范要求等。

(一)老年人照护服务相关的法律

(1)《老年人权益保障法》　目前,以宪法为统领,以老年人权益保障法为主导,包括行政法、地方法规等在内的老龄法律体系已经基本形成。

我国宪法第45条规定:中华人民共和国公民在年老、疾病或者丧失劳动能力的情况下,有从国家和社会获得物质帮助的权利。国家发展为公民享受这些权利所需要的社会保险、社会救济和医疗卫生事业。这从根本上保障了公民的养老权益。

1996年首次发布,后经几次修正的《中华人民共和国老年人权益保障法》以《中华人民共和国宪法》为依据,是我国第一部保护老年人合法权益和发展老龄事业相结合的专门法律。这部法律的第一条即明确了为了保障老年人合法权益,发展老龄事业,弘扬中华民族敬老、养老、助老的美德,根据宪法,制定本法。

(2)《中华人民共和国侵权责任法》　老年人照护服务必然要应对老年人的身心健康问题,随时可能会涉及老年人及老年人家属的民事权益。根据《中华人民共和国侵权责任法》第二条,民事权益包括生命权、健康权、姓名权、名誉权、荣誉权、肖像权、隐私权、婚姻自主权、监护权、所有权、用益物权、担保物权、著作权、专利权、商标专用权、发现权、股权、继承权等人身、财产权益。第七章关于医疗损害责任的条款适用于为患病老年人提供医疗护理服务的工作,"医务人员在诊疗活动中应当向患者说明病情和

医疗措施。需要实施手术、特殊检查、特殊治疗的,医务人员应当及时向患者具体说明医疗风险、替代医疗方案等情况,并取得其书面同意;不能或不宜向患者说明的,应当向患者的近亲属说明,并取得其书面同意";护理人员在工作中必须重视并获得老年人及其家属的知情同意,"医疗机构及其医务人员应当按照规定填写并妥善保管住院志、医嘱单、检验报告、手术及麻醉记录、病理资料、护理记录等病历资料","医疗机构及其医务人员应当对患者的隐私保密。泄露患者隐私或者未经患者同意公开其病历资料,造成患者损害的,应当承担侵权责任"。

(二)老年照护相关政策

为切实保障老年人的合法权益,规范和保障老龄产业发展,国家和有关部门制定政策文件、相关规划与标准。

老年护理人员在从事老年人照护工作中,必须时时关注和把握老年照护管理与发展的方向和趋势。在国家政策层面,2013年国务院印发《关于加快发展养老服务业的若干意见》,2017年印发了《"十三五"国家老龄事业发展和养老体系建设规划》,为完善养老体系进行了顶层制度设计。在行业管理层面,民政部门、卫生部门等已先后出台了加快和完善养老服务体系建设的相关规定,如《养老机构设立许可办法》《养老机构管理办法》等,发布了《关于推进医疗卫生与养老服务相结合的指导意见》,制定了《养老机构安全管理》(MZ/T 032—2012)《社区老年人日间照料中心服务基本要求》(GB/T 33168—2016)《社区老年人日间照料中心设施设备配置 GB/T 33169—2016》等标准。护理人员应在照护工作中按照国家、行业管理的政策规定落实和推进工作,在需要提供诊疗技术规范规定的护理活动时,护理人员应按《护士条例》要求,取得护士执业证书;在开展专业性护理服务中遵守《侵权责任法》《医疗事故处理条例》《传染病防治法》《医疗废物管理条例》《医院感染管理办法》等相关法律法规,严格依法依规从事专业性照护工作。

(但 琼 王 娜)

项目三 老年人健康评估

老年人因年龄增长,机体功能会有不同程度的减退,使得老年人患病率增高,同一种疾病发生在不同的个体,其健康状况有很大差别。如何确定科学的评估(资料收集)框架,建立科学的评估思维,科学合理地利用评估工具进行量化评估,是确认老年人健康问题、实施整体护理的关键。

任务1 老年人健康评估的特点

老年人健康评估的特点

【任务描述】

张某,男,64岁,于2007年感冒后,检查发现尿糖呈阳性。张某因此紧张、失眠,每天仅睡3~4 h,并导致白天烦躁不安,昏昏沉沉,有时无故出汗,手颤抖,心慌。后经多次复查,尿糖均呈阴性,但患者仍过分担心,且症状进一步加重,不明原因紧张,全身哆嗦。查心电图未见异常,体格检查及神经系统检查未见阳性体征,化验及其他辅助检查均未见异常。

问题:
1. 评估该患者时应了解哪些特点与原则?
2. 评估此患者的过程中需应用到哪些方法?
3. 针对此患者,在评估过程中应特别注意哪些事项?

【任务目标】

⊙ 掌握老年人身体功能状态评估的内容、评估方法及各评估工具的作用;
⊙ 熟悉老年人身体功能和心理功能评估的目的和注意事项;
⊙ 了解老年人体格检查的步骤、各系统的生理改变。

【任务分析】

健康评估是系统地、有计划地收集被评估者的健康资料,并对资料的价值进行判断的过程。健康评估既描述疾病的临床表现及其发生机制、个体对疾病的反应,又讲解评估的基本方法和技能,以及如何运用科学的临床思维方法去识别健康问题及人们对健康问题的反应。健康评估的目的在于了解个体在健康和生命过程中的经历,包括健康、疾病和康复,寻找促进健康或增进身体功能的有利因素,识别护理需要、临床问题或护理诊断,选择护理干预方案,评价治疗和护理的效果。

【相关知识】

一、老年人的健康评估原则

(一)了解老年人身心变化的特点

(1)老年人身体变化的特点　随着年龄的增长,机体必然发生细胞、组织、器官及全身的退行性改变,这些变化是正常的,属于生理性老化。若是由生物的、物理的或化学的因素所导致的老年性疾病的变化,则是异常的,属于病理性改变。在多数老年人身上,这两种变化往往同时存在,相互影响,有时难以严格区分,这就需要护理人员认真实施健康评估,区分正常老化和现存的、潜在的健康问题,采取适宜的措施予以干预。

(2)老年人心理变化特点　身心变化不同步,心理发展具有潜能和可塑性,且个体差异性大。在智力方面,由于反应速度减慢,在限定的时间内学习新知识、接受新事物的能力较年轻人差;在记忆方面,记忆力下降,以有意识记忆为主、无意识记忆为辅;在思维方面,个体差异性较大;在特性或个性方面,会因孤独、任性、把握不住现状而产生怀旧、焦虑、烦躁等情绪,老年人的情感与意志变化相对稳定。

(二)明确老年人与其他人群实验结果的差异

老年人实验室检查结果的异常有3种可能:①由疾病引起的异常改变;②正常的老年期变化;③受老年人服用的某些药物的影响。目前关于老年人实验室检查结果标准值的资料很少。老年人检查标准值(参考值)可通过年龄校正可信区间或参照范围的方法确定,但对每个临床病例都应区别看待。护理人员应通过长期观察和反复检查,正确解读老年人的实验室检查数据,结合病情变化,确认实验室检查数据的异常是生理性老化,还是病理性改变所致,避免延误诊断和治疗。

(1)常规检查　血常规:血常规检查值异常在老年人中十分常见,一般以红细胞$<3.5 \times 10^{12}$/L、血红蛋白<110 g/L、红细胞比容<0.35,作为老年人贫血的标准,但贫血并非老年期生理变化,因而需要进行全面系统的评估和检查。多数学者认为白细胞、血小板计数无增龄性变化。白细胞的参考值为$(3.0 \sim 8.9) \times 10^9$/L。在白细胞分类中,T淋巴细胞减少,B淋巴细胞则无增龄性变化。

尿常规:老年人尿蛋白、尿胆原的正常范围与正常成年之间无明显差异,老年人尿沉渣中的白细胞>20 个/hp才有病理意义。老年人中段尿培养污染率高,可靠性较低,老年男性中段尿培养菌落计数$\geq 10^3$/ml、女性$\geq 10^4$/ml为判断真性菌尿的界限。

血沉:在健康老年人中,血沉变化范围很大。一般血沉为$30 \sim 40$ mm/h表示无病理意义,如血沉超过65 mm/h应考虑感染、肿瘤及结缔组织病。

(2)生化与功能检查　老年人生化与功能检查结果中常见的生理变化见表3-1。

表3-1　老年人生化与功能检查结果中常见的生理变化

检验内容	成人正常值范围	老年期生理变化
空腹静脉血糖	$3.9 \sim 6.1$ mmol/L	轻度升高
肌酐清除率	$80 \sim 100$ ml/min	降低

续表

检验内容	成人正常值范围	老年期生理变化
血尿酸	120~240 μmol/L	轻度升高
乳酸脱氢酶	50~150 U/L	轻度升高
碱性磷酸酶	20~110 U/L	轻度升高
总蛋白	60~80 g/L	轻度升高
总胆固醇	2.8~6.0 mmol/L	60~70岁达高峰,后逐渐降低
低密度脂蛋白	<3.1 mmol/L	60~70岁达高峰,后逐渐降低
高密度脂蛋白	1.1~1.7 mmol/L	60岁后稍升高,70岁后开始降低
甘油三酯	0.2~1.24 mmol/L	轻度升高

(三)重视老年人疾病的非典型性表现

老年人感受性降低,常并发多种疾病,发病后往往没有典型的症状和体征,称为非典型性临床表现,例如,老年人患肺炎时常无症状,或仅表现出食欲差,全身无力,脱水,或突然意识障碍,而无呼吸系统的症状;阑尾炎导致肠穿孔的老年人,临床表现可能没有明显的发热体征,或仅主诉轻微腹痛。由于这种非典型表现的特点,给老年人疾病的诊治带来一定的困难,容易出现漏诊、误诊。因此对老年人要重视客观检查,尤其是体温、心率、血压及意识的评估。

二、老年人健康评估的方法

老年人健康评估工作流程图如图3-1所示。

图3-1 老年人健康评估工作流程图

对老年人的健康进行评估,目的是获得准确、全面的资料,从而分析、诊断老年人的健康问题,主要评估方法有以下几种。

(一)交谈法

交谈是护理人员与患者进行真实的信息和情感的交流,为获得有效的评估资料,在交谈中应注意以下采集技巧。

(1)建立护患关系 首先向老年人做自我介绍,并说明采集目的。护理人员交谈时,语速要慢,语音要清晰,问题应限于确实需要的方面,同时要有适当的停顿和重复。在采集过程中,应显示出对其回答感兴趣,对其陈述表示理解、认可和同情,特别是应尊重、关爱老年人,且要有足够的耐心,仔细询问、倾听,建立良好的护患关系。

(2)环境和距离 多数老年人患有老年性耳聋,其中以高频听力下降为主,并有听觉重听现象,常有"别人说话低声时听不到,但大声时又觉得太吵"的现象。故采集时,要与老年人面对面,使其能看清护理人员的表情及口型;环境要安静、舒适,光线柔和,避免目眩;温度要适宜。

(3)核实 对含糊不清、存有疑问或矛盾的内容应进行核实。

(4)求助家属或照顾者　对记忆功能障碍或语言表达功能障碍的老年人,可向家属或照顾者了解详细情况;对仅有语言表达障碍而思维功能正常的老年人,可采用文字或图画等书面形式沟通。

(5)注意非语言沟通　在采集过程中,始终保持与老年人的目光接触,并使用必要的手势和良好的体态语言等。触摸是重要的交流手段,可传递我关心您、支持您、照顾您的信息,但要注意文化差异。

(6)耐心　采集老年人健康史时,一定要耐心倾听,不要催促,当其主诉远离主题时,应适当引导。

(7)询问顺序　交谈一般从主诉开始,有目的、有顺序地进行。提问应先选择一般易于回答的开放性问题,如"您感到哪儿不舒服""病了多长时间了",然后耐心倾听。

(二)身体评估

用自己的感官并借助仪器对患者进行体格检查,了解身体的健康状况是健康评估的一种重要方法。它能进一步验证交谈问诊中所获得的主观健康资料,为确认护理诊断寻找客观依据。常用的检查方法有视诊、触诊、叩诊、听诊、嗅诊,方法简单、适用广泛。常用的体格检查仪器有血压计、听诊器、体温计、叩诊锤、手电筒、压舌板等。

(三)评定量表测量

评定量表常用来对自己的态度、情感等主观感受和对他人的客观观察做出分级和量化评定(即心理评定),也称心理评定量表。评定量表是通过比较,将个人的行为分成若干等级,用这种方式将个人的行为数量化、规范化。评定量表的主要内容包括量表名称、项目、项目定义、评定标准和分级,其基本特征是目的明确、项目适当、评定标准客观及便于操作和掌握,有可供比较的标准,有较好的信度和效度。通过问卷调查,使用信度和效度较好的评定量表能较客观地反映老年人的心理健康状态。

(四)查阅资料

评估者可通过查阅老年人的病史资料、健康档案和类似疾病的文献,来分析、整理和归类评估资料。

三、老年人的健康评估内容及注意事项

(一)老年人健康评估内容

由于身体老化和慢性病的困扰,进入老年期后身体功能状况不如年轻时期,对老年人进行健康评估需从生理健康、心理健康、社会功能及角色功能等全方位进行。

(二)老年人健康评估的注意事项

在老年人健康评估的过程中,结合其身心变化的特点,护理人员应注意以下事项。

(1)提供适宜的环境　老年人的感觉功能降低,血流缓慢,代谢率及体温调节功能降低,容易受凉感冒,所以体检时应注意调节室内温度,以 22~24 ℃为宜。老年人视力和听力下降,评估时应避免对老年人的直接光线照射,环境要尽可能安静,注意保护老年人的隐私。

(2)安排充分的时间　老年人由于感官的退化,反应较慢,行动迟缓,思维能力下

降,因此所需评估时间较长。加之老年人往往患有多种慢性病,很容易感到疲劳。护理人员应根据老年人的具体情况,分次进行健康评估,让其有充足的时间回忆过去发生的事件,这样既可以避免老年人疲惫,又能获得详尽的健康史。

(3)选择得当的方法　对老年人进行身体评估时,应根据评估的要求,选择合适的体位,重点检查易发生皮损的部位。对有移动障碍的老年人,可取合适的体位。检查口腔和耳部时,要取下义齿和助听器。有些老年人部分触觉功能消失,需要较强的刺激才能引出,因此在进行感知觉检查,特别是痛觉和温觉检查时,注意不要损伤老年人。

(4)运用沟通的技巧　老年人听觉、视觉功能逐渐减退,交谈时会产生不同程度的沟通障碍。为了促进沟通,护理人员应尊重老年人,采用关心、体贴的语气提出问题,语速减慢,语音清晰,选用通俗易懂的语言,注意适时停顿和重复。适当运用耐心倾听、触摸、拉近空间距离等技巧,注意观察非语言性信息,增进与老年人的情感交流,以便收集到完整而准确的资料。为认知功能障碍的老年人收集资料时,询问要简洁得体,必要时可由其家属或照顾者协助提供资料。

任务 2　老年人身体健康状况的评估

【任务描述】

患者,男,65岁,突发左上下肢无力2 h。2 h前,患者晨起发现左上下肢无力,左上肢不能持重物,左下肢行走费力,伴言语不清及头昏。无意识障碍,无头痛、恶心及呕吐,无大小便失禁。既往高血压20年,吸烟30年,每天15支,其父高血压及脑血栓。查体:血压160/95 mmHg,神志清楚,构音障碍,左面纹浅,伸舌偏左,左上下肢肌力四级,左侧 babinski 征阳性。入院诊断为"脑血栓形成"。

问题:
1.针对疾病,评估资料时如何对患者进行详细的询问和体格检查?
2.患者日常生活的自理能力如何?
3.试借助工具对患者进行社会生活功能状态的评估。

【任务目标】

⊙掌握老年人身体健康状况评估的特点;
⊙能收集老年人的健康史并实施体格检查;
⊙具备良好的职业道德和尊老情怀。

【任务分析】

身体健康状态的评估主要通过交谈了解健康史,通过体格检查了解身体健康状况。老年人身体状况不如年轻人,对老年人进行身体健康状况评估不但要考虑老年期的生理、心理及社会角色的变化,也要考虑疾病对老年人健康的影响。

【相关知识】

一、健康史

由于老年人机体发生老化和患各种慢性病的比例增高,到了老年期后身体的健康状况不如以前。

(一)基本资料

身体健康状况评估包括姓名、性别、出生地、文化程度和婚姻状况等个人基本信息,还应包括经济来源、居住情况、主要照顾者等社会信息。

(二)健康史

(1)现病史　指老年人目前的健康状况,有无急性或慢性病及身体的不适等,应详细询问起病的时间、环境、发病的缓急、原因(诱因)和病程,主要症状的特点及演变的过程,对日常生活产生的影响,疾病的治疗经过及用药的疗效,目前康复的情况等。

(2)既往史及个人生活史　评估老年人的既往病史,询问老年人曾患过何种疾病,治疗及恢复情况,有无手术史、外伤史、食物及药物过敏史,目前的健康状况、活动能力,有无慢性病及起病时间和患病年限,疾病的严重程度和治疗情况,对日常生活、心理状态和社会活动的影响。

老年人健康史采集的常见问题:①记忆不确切;②反应迟钝,表述不清;③隐瞒症状,主诉与症状不符等。故护理人员首先应建立良好的护患关系;对含糊不清,存有疑问或矛盾的内容应仔细核实;对于意识障碍或言语不清的老年人可向家属或照顾者求助。

(3)家族史　了解老年人家族史,家族中有无遗传性疾病,家人的死亡年龄及原因。

二、体格检查

老年人体格检查时,应根据老年人生理变化和疾病特点,按视、触、叩、听、嗅顺序,有目的、有重点地进行。

(一)生命体征

老年人基础体温和最高体温较年轻人低,尤其是70岁以上的老年人在感染时,常无发热的表现,故若老年人午后体温比清晨高1℃以上,应视为发热。老年人高血压和体位性低血压常见,故检查时不仅要测卧位血压,还应测直立位血压。测定方法:应先平卧10 min后测血压,然后在直立1 min、3 min、5 min后各测血压一次,如直立时任何一次收缩压降低的范围≥30 mmHg和舒张压降低的范围≥15 mmHg,即可诊断为体位性低血压。

(二)一般状况

(1)身高、体重　人从50岁开始,身高逐渐缩短。随着增龄,老年人体重逐渐增加,65~75岁达到高峰,随后下降。

(2)智力、意识状态　意识状态主要反映老年人对周围环境的认识和对自身所处状况的自我识别能力,对颅内病变等诊断有帮助。测定老年人的记忆力和定向力,有助于早期痴呆的诊断。

(三)体表

(1)皮肤　老年人因弹性组织丧失,出现皱纹、表皮色素沉着(老年斑)。老年斑常见于面部、手背、前臂、小腿、足背等部位。老年人皮肤感觉迟钝,主要表现在触觉、痛觉和温度觉减弱。老年人因神经细胞缺失,神经传导速度减慢,故温度觉的敏感性可下降,通过检测发现老年人皮肤温度比成年人低 0.5～1 ℃。老年人皮肤温度和表浅静脉的充盈度有助于血容量的判断,如短暂的手下垂(4～5 s)手背静脉即可充盈,以及手足温暖,表示循环血量充足;而手下垂超过 5 s 静脉却不充盈,以及四肢发冷,表示循环血量不足。老年人皮肤触觉阈值提高,敏感性降低,表现在被刺伤、撞伤后缺乏感觉。皮肤弹性和干湿度可反映机体的失水状态,但随着年龄的增长,老年人皮肤弹性下降、皮肤干燥,会影响失水状态的判断。注意观察老年人皮肤的完整性,全面检查易发生破损的部位,并观察有无皮肤颜色的改变。长期卧床或在轮椅上不能活动的老年人应注意有无压疮。多数老年人出现"肝掌",但无肝病史和肝功能异常,故不能诊断肝脏疾病。

(2)头发　稀少,白发或秃发。

(3)指甲　变厚、变黄、变硬,足趾出现灰甲。

(4)头面部

①眼睛与视力。老年人眼睛外观变化最常见的是眼睑皮肤松弛,皱纹增多。50岁以后常可见双侧角膜老年环,即角膜缘因脂质沉积而形成一个灰白色的环,多为生理现象。老年人睑结膜常因慢性炎症而充血,应注意其掩盖贫血的程度。老年人晶状体柔韧性变差,睫状肌肌力减弱,迅速调节远、近视力的功能下降,出现老视眼。老年人因瞳孔缩小、视网膜视紫质的再生能力减退而使其暗适应能力低下,辨色能力减退。晶状体随着年龄增加而增厚,致前房中心变浅,出现房角关闭,影响房水回流,而致眼内压升高,引起青光眼。由于发生玻璃体浑浊,老年性白内障、眼底动脉硬化,易发生眼底出血等,常严重影响老年人的视觉功能。

②耳与听力。听觉随年龄增加逐渐减退。老年人由于中耳听骨退行性变化,内耳听觉感受细胞减退、数量减少,耳蜗动脉血液供应减少等原因出现老年性聋,甚至听力丧失。老年人对高音的听力损失比对低音的听力损失早且呈进行性变化,常伴有耳鸣,在安静环境下明显。检查耳部时,应注意取下助听器,以便充分暴露检查部位。

③鼻与嗅觉。鼻腔黏膜萎缩变薄,且变得干燥。嗅神经数量随增龄而减少、萎缩、变性,50 岁以后,嗅觉变得迟钝,对气味的分辨力减退,尤其是老年男性减退明显,对有毒、有害物体的气味不易察觉,故易发生气体中毒。

④舌与味觉。老年人舌部的味蕾细胞随增龄而数量减少,功能减退,对食物的敏感性降低,常使老年人食而无味,影响老年人的食欲。

⑤牙齿。由于长期的磨损及衰老,老年人多有牙齿缺失,常有义齿。检查时应取下义齿,充分暴露检查部位,并注意牙托是否合适,有无牙周疾病及舌下病变。老年人口唇黏膜的色素沉着,易与发绀混淆,应注意鉴别。

(5)颈部　颈部检查包括颈部活动范围、颈静脉充盈度及颈部血管杂音、甲状腺

等。一般人由于脑膜刺激征出现的颈部强直,在老年人则应同时考虑脑血管病、颈椎病、颈部肌损伤、帕金森病等。颈部血管杂音可能是颈动脉硬化狭窄所致,也可能是心脏杂音传向颈部所致。

(6)胸部

①胸廓及肺脏。老年人的胸廓常呈桶状改变,尤其是慢性支气管炎者。老年人的胸廓弹性降低,扩张受限,肺部组织膨胀不全,故部分老年人在没有疾病的情况下,肺底部也可闻及少量湿啰音,可在深呼吸后消失。部分慢性支气管炎患者湿啰音部位固定且长期存在,经严格的抗生素治疗仍难以消退。

②心脏。老年人心音强度的变化比杂音的变化更有临床意义,如舒张期杂音多为异常的反映,而收缩期杂音则应注意鉴别。检查的重点是确定有无心脏杂音、心肌肥厚及心脏扩大等。

③乳房。40~60岁的女性易发生乳腺癌,应每年进行一次检查。

(7)腹部　老年人腹部皮下脂肪堆积,腹壁肌肉松弛,肠功能减退。检查时应注意有无压痛、肿块、肠鸣音减退或亢进。

(8)脊柱四肢　检查包括关节及其活动范围、浮肿及动脉搏动情况等,注意有无疼痛、畸形、运动障碍。老年人由于软骨变性和骨质增生,关节退化,关节腔狭窄,关节活动范围随年龄增加而缩小,表现为关节活动受限,肌张力下降,导致颈部脊柱和头部前仰,脊柱变短,身高降低。注意检查有无下肢皮肤溃疡、脚冷痛等。

(9)泌尿生殖　老年男性前列腺逐渐发生组织增生,增生的组织使排尿阻力增大,导致下尿道梗阻,出现排尿困难。老年人膀胱容量减小,很难触诊到膨胀的膀胱。

老年女性的外阴随增龄逐渐萎缩,常出现外阴瘙痒、外阴炎等。由于阴道上皮萎缩变薄,上皮细胞内糖原含量减少,阴道内阴道杆菌的糖酵解能力下降,乳酸产生减少,使阴道内pH由弱酸性转为中性或碱性,导致阴道的自洁作用减弱甚至消失,阴道防御功能减弱,使阴道易受细菌侵袭而发生老年性阴道炎。

(10)神经反射　运动神经和交感神经对神经冲动的传导随年龄增加而减慢,因此老年人反应迟钝,动作协调能力下降。由于小脑纹状体系统的缺血萎缩,导致前庭平衡运动觉发生紊乱,出现步态蹒跚、老年性震颤等。老年人脊髓感觉神经根的有髓神经纤维减少30%,大脑的身体感觉皮质变薄,外周和中枢感觉通路的突触呈衰老改变,对身体部分的认识能力下降,立体判断能力受损,引起位置觉的分辨力下降,故容易跌倒。

老年人感觉功能逐渐减退,视觉、听觉、嗅觉、味觉、触觉、压痛、冷热感觉普遍降低,可检查手足的细触觉、针刺觉及位置觉,同时注意检查闭眼时手指的精细动作和握拳动作、下肢肌力、腱反射和膝反射。

三、功能状态评估

功能的完好状态影响着老年人的生活质量。老年期面临较大的变化,有退休、丧偶、衰老及慢性病的困扰,通过评估老年人对待老年期各种变化的态度、适应程度以及能否协调并得到平衡,从了解老年人的功能状态、生活状况,来判断早期功能缺失,防止进一步残疾,并制订护理计划,帮助老年人完善功能,以满足老年人独立生活的需

要。随时控制老年人的功能状况,以确定有效的治疗、康复护理方案。

(一)日常生活能力的评估

日常生活能力的评估是指满足个体自身的穿衣、洗澡、进食、如厕、行走及大小便控制等能力的评估。正常人能独立完成,老年人因疾病导致身体活动受限,常需他人或辅助器材帮助才能完成。丧失日常生活能力的人即失去生活自理能力。常用评估工具有日常生活能力量表和改良巴氏指数评定量表。

①日常生活能力量表。日常生活能力量表(activity of daily living scale,ADL)由美国的 Lawton 和 Brody 制订于 1969 年,主要通过 14 项日常生活状态来评定被试者的日常生活能力。该量表项目细致、简明易懂、便于询问,即使是非专业人员也容易掌握。采用计分法评定,便于记录和统计(表 3-2)。

表 3-2 日常生活能力量表(ADL)

圈出最适合的情况			
1.使用公共车辆　　　1　2　3　4		8.梳头、刷牙　　　　　1　2　3　4	
2.行走　　　　　　　1　2　3　4		9.洗衣　　　　　　　　1　2　3　4	
3.做饭菜　　　　　　1　2　3　4		10.洗澡　　　　　　　　1　2　3　4	
4.做家务　　　　　　1　2　3　4		11.购物　　　　　　　　1　2　3　4	
5.服药　　　　　　　1　2　3　4		12.定时上厕所　　　　　1　2　3　4	
6.吃饭　　　　　　　1　2　3　4		13.打电话　　　　　　　1　2　3　4	
7.穿衣　　　　　　　1　2　3　4		14.处理自己的钱财　　　1　2　3　4	

评分说明:1—自己完全可以做;2—有些困难;3—需要帮助;4—自己完全不能做。

评价:总分低于 16 分为完全正常,大于 16 分有不同程度的功能下降,最高 64 分。凡有 2 项或 2 项以上≥3 分,或总分≥22 分,为功能明显障碍。

②改良巴氏指数评定量表(modified barthel index,MBI)。此表是用来评定日常生活活动能力的,是康复医学的特色及常用的量表之一,可在治疗前、中、后对患者进行评价。以患者日常实际表现作为评价依据,而不以患者可能具有的能力为准(表 3-3)。

表 3-3 改良巴氏指数评定量表(MBI)

项　目	评 分 标 准	月	日
1.大便	0—失禁或昏迷 5—偶尔失禁(每周<1 次) 10—能控制		
2.小便	0—失禁或昏迷或需由他人导尿 5—偶尔失禁(每天<1 次,每周>1 次) 10—能控制		
3.修饰	0—需帮助 5—独立洗脸、梳头、刷牙、剃须		

续表

项　　目	评分标准	月　　日
4.如厕	0—依赖别人 5—需部分帮助 10—自理	
5.吃饭	0—依赖别人 5—需部分帮助(夹菜、盛饭、切面包) 10—全部自理	
6.转移	0—完全依赖别人 5—需大量帮助(2人)能坐 10—需少量帮助(1人)或指导 15—自理	
7.活动(步行)	0—不能步行(在病房及其周围) 5—在轮椅上独立行动(不包括走远路) 10—需1人帮助步行(体力或语言指导) 15—独立步行(可用辅助器)	
8.穿衣	0—依赖 5—需一半帮助 10—自理(系、开纽扣,关、开拉链和穿鞋)	
9.上下楼梯	0—不能(上下一段楼梯) 5—需帮助(体力或语言指导,用手杖算独立) 10—自理	
10.洗澡	0—依赖 5—自理	

评分说明:0~20分,极严重功能障碍;25~45分,严重功能障碍;50~70分,中度功能缺陷;75~95分,轻度功能缺陷;100分,ADL功能自理。

(二)功能性日常生活能力的评估

功能性日常生活能力评估是指个体单独生活的基本能力,包括做家务、打电话、购物、理财、使用交通工具等活动能力的评估。丧失功能性日常生活能力的人,不能进行正常的社会生活。功能性日常生活能力的评估常通过功能性日常生活能力的评估量表和PULSES量表来测定。

(1)Lawton功能性日常生活能力量表(LADL)　此表由Lawton等人设计制订。通过观察,确定做饭、做家务、服药、步行、购物、理财、电话交流7个功能的评分,总分值和活动范围与认知功能相关,以确定老年人完成各项任务的独立程度。该量表也可用于测定慢性病的严重程度与治疗效果,还可用于预测某些疾病的发展(表3-4)。

表 3-4 Lawton 功能性日常生活能力量表(LADL)

生活能力	项目	分值
1.你能自己做饭吗?	无需帮助	2
	需要一些帮助	1
	完全不能自己做饭	0
2.你能自己做家务或勤杂工作吗?	无需帮助	2
	需要一些帮助	1
	完全不能自己做家务	0
3.你能自己服药吗?	无需帮助(能准时服药,剂量准确)	2
	需要一些帮助(别人帮助服药或提醒服药)	1
	完全不能自己服药(没有帮助自己完全不能服药)	0
4.你能去超过步行距离的地方吗?	无需帮助	2
	需要一些帮助	1
	除非做特别安排,否则完全不能旅行	0
5.你能去购物吗?	无需帮助	2
	需要一些帮助	1
	完全不能自己出去购物	0
6.你能自己理财吗?	无需帮助	2
	需要一些帮助	1
	完全不能自己独立理财	0
7.你能自己打电话吗?	无需帮助	2
	需要一些帮助	1
	完全不能自己打电话	0

评分说明:0—为完全不能独立完成,1—需要一些帮助,2—无需帮助。该量表得分 0～14 分。分值越高,得分者的功能性日常生活能力越强。得分 14 分为完全正常,低于 14 分为不同程度的功能下降。

(2)PULSES 量表 此表主要用于评价慢性患者和老年人的独立生活能力、预测康复的可能性和评估病情的进展情况,也可用于社区的功能状态评估。字母 P(physical condition)表示身体健康状况(主要是各种慢性病的患病情况);U(upper limb function)表示上肢功能;L(lower limb function)表示下肢功能;S(sensory intactness and communication)表示感官功能,包括语言、视觉和听觉能力;E(excretory function)表示排泄功能;S(situational factors)表示精神和情感状况。

任务 3　老年人心理健康状况评估

【任务描述】

张某,男,65 岁。三个月前,他爱人在家突然倒地,神志不清,大小便失禁,喷射性呕吐。张某见状,手忙脚乱地将倒在地上的妻子抱起来放在床上平卧,帮她洗脸,擦身,忙了好久才想起打"120"急救。由于延误抢救时间,尽管经多方抢救,老伴还是在一天后去世了。

从此,他整天痛悔,焦虑不安,吃不下,睡不着。连续几周,他感觉腹部隐痛,失眠、便秘,也极少与家人交流,常自言自语,多次独立外出,家人寻找时发现他常独自呆坐至很晚。

问题:
1. 患者身心健康出现何种变化?
2. 患者的变化与哪种心理因素有关?
3. 针对此患者,如何评估及护理?

【任务目标】

⊙ 掌握老年人认知、思维、记忆、感觉和性格上的变化特点;
⊙ 能用各种量表评估老年人的心理状态;
⊙ 具备敏锐的职业能力,能正确分析相关因素,并给予保健指导。

【任务分析】

心理健康是反映老年人健康的一个重要方面,进入老年期后,老年人往往面临很多人生负面事件,如退休、丧偶、经济状况改变、慢性病的影响折磨、身体功能受限等,都会影响老年人的心理健康,需要老年人去适应这些改变。在不能适应时,老年人就会出现焦虑、抑郁等心理问题,甚至发展为老年抑郁症等。目前,我国认定老年人心理健康的标准可以从以下 6 个方面评定:认知的正常、情绪的健康、关系的融洽、环境适应、行为正常、人格健全。

【相关知识】

一、老年人认知状态的评估

认知是个体理解、推测和判断客观事物的过程。它反映了个体的思维能力,并通过个体的行为和语言表达出来。认知功能对老年人的独立生活及生活质量起着重要的影响作用。

(一)老年人认知变化过程的主要内容

(1)感觉的变化　感觉是当前客观事物作用于感觉器官而在人脑形成的反应,包括视觉、听觉、嗅觉、味觉等。由于老年人的感觉器官随年龄增长而敏感性降低,会影

响正常的感觉反应。

（2）知觉的变化　知觉是指外界刺激作用于感觉器官时，人对外界的整体看法和理解，它是我们对外界的感觉信息进行的组织和解释。在认知科学中也可看作一组程序，包括获取感官信息、理解信息、筛选信息、组织信息。由于老年人的感觉器官随年龄增长发生萎缩性变化，出现知觉反应相对减慢的现象，但人们对当前周围事物的知觉是建立在过去的经验上的，老年人经验丰富，其知觉的正确率一般仍较高。老年人常发生定向力障碍，影响其对时间、地点、人物的辨别。

（3）记忆的变化　记忆就是人们把在生活和学习中获得的大量信息进行编码加工，输入并储存于大脑里，在必要的时候再把有关的储存信息提取出来，应用于实践活动的过程，包括识记、保持、再认和再现。老年人记忆力衰退的个体差异很大，出现有早有晚，速度有快有慢，程度有轻有重，说明老年人的记忆力存在很大潜能。为延缓记忆力衰退，老年人可坚持适当的脑力锻炼和记忆力训练，并主动利用记忆方法，提高记忆力。

（4）思维的变化　思维是指人脑对客观现实间接的、概括的反应，是认识的高级形式。它反映的是客观事物的本质属性和规律性的联系。老年人的思维特点是常不能集中精力思考问题、思维迟钝、联想缓慢、计算能力减退、计算速度减慢，尤其是心算能力减退。

（二）老年人认知状态的评估方法

认知状态的评估范围和内容有外观和行为，如意识状态、姿势、穿衣、打扮等，语言如音量、速度、理解能力、复述能力，思考如知觉、判断力等，记忆力和注意力如短期记忆、长期记忆、学习新事物的能力、定向力，高等认知能力如知识、计算、抽象思维等。

老年人的认知状态常用评估量表测定。1975年美国专家曾制订了简易智力检查量表（MMSE）用以测定老年痴呆的智能。这种方法简单易行，国际上广泛应用。此表共有5个方面：第1～10项为定向力，第11～13项为记忆力，第14～18项为注意力和计算力，第19～21项为回忆，第22～30项为语言能力。简易智力检查量表测试内容包括30项，被试者答对一项记1分，回答错误或答不知道记0分（表3-5）。

表3-5　简易智力检查量表（MMSE）

	项　目	评　分
定向力（10分）	1.今年是哪一年？	0　1
	2.现在是哪个季节？	0　1
	3.现在是几月份？	0　1
	4.今天是星期几？（相差1～2天均算正确）	0　1
	5.今天是几号？（相差1～2天均算正确）	0　1
	6.你现在是在哪一个省？	0　1
	7.你现在居住在哪个省（市）？	0　1
	8.你现在居住在哪个区（县）？	0　1
	9.这里是哪个医院？	0　1
	10.我们现在是在第几层楼？	0　1

续表

项　目		评　分
记忆力(3分)	我告诉你3种东西,我讲完后,你重复讲一遍。请记住这三样东西,因为过几分钟后我要再问你。 　　　　11. 皮球 　　　　12. 国旗 　　　　13. 树木	0　1 0　1 0　1
注意力和计算力(5分)	100减去7,等于多少？答对一个得1分。 　　　　14. －7 　　　　15. －7 　　　　16. －7 　　　　17. －7 　　　　18. －7	0　1 0　1 0　1 0　1 0　1
回忆(3分)	如果被试者完全记住了三个名称,则让其重复一遍。 　　　　19. 皮球 　　　　20. 国旗 　　　　21. 树木	0　1 0　1 0　1
语言能力(9分)	命名能力:拿卡片给被试者看,要他们说出名称。 　　　　22. 手表 　　　　23. 铅笔	0　1
	24. 复述能力:44只狮子。重复、咬字正确记1分。	0　1
	三步命令:拿出一张白纸,按你的命令去做,不要重复或示范,只有按正确顺序做才能计1分。 　　　　25. 第一步 　　　　26. 第二步 　　　　27. 第三步	0　1 0　1 0　1
	28. 阅读能力:拿"闭上你的眼睛"卡片给被试者看,要求读出并按要求做,只有确实闭上眼睛才计1分。	0　1
	29. 书写能力:让被试者在白纸上写一句完整的句子,有主语、动词并有意义,得1分。	0　1
	30. 结构能力:在白纸上画有交叉的两个五边形,要求被试者照样准确地画出来。需画清5个角和5条边。	0　1
总分		

评分说明:最高得分30分,小学文化程度MMSE量表得分小于或等于17分作为痴呆的阳性界线值,中学以上文化程度者MMSE量表得分小于或等于24分考虑为认知功能缺损。

二、老年人情绪与情感的评估

(一)焦虑评估

焦虑是个体感受到威胁时的一种不愉快的情绪状况,表现为紧张、烦躁、不安等,但又说不出具体明确对象。老年人生活中负面事件较多,如退休、丧偶、慢性病等,因而对自己未来的生活担忧。

常用评估焦虑的量表有汉密顿焦虑量表(HAMA)和焦虑状态特质问卷。汉密顿焦虑量表由汉密顿(Hamilton)于1959年编制,是一个使用较广泛地评定焦虑严重程度的量表。该量表包括14个条目,分为身体性和精神性两大类,各由7个条目组成。前者为1~6项和第14项,后者为7~13项(表3-6)。

表3-6 汉密顿焦虑量表(HAMA)

请选择最适合患者情况的答案(1—无症状 2—轻 3—中等 4—重 5—极重)	分 值
1.焦虑:担心、担忧,感到有最坏的事情将要发生,容易激动	1 2 3 4 5
2.紧张:紧张感,易疲劳,不能放松,情绪反应,易哭,感到不安	1 2 3 4 5
3.害怕:害怕黑暗、陌生人、乘车或旅行及人多的场合,喜独处	1 2 3 4 5
4.失眠:难以入睡,易醒,多梦、梦魇、夜惊,醒后感疲倦	1 2 3 4 5
5.认知功能:或称记忆、注意障碍。注意力不能集中,记忆力差	1 2 3 4 5
6.抑郁:丧失兴趣,对以往爱好缺乏快感,忧郁、早醒,昼重夜轻	1 2 3 4 5
7.肌肉系统症状:肌肉酸痛、抽动。不灵活,牙齿打战,声音发抖	1 2 3 4 5
8.感觉系统症状:视觉模糊,发冷发热,软弱无力感,浑身刺痛	1 2 3 4 5
9.心血管系统症状:心动过速,心悸,胸痛,昏倒,脉搏脱漏感	1 2 3 4 5
10.呼吸系统症状:胸闷,窒息感,叹息,呼吸困难	1 2 3 4 5
11.胃肠道症状:吞咽困难,消化不良,腹胀,体重减轻,便秘	1 2 3 4 5
12.生殖、泌尿系统症状:尿频、尿急、停经、性冷淡、阳痿	1 2 3 4 5
13.自主神经系统症状:口干,潮红,苍白,出汗,起"鸡皮疙瘩"等	1 2 3 4 5
14.交谈时行为表现: (1)一般表现:紧张、面肌抽动、忐忑不安、咬手指、手发抖、皱眉、肌张力高、叹息样呼吸、面色苍白	1 2 3 4 5
(2)生理表现:吞咽、呃逆、安静时心率快、呼吸快(20次/分以上)、腱反射亢进、震颤、瞳孔放大、眼睑跳动、易汗、眼球突出	1 2 3 4 5

评分说明:各级评分标准:1—无症状;2—轻度;3—中度,有症状,但不影响生活与劳动;4—重度,症状重,需进行处理或影响生活和劳动;5—极重度,症状极重,严重影响生活。所有项目根据被试者的口述进行评分。

能较好地反映病情严重程度。总分超过29分,可能为严重焦虑;总分超过21分,肯定有明显焦虑;总分超过14分,有焦虑症状;总分超过7分,可能有焦虑症状;如果小于6分,被试者基本没有焦虑症状。

(二)抑郁评估

抑郁是个体失去某种他认为有价值的东西或亲密的人所产生的情绪体验。抑郁的特点是心境持久低落,典型症状为兴趣减退甚至消失,对前途悲观失望,产生无助

感,自我评价低,严重感到生命或生活本身没有意义。常伴有失眠、悲哀、自责、性欲减退等,严重者可出现自杀行为。老年人常因退休、丧偶、子女求学或就业离家、慢性病折磨等表现出情绪低落、失眠等。

常用的抑郁评估量表有汉密顿抑郁量表(HRSD),此表由抑郁心境以及会谈时行为表现共17项组成。通过因子分析,不仅可以具体反映患者的精神病理学特点,也可以反映症状群的治疗结果(表3-7)。

表3-7 汉密顿抑郁量表(HRSD)

项　目	评 分 标 准	得　分
1. 抑郁情绪	0—未出现; 1—只有在问到时才讲述; 2—在访谈中自发地表达; 3—不用言语也可从表情、姿势、声音或欲哭中流露出这种情绪; 4—患者的自发言语和非自发言语表达(表情、动作)几乎完全表现为这种情绪	0　1　2　3　4
2. 有罪感	0—未出现; 1—责备自己,感到自己连累他人; 2—认为自己犯了罪,或反复思考以往的过失和错误; 3—认为目前的疾病,是对自己错误的惩罚,或有罪恶妄想; 4—罪恶妄想伴有指责或威胁性幻觉	0　1　2　3　4
3. 自杀	0—未出现; 1—觉得活着没有意义; 2—希望自己已经死去,或常想到与死有关的事; 3—消极观念(自杀念头); 4—有严重自杀行为	0　1　2　3　4
4. 入睡困难(初段睡眠)	0—入睡无困难; 1—主诉有入睡困难,上床0.5 h后仍不能入睡(应注意患者平时入睡的时间); 2—主诉每晚均有入睡困难	0　1　2
5. 睡眠不深(中段睡眠)	0—未出现; 1—睡眠浅、多; 2—半夜曾醒来(不包括上厕所)	0　1　2
6. 早醒(末段睡眠)	0—未出现; 1—有早醒,比平时早醒1 h,但能重新入睡(应排除平时的习惯); 2—早醒后无法重新入睡	0　1　2

续表

项 目	评分标准	得 分
7. 工作和兴趣	0—未出现； 1—提问时才讲述； 2—自发地直接或间接表达对活动、工作或学习失去兴趣，如感到无精打采、犹豫不决，不能坚持或需要强迫自己去工作或活动； 3—活动时间减少或成效下降，住院患者每天参加病房劳动或娱乐不满3 h； 4—因目前的疾病而停止工作，住院者不参加任何活动或者没有他人帮助便不能完成病房日常事务	0 1 2 3 4
8. 迟缓	0—思维和语言正常； 1—精神检查中发现轻度阻滞，注意力难以集中，主动性减退； 2—精神检查中发现明显阻滞； 3—精神检查进行困难； 4—完全不能回答问题（木僵）	0 1 2 3 4
9. 激越	0—未出现异常； 1—检查时有些心神不定； 2—明显心神不定或小动作多； 3—不能静坐，检查中曾起立； 4—搓手、咬手指、扯头发、咬嘴唇	0 1 2 3 4
10. 神经性焦虑	0—无异常； 1—提问时及时讲述； 2—自发地表达； 3—表情和言语流露出明显忧虑； 4—明显惊恐	0 1 2 3 4
11. 身体性焦虑	（焦虑生理症状，腹胀、腹泻、打嗝、腹绞痛、尿频出汗） 0—无异常； 1—轻度； 2—中度，有肯定的上述症状； 3—重度，上述症状严重，影响生活或需要处理； 4—严重影响生活或活动	0 1 2 3 4
12. 胃肠道症状	0—无异常； 1—食欲减退，但不需他人鼓励便自行进食； 2—进食需他人催促或请求需要应用泻药或助消化药	0 1 2

续表

项 目	评分标准	得 分
13.全身症状	0—无异常； 1—四肢、背部或颈部沉重感或疼痛，肌肉疼痛，全身乏力或疲倦； 2—症状明显	0 1 2
14.性症状	0—无异常； 1—轻度； 2—重度； 3—不能肯定，或该项对被试者不适合(不计入总分)	0 1 2 3
15.疑病	0—无异常； 1—对身体过分关注； 2—反复考虑健康问题； 3—有疑病妄想； 4—伴幻觉的疑病妄想	0 1 2 3 4
16.体重减轻	(1)按病史评定： 0—不减轻； 1—患者讲述可能有体重减轻； 2—肯定体重减轻 (2)按体重记录评定： 1—1周内体重减轻超过0.5公斤； 2—1周内体重减轻超过1公斤	0 1 2
17.自知力	0—知道自己有病，表现为忧郁； 1—知道自己有病，但归咎于伙食太差，环境问题，工作过忙，病毒感染或需要休息； 2—完全否认有病	0 1 2
总分		

评分说明：HRSD大部分项目采用0~4分的5级评分法，少数项目采用0~2分的3级评分法，其分级的标准为0分表示无，1分表示轻~中度，2分表示重度。其评分标准：总分<7分，正常；总分7~17分，可能有抑郁症；总分17~24分，肯定有抑郁症；总分>24分，严重抑郁症。

(三)老年人人格变化特点

人格是指一个人在社会化过程中形成和发展的，在遗传、环境、教育等因素的交互作用下形成的思想、情感及行为的特有综合模式，这个模式包括个体独具的、有别于他人的、稳定而统一的各种特质或特点。人格是以人的性格为核心内容。

老年人的人格特征既有稳定的一面，又有变化的一面，但稳定多于变化。老年人人格的变化大体趋势有不安全感、孤独感、失落感、适应性差、拘泥刻板、趋于保守以及好回忆往事。一般来说，健康老年人随着年龄的增长，其宗教性和安静性思维也增加，处理人情世故更具宗教性质。许多老年人都持有淡泊人生的观点,一般不会出现明显的人格改变。老年人的人格改变主要是性格和行为的改变,如原豁达开朗、注重仪表的老年人变得斤斤计较、自私自利、不修边幅等。

1. 影响老年人人格适应的因素

(1)生物学因素 即个体各组织器官的老年性变化,如大脑皮质萎缩,神经细胞数量减少,脑内蛋白质、磷、氮等含量减少,神经递质的平衡变化等。

(2)社会心理因素 包括上述变化对感知觉、思维、记忆、智力和行为等方面的影响。这些因素均会影响老年人对新的社会生活的再适应。

2. 心理学家认为的老年人人格变化的特点

①以自我为中心。
②性格内向、保守,不容易接受新鲜事物。
③依赖性强,适应能力差,尤其对重大事件的打击承受能力较差。
④缺乏灵活性,比较执拗。
⑤好猜疑,常往不好的方面猜测,且有嫉妒心理。
⑥办事谨小慎微。
⑦总是怨天尤人、满腹牢骚。
⑧爱管闲事。
⑨有抑郁倾向。

三、家庭与环境的评估

文化和家庭因素可以直接影响老年人的身心健康和健康保健。价值观、信念和信仰、习俗是文化的核心要素,与健康密切相关,决定着人们对健康、疾病、老化和死亡的看法及信念,是文化评估的主要内容。老年人文化的评估同成年人。应该注意的是,老年住院患者容易发生文化休克,应结合观察进行询问;如果老年人独居,应详细询问是否有亲近的朋友、亲属,与邻里、老同事的关系,家庭成员是否提供帮助等。

1. 家庭评估

家庭评估包括家庭成员基本资料、家庭类型与结构、家庭成员的关系、家庭功能与资源以及家庭压力等方面。常用 APGAR 家庭功能评估量表评估家庭功能(表3-8)。此量表包括家庭功能的适应度(A,adaptation)、合作度(P,partnership)、成长度(G,growth)、情感度(A,affection)、亲密度(R,resolve)五个重要部分。

表3-8 APGAR 家庭功能评估量表

项目	经常	有时	很少
当我遇到困难时,我可以从家人那得到满意的帮助	2	1	0
我很满意家人与我一起讨论事情及分担问题的方式	2	1	0
当我参与新的活动时,家人能给予协助和支持	2	1	0
我很满意家人对我表达情感的方式以及我愤怒、悲伤等情绪的反应	2	1	0
我很满意家人与我一起共度美好时光的方式	2	1	0

评分说明:得分7~10分,家庭功能无障碍;得分4~6分,家庭功能中度障碍;得分0~3分,重度家庭功能不足。

2. 环境评估

环境是指人类生存的环绕区域,是人类赖以生存、发展的社会与物质条件的综合体。老年人的健康与生存的环境存在密切联系,如果环境的变化超过了老年人的调节范围和适应能力,就会引起疾病。在评估老年人健康时,应对老年人的生活环境进行评估,以减少阻碍其健康生活的物理因素,让老年人有安全生活的环境,促使老年人生活质量的提高。

(1)环境评估的目的 帮助老年人选择一个良好的独立生活的养老环境。老年人生活居住环境的原则是安全、省力、方便、适用、舒适、美观。

(2)环境评估方法与内容 可采用自述法和询问法获取资料,内容包括以下几个方面。

①物理、生物环境:又称物质环境或自然环境,包括空气、水、食物、气候以及卫生设施等。

a.污染、噪声:居住环境的空气洁净程度,有无灰尘、灰尘来源及控制方法、家庭有无吸烟者、饮用水有无潜在的污染及环境的噪声情况等。

b.居家气温:居住环境有无取暖及降温设备,取暖设备是否安全,居住环境是否过于干燥或潮湿等。

c.居家安全:居住环境是否有妨碍安全或不安全的因素,如地面是否平坦、有无台阶等障碍、有无管线或杂物放置、厨房设备放置是否安全、煤气灶旁有无易燃物品、浴室是否有防滑设施等。

②社会环境。

a.经济:在社会环境因素中,对老年人的健康以及患者角色适应影响最大的是经济。这是由于老年人因退休、固定收入减少、给予经济支持的配偶去世所出现的经济困难,可导致老年人失去家庭、社会地位或生活的独立性。护理人员可通过询问以下问题了解经济状况。Ⅰ.您的经济来源有哪些?单位工资福利如何?对收入低的老年人,要询问这些收入是否足够支付食品、生活用品和部分医疗费用。Ⅱ.家庭有无经济困难?是否有失业、待业人员?Ⅲ.医疗费用的支付形式是什么?

b.生活方式:通过交谈或直接观察,评估饮食、睡眠、活动、娱乐等方面的习惯以及有无吸烟、酗酒等不良嗜好。若有不良生活方式,应进一步了解其对老年人带来的影响。

c.社会关系与社会支持:评估老年人是否有支持性的社会关系网络,如家庭关系是否稳定、家庭成员对老年人的态度,是否有给老年人提供护理和支持性服务的人员。

四、社会功能及角色功能评估

(一)社会功能评估

社会功能是指个人作为社会成员发挥作用的大小程度。社会功能评估的目的是在一定的社会环境下,描述老年人的功能状态。老年人的社会健康影响其社会功能状态,只有当老年人适应社会环境时,才能发挥良好的社会能力。因此,在评估社会功能之前应首先评估老年人的社会健康状况。

社会健康即社会适应性,指个体与他人及社会环境相互作用,并具有良好的人际关系和实现社会角色的能力。社会健康的个体在交往中有自信感和安全感,与人相处友好,善于帮助他人和向他人求助,善于聆听别人和表达自己,以负责的态度行事,能找到适合自己的位置。社会功能的评定方法如下。

(1)社会交往及社会资源的评估　包括两代人的相互帮助、支持状态的评估,社会功能的专业性评定,不仅强调交往的范围和数量,还强调社会交往的效果和质量。可通过自述、活动问卷、日常活动观察、日记等方式进行。

(2)社会资源评定量表　通过简单的记分和定式询问,对社区居家及住院老年人的社会资源进行评估,包括家庭结构、亲朋好友来往的方式、现有的知己、困难时可获得的支持者等。

(二)角色功能的评估

角色是指个体在特定的社会关系中的身份及由此而规定的行为规范和行为模式的总和。它规定一个人活动的特定范围和与人的地位相适应的权利义务与行为规范,是社会对一个处于特定地位的人的行为期待。了解个体的角色行为是否正常,有无角色适应不良和冲突,以便认识到原因和影响因素。

1. 老年期角色变更的特点

(1)社会角色的变更　老年人社会角色的变更主要指由社会政治地位及经济地位的改变所带来的角色改变。老年人离退休后由社会的主宰者变为社会的依赖者,由社会财富的创造者变为社会财富的消费者。很多老年人因不能适应这种改变而出现情绪低落、烦躁、抑郁等适应障碍。

(2)家庭角色的变更　老年人离退休之后,主要的生活场所是家庭,大多由父母的角色升级为祖父母的角色,承担起照料第三代的角色。同时,老年又是丧偶的主要阶段,若老伴去世,则家庭角色将会发生重大改变。

(3)角色期望的变更　角色期望是指他人对自己提出符合其身份的期望和角色自身对他人期望的领会与理解。例如,年轻时父母要抚养子女,承担社会上的相应角色责任,年老时由相关社会角色、职业角色变为爷爷、奶奶角色,或因病成为患者角色,需要子女的照顾。

2. 角色评估内容

角色评估内容包括个体的文化背景、个人过去的职业、退休日期、现在有无工作、个体所承担的角色以及个体的角色行为是否恰当、个体对自己所承担的角色是否满意、有无角色适应不良、角色改变对其生活方式、人际关系的影响等。

3. 角色评估的方法

通过开放式提问对以下三个方面进行评估:承担角色情况、角色的感知情况、角色的满意度。

(三)文化的评估

为了最大限度地满足老年人的护理需求,护理人员还应对所护理的老年人进行文化评估。通过了解老年人的文化背景,制订出符合其文化背景的、切实可行的护理措施。评估内容包括价值观、信念、宗教信仰、风俗习惯等。

任务 4　老年人生存质量评估

【任务描述】

某社区患者,年龄 75 岁,女,体形稍胖,患有 30 年高血压,从确诊糖尿病到现在不到 2 年。最近患者腿脚发麻、疼痛,左脚血管末梢堵塞无脉搏,左脚食指破损无法愈合,因耽误治疗已经溃烂发黑坏死,现在已牵连到其他脚趾。3 天前入院,医疗诊断为糖尿病足,并立即采取截肢手术。

问题:
1. 如何评估该患者目前的生存质量?
2. 该患者未来的生活质量会有所改变吗?
3. 如何帮助该患者提高生活质量?

【任务目标】

⊙ 掌握老年人生存质量评估的内容;
⊙ 能用交谈法和相关量表测定老年人的生存质量状况;
⊙ 具有健康老龄化的观念,指导老年人的生活。

【任务分析】

人口老龄化是人类社会进步的标志,是世界人口发展的必然趋势。但是,随着年龄的增长,老年人免疫功能失调,容易导致各种慢性病甚至残疾。随着健康定义的不断完善,健康不仅意味着身体无疾病,而且还包括良好的心理状态和社会关系,人们越来越把精神状态和主观感受纳入健康促进项目。因此,身体健康、精神心理健康将是改善老年人生存质量的重要课题。

【相关知识】

一、生存质量的概念及特点

世界卫生组织生存质量研究组对生存质量的定义:不同文化和价值体系中的个体对与他们的目标、愿望、标准以及所关心的事情有关的生存状况的体验。这是一个内涵广泛的概念,它包含个体的生理健康、心理状态、独立能力、社会关系、个人信仰和与四周环境的关系。在这个定义之下,生存质量主要指个体的主观评价,这种自我评价是根植于所处的文化、社会环境之中的。世界卫生组织的定义不但反映了社会物质条件的发展,而且体现了人文主义精神。

中国老年医学学会对老年人生存质量的定义:60 岁及以上或 65 岁及以上的老年人身体、精神、家庭、社会生活满意的程度和老年人对生活的全面评价。

二、生存质量的影响因素

生存质量的影响因素较多,且因民族和种族不同而有所差异,常见的有如下几方面。

(一)身体健康方面

身体健康包括身体的疼痛、疾病的严重程度,精力、睡眠,各器官的功能如听力、视力以及口腔疾病等。

(二)精神健康方面

精神健康包括日常生活的心态(如积极或压抑的心态)、认知力、思维敏锐力等,还包括对疾病的担忧,对死亡的恐惧,个人信仰、应激生活事件、对子女的期望以及健康自评等。

(三)独立性方面

独立性包括个人行动能力、生活自理能力、对药品的依赖性、自我保健意识以及再就业等。学者普遍认为,老年人的再就业在提高经济收入的同时,不但提高了家庭生活满意度,而且提高了社会生活满意度。

(四)社会关系方面

社会关系包括老年人在家庭中的地位、家庭和睦程度(如夫妻关系、亲子关系、家庭支持等)、是否丧偶、社会交往及有无知心朋友、休闲娱乐生活的参与度等。有研究表明,家庭和睦对老年人的生存质量影响较大。

(五)医疗卫生方面

医疗卫生包括医疗卫生的质量和来源、医疗健康教育、医疗费用的承担能力及费用来源。研究表明,医疗费用的承担能力是影响老年人看病就医的主要因素,因此对生存质量有很大的影响。

(六)环境方面

环境包括居住环境及安全情况、环境条件(如噪音、污染等)以及居住情形(如独居或与子女一起居住)。研究表明,噪音严重影响城区老年人的生存质量。

(七)其他方面

其他方面包括个人生活习惯,如吸烟、酗酒、做家务以及性生活等。研究表明,老年女性一般较男性的生存质量低,且随年龄的增长,生存质量下降。

研究发现,经济问题是影响老年人生存质量的重要因素。赡养老年人是我们中华民族的优良传统,但是,随着社会老龄化情况的逐渐加重,仅依靠子女供养并不能完全解决问题。由于生存质量内容广泛,涉及社会、卫生保健服务、环境以及保险业等多个领域,只有在政策保证的前提下,个人、家庭、社会全面参与和卫生保健服务的改善,才能全面提高老年人的生存质量。

三、老年人生存质量的测定

老年人生存质量的影响因素广泛,故目前尚无标准的测量方法,但是大多数的学

者认为其是可以被定义、能够被测量的,并能制作老年人的生存质量量表,这将是衡量老年人生活状况的有效而敏感的工具。这类量表可以用于社会及医学等学科领域,如进行临床试验,用于制订地区的生存质量基线,用于观察、干预老年人各项健康促进项目对生存质量的影响等。

世界卫生组织生存质量测定简表(WHOQOI-BREF)是世界卫生组织根据上述生存质量的概念研制的用于测定生存质量的量表。世界卫生组织生存质量测定简表包括6个领域,6个领域分别为生理健康、心理健康、独立能力、社会关系、个人信仰和周围环境。每个领域包含一些问题,共26个问题条目。中山医科大学卫生统计室在此量表的基础上制订了符合我国国情的中文版的生存质量量表,另外中文版还附加了家庭摩擦、食欲和生活质量总评价3个问题(表3-9)。

表3-9 世界卫生组织生存质量测定简表

1.您的性别? 男 女
2.您的年龄:
3.您的出生日期?   年   月   日
4.您的最高学历? 小学 初中 高中或中专 大专 大学本科 研究生
5.您的婚姻状况? 未婚 已婚 同居 分居 离异 丧偶
6.现在您正生病吗? 是 否
7.目前您有什么健康问题?
8.您的职业? 工人 农民 行政工作者 服务行业 知识分子
请阅读每一个问题,根据您的感觉,选择最适合您情况的答案打"√"。

项 目	①	②	③	④	⑤
1.您怎样评价您的生存质量?	很差	差	不好也不差	好	很好
2.您对自己的健康状况满意吗?	很不满意	不满意	一般	满意	很满意
下面的问题是关于两周来您经历某些事情的感觉。					
3.您身体有某种不适妨碍您做事吗?	非常有	比较有	有(一般)	很少有	根本没有
4.您需要依靠医疗的帮助进行日常生活吗?	极需要	比较要	需要(一般)	很少要	根本不要
5.您觉得生活有乐趣吗?	根本没	很少有	有(一般)	比较有	极有乐趣
6.您觉得自己的生活有意义吗?	根本没	很少有	有(一般)	比较有	极有意义
7.您能集中注意力吗?	根本不能	很少能	能(一般)	多数能	完全能
8.日常生活中您感觉安全吗?	根本不安全	很少安全	安全(一般)	比较安全	极安全
9.您的生活环境对健康好吗?	根本不好	很少好	好(一般)	比较好	极好
下面的问题是关于两周来您做某些事情的能力。					
10.您有充沛精力去应付日常生活吗?	根本没有	很少有	有(一般)	多数有	完全有
11.您认为自己的外形过得去吗?	根本过不去	很少过得去	过得去	比较过得去	完全过得去
12.您的钱够用吗?	根本不够	很少够用	够用(一般)	多数够用	完全够用

续表

项　目	①	②	③	④	⑤
13.在日常生活中您需要的信息齐备吗？	根本不齐备	很少齐备	齐备(一般)	多数齐备	完全齐备
14.您有机会进行休闲活动吗？	根本没有	很少有	有(一般)	多数有	完全有

下面的问题是关于两周来您对自己日常生活各个方面的满意程度。

项　目	①	②	③	④	⑤
15.您行动的能力如何？	很差	不好	不好也不差	好	很好
16.您对自己的睡眠情况满意吗？	很不满意	不满意	一般满意	满意	很满意
17.您对自己日常工作的能力满意吗？	很不满意	不满意	一般满意	满意	很满意
18.您对自己的工作能力满意吗？	很不满意	不满意	一般满意	满意	很满意
19.您对自己满意吗？	很不满意	不满意	一般满意	满意	很满意
20.您对自己的人际关系满意吗？	很不满意	不满意	一般满意	满意	很满意
21.您对自己的性生活满意吗？	很不满意	不满意	一般满意	满意	很满意
22.您满意自己朋友对自己的支持吗？	很不满意	不满意	一般满意	满意	很满意
23.您对自己的居住条件满意吗？	很不满意	不满意	一般满意	满意	很满意
24.您满意卫生保健服务的程度吗？	很不满意	不满意	一般满意	满意	很满意
25.您对自己的交通情况满意吗？	很不满意	不满意	一般满意	满意	很满意

下面的问题是关于两周来您经历某些事情的频繁程度。

项　目	①	②	③	④	⑤
26.您有消极感受吗？(如情绪低落、绝望、焦虑、抑郁)	没有消极感受	偶尔有消极感受	时有时无	经常有消极感受	总是有消极感受

此外，还有三个问题。

项　目	①	②	③	④	⑤
A.家庭摩擦影响您的生活吗？	极大影响	较大影响	影响(一般)	很少影响	根本不影响
B.您的食欲怎么样？	很差	差	不好也不差	好	很好

C.如果让您综合以上各方面(生理健康、心理健康、社会关系和周围环境等方面)给自己的生存质量打一个总分，您打多少分？(满分为100分)　　(　　)

您是在别人帮助下填写这份调查表吗？　是　　　否
您花了多长时间来填写这份调查表？(　　)min
您对本问卷有何建议：

感谢您的帮助！

填表日期：

　评分说明：WHOQOL-BREF量表是评定被试者最近两周的生活质量状态，但在评价慢性病时可考察近四周的生活质量状态。①得分1分，②得分2分，③得分3分，④得分4分，⑤得分5分。各个领域方面的得分为正向得分，即得分越高，生存质量越高。

(雷　湘　贾　可)

项目四　老年人常见疾病与护理

老年慢性阻塞性肺疾病的护理

任务 1　老年慢性阻塞性肺疾病的护理

【任务描述】

刘大爷,72岁,吸烟史长达40年,每天至少1包。近10年来刘大爷反复咳嗽、咳痰,呈阵发性咳嗽,咳少量白色黏液痰,多在夜间发作,变天及受凉后症状加重,感觉气促,活动后加重。5天前刘大爷再次出现阵发性咳嗽、咳脓痰、气促,伴胸痛,咳嗽时加重,遂到医院就诊。

问题:
1. 患者主要的护理问题有哪些?
2. 我们应该首先为患者采取什么护理措施?
3. 我们应对患者实施什么健康教育?

【任务目标】

⊙ 能阐述老年人慢性阻塞性肺疾病的发生原因及临床特点;
⊙ 能正确为患慢性阻塞性肺疾病的老年人实施护理;
⊙ 具备尊重老年人、关爱老年人的职业素养。

【任务分析】

慢性阻塞性肺疾病(COPD)是一组由慢性气道阻塞引起的通气功能障碍的肺部疾病,主要包括慢性支气管炎和阻塞性肺气肿。慢性支气管炎是指气管、支气管黏膜及其周围组织的慢性非特异性炎症,临床上以慢性反复发作的咳嗽、咳痰或伴喘息为特征。肺气肿则指肺部终末细支气管远端气腔出现异常持久的扩张,并伴有肺泡壁和细支气管的破坏而无明显的肺纤维化。当慢性支气管炎、肺气肿患者肺功能检查出现气流受限且不能完全可逆时,即可诊断为COPD。

COPD是呼吸系统疾病中的老年常见病,且随年龄增长而增多,近年其发病率与病死率呈上升趋势。

COPD的病因和发病机制未明,一般认为是在机体抵抗力下降的情况下,由一种或多种外因长期反复作用的结果。外因主要包括感染、空气污染、吸烟、过敏、寒冷刺

激等。老年人呼吸道防御功能、性腺及肾上腺皮质功能衰退,免疫球蛋白减少,单核巨噬细胞系统功能衰退等常为慢性支气管炎发病的内在因素。

COPD主要分为急性加重期和稳定期。前者指短期内咳嗽、咳痰、气短和(或)喘息加重、痰量增多,可伴发热等症状;后者指咳嗽、咳痰、喘息等症状稳定或轻微。

【任务实施】

一、护理评估

(一)健康史

(1)吸烟　评估患者有无吸烟史。吸烟是COPD的首要危险因素,至少95%的COPD是吸烟者,有15%～20%的吸烟者发展为COPD。

(2)感染　评估患者有无反复呼吸道感染史。感染是COPD发生发展的重要因素之一。肺炎链球菌和流感嗜血杆菌是急性发作的主要病原菌。

(3)环境因素　评估患者的接触史。寒冷刺激、烹饪产生的油烟、取暖器产生的气体、室内装潢造成的室内空气污染以及大气中的有害化学物质(工业废气、刺激性物质、烟雾等)均对气道黏膜上皮有刺激或细胞毒作用。

(4)内在因素　评估患者有无自主神经功能失调、肾上腺皮质功能和性腺功能衰退、营养不良等易引起COPD发生发展的内在因素。

(二)身体状况

1.症状

(1)慢性咳嗽、咳痰　慢性咳嗽常为首发症状。在疾病初期呈间歇性,晨间明显,随着病情发展早晚或整日均有咳嗽,但夜间并不显著。部分患者虽肺功能表现为明显气流受限,但无咳嗽症状。晨起常咳黏液痰,痰量不多,合并感染时痰量明显增多,可转为脓性痰或痰中带血、咯血。

(2)气短或呼吸困难　呼气性呼吸困难是COPD的标志性症状。早期仅出现在劳累时,以后进行性加重可影响日常生活,甚至休息时也出现气短或呼吸困难。

(3)喘息或胸闷　少数患者,尤其是重度患者,可有喘息症状,劳累后胸闷。

(4)全身性症状　晚期患者可伴有食欲减退、体重减轻、外周肌肉萎缩和功能障碍等全身性症状。

2.体征

早期可无异常,随着疾病进展出现以下体征。视诊及触诊:患者常采取前倾坐位,出现缩唇呼气、胸腹矛盾运动、桶状胸等体征,低氧血症患者还可出现皮肤及黏膜发绀,伴有右心衰竭则可见下肢水肿、颈静脉怒张、肝脏增大。叩诊:呈过度清音,心浊音界缩小或消失,肺下界和肝浊音界下移,如发生气胸时,患侧叩诊为鼓音。听诊:两肺呼吸音减弱,呼气相延长,可闻及干啰音,肺底可闻湿啰音;心音遥远,剑突部心音较为清晰响亮。

(三)心理-社会支持状况

因长期患病,病情反复,气促、胸闷、心悸及加重期呼吸困难等痛苦症状,易引起患

者对疾病的恐惧。因多次就医带来的经济压力、家庭依赖性增加、社会活动受限,易使患者产生抑郁、焦虑心理。家属和社会的漠不关心甚至反感情绪,使患者容易产生自卑与孤独情绪。

(四)辅助检查

(1)肺功能检查　肺功能检查是判断气流受限的主要客观指标,对慢性阻塞性肺疾病诊断、严重程度评价、疾病预后及治疗反应等有重要意义。第1秒用力呼气容积与用力肺活量之比(FEV_1/FVC)和FEV_1占预计值百分比的降低是气流受限的一项敏感指标。FEV_1/FVC可敏感检出轻度气流受限,在吸入支气管舒张剂后FEV_1/FVC仍小于70%即确立气流受限,FEV_1占预计值的百分比降低的程度可反映气流受限程度。

(2)影像学检查　早期胸部X线检查可能无变化。随病情发展可出现肺纹理增粗、紊乱等非特异性改变;也可出现胸廓前后径增大,肋间隙增宽,肋骨平行,膈低平,两肺透亮度增加,血管纹理减少或有肺大泡征象。

(3)动脉血气分析　轻度患者不需做血气分析,当FEV_1小于预计值的40%以及具有呼吸衰竭或右心衰竭征象患者,必须行血气分析。早期异常表现为单纯性轻、中度低氧血症,随着疾病进展,低氧血症进行性加重,并伴有高碳酸血症。

(4)其他检查　当$PaO_2<55$ mmHg时,血红蛋白和红细胞可增高。当并发肺部感染时,血常规显示中性粒细胞明显增多,痰培养可检出肺炎链球菌、流感嗜血杆菌、卡他摩拉菌、肺炎克雷伯杆菌等各种病原菌。

二、常见护理诊断/问题

(1)气体交换受损　与气道阻塞、通气不足、呼吸肌疲劳、分泌物过多等有关。
(2)清理呼吸道无效　与痰液黏稠、咳嗽无力有关。
(3)焦虑　与健康状况改变、经济负担加重有关。

三、护理目标

(1)患者呼吸功能改善。
(2)患者正确进行有效咳嗽,痰液变稀顺利咳出。
(3)患者焦虑程度减轻。

四、护理措施

(一)一般护理

(1)环境要求　居住环境清洁、干净,室内空气定期消毒,保持适宜的温度和湿度。冬季注意保暖,避免直接吸入冷空气。

(2)休息与活动　患者采取舒适的体位,晚期患者宜采取身体前倾坐位,使辅助呼吸肌参与呼吸。视患者病情安排适当的活动量,活动以不感到疲劳、不加重症状为宜。

(3)饮食护理　饮食宜高热量、高蛋白、高维生素、低糖等易消化食物,避免吃淀粉或糖分过高的食物,少食多餐。安排好进食环境,进食前清理呼吸道,并做好口腔护理,以增进食欲;适当休息以减少缺氧。病情重者,在进食前和进食后应吸氧 3～5 min。不能经口进食者,可采用静脉高营养,以保证机体的需要。

(二)病情观察

密切观察咳嗽、咳痰情况,记录痰液的颜色、量及性状,观察咳痰是否顺畅;观察呼吸的频率、节律、深浅度以及呼吸困难的程度,有无并发症;观察睡眠时间、质量,评估睡眠形态;监测动脉血气和水、电解质、酸碱平衡情况。

(三)对症护理

(1)保持呼吸道通畅　痰多黏稠需多饮水,以达到湿化气道、稀释痰液的目的,亦可每天超声雾化吸入。指导患者有效咳痰:咳嗽时取坐位,身体略前倾,双肩放松,胸前环抱枕头,屈膝,尽量双足着地,从而利于胸腔扩展,增加咳痰的有效性,咳痰后恢复坐位,进行放松性深呼吸。护理人员或家属协助给予胸部叩击和体位引流,亦可使用排痰器协助排痰。

(2)氧疗护理　呼吸困难伴低氧血症者,遵医嘱给予氧疗。一般采用鼻导管持续低流量吸氧,氧流量 1～2 L/min,应避免吸入氧浓度过高而引起二氧化碳潴留或氧中毒,一般吸入氧浓度为 25%～29%,提倡每天进行持续 15 h 以上的长期家庭氧疗。氧疗有效的指标为患者呼吸困难减轻、呼吸频率减慢、发绀缓解、心率减慢、活动耐力增加。

(3)呼吸功能锻炼　COPD 患者常通过增加呼吸频率来代偿呼吸,这种代偿多有赖于辅助呼吸肌的参与,患者容易疲劳。因此,护理人员应指导患者进行呼吸肌的锻炼,增加呼吸储备提高通气量,减少氧耗量,减轻呼吸困难。具体方法:缩唇呼吸锻炼,用鼻吸气、口呼气,呼气时口唇缩似吹口哨状,持续缓慢呼气,同时腹部收缩,吸气与呼气时间比为 1:2 或 1:3。腹式呼吸训练:老年人体弱可采取半卧位或坐位,左右手分别放在胸前和腹部,全身肌肉放松。用鼻吸气,用力挺腹,胸部不动;用口呼气,同时收缩腹部,缓慢呼气深吸气,增加肺泡通气量。每分钟呼吸 7～8 次,每次 10～20 min,每日 2 次,如此反复训练。

(四)用药护理

1. 药物治疗以控制感染为主,给予祛痰、止咳和解痉平喘药物

(1)抗生素　根据病原菌种类及对药物的敏感试验选用抗生素,常用头孢菌素、喹诺酮类、β-内酰胺类等抗生素。

(2)支气管舒张药　可松弛平滑肌、扩张支气管、缓解气流受限。常用 $β_2$ 受体兴奋剂沙丁胺醇气雾剂,抗胆碱能药物异丙托溴铵气雾剂,茶碱类药物茶碱缓释片或控释片。

(3)祛痰药　痰多不易咳出者常用盐酸氨溴索、N-乙酰半胱氨酸等。

(4)糖皮质激素　短期应用激素可改善肺功能。常用沙美特罗加氟替卡松、福莫特罗加布地奈德。

2. 注意观察药物疗效和不良反应

(1)祛痰止咳药物　观察用药后痰液是否变稀,容易咳出。不良反应:可待因有麻醉性中枢镇咳作用,有恶心、呕吐、便秘等不良反应,可能会成瘾,并因抑制咳嗽而加重

呼吸道阻塞；喷托维林是非麻醉性中枢镇咳药，不良反应有口干、恶心、腹胀、头痛等；氯化铵等对胃肠有强烈刺激作用，可引起恶心、呕吐、上腹部疼痛，溃疡病及肝肾功能不良者慎用；碘化钾可引起皮疹、卡他性鼻炎和过敏表现。对于呼吸储备功能减弱的老年人或痰量较多者，应以祛痰为主，协助排痰，不应选用强烈镇咳药物，以免抑制呼吸中枢及加重呼吸道阻塞和炎症，导致病情恶化。

（2）解痉平喘药物　观察用药后咳嗽是否减轻，气喘是否消失。不良反应：β_2受体兴奋剂有心悸、心率加快、肌肉震颤等副作用，用药一段时间后症状可减轻，如副作用明显应酌情减量；茶碱引起的不良反应常有恶心、呕吐、头痛、失眠，严重者出现心动过速、精神失常、昏迷等，应严格掌握用药浓度及滴速。

（五）心理护理

护理人员应告知患者及家属COPD是进行性发展的慢性病，若能有效去除病因和接受治疗，可延缓疾病进程，从而缓解患者焦虑、恐惧心理。对失眠者，减轻心理压力，用放松技术促进睡眠质量。鼓励家属多关心患者，积极拓展社交网络，参加力所能及的活动，树立战胜疾病的信心。

（六）健康教育

（1）疾病知识指导　劝导患者戒烟；避免粉尘和刺激性气体的吸入；避免呼吸道感染；在呼吸道传染病流行期间，尽量避免去人群密集的公共场所；指导患者根据气候变化及时增减衣物，避免受凉感冒。

（2）家庭氧疗指导　家庭氧疗指征：①$PaO_2 \leqslant 55$ mmHg 或 $SaO_2 \leqslant 88\%$，有或无高碳酸血症；②PaO_2 55～60 mmHg 或 $SAO_2 < 88\%$，并有肺动脉高压、心力衰竭所致的水肿、红细胞增多症。告知患者及家属家庭氧疗的意义、注意事项和操作方法，鼓励患者坚持家庭氧疗。提醒患者及家属注意用氧安全，供氧装置周围严禁烟火，防止爆炸。建议患者及家属定期更换、清洁、消毒氧疗装置。

（3）康复指导　告知患者康复锻炼的意义，指导患者制订个体化的锻炼计划，充分发挥患者的主观能动性；坚持呼吸功能锻炼，全身性运动（如散步、爬楼梯、踏车等）以改善呼吸功能，提高机体抵抗力，延缓病程进展。

五、护理评价

经过治疗和护理，患者是否：①呼吸功能增强；②咳嗽减轻，痰液顺利咳出；③焦虑情绪改善。

任务2　老年胃食管反流的护理

【任务描述】

张大妈，61岁，于3个月前无明显诱因出现上腹部间断性隐痛，疼痛无向他处放射现象，多于饥饿时出现，伴有反酸、嗳气，自行服用胃药后疼痛有所缓解，未予进一步诊治。3周前出现食欲不振,1周前无明显诱因出现进食后 3 h 呕吐胃内容物,每次量约 50 ml,无呕咖啡样内容物,无解柏油样成形黑便,无呕血,无头晕,感胃部隐痛、恶心、食欲不振、体重减轻等。

问题:
1. 我们应该首先为患者采取什么护理措施?
2. 患者可能出现哪些突发问题?如何防范与应对?
3. 患者的主要健康问题有哪些?

【任务目标】

⊙能阐述老年胃食管反流的发生原因及临床特点;
⊙能正确为患胃食管反流的老年人实施护理;
⊙具备尊老爱老、以人为本的职业素养。

【任务分析】

胃食管反流(gastroesophageal reflux disease,GERD)是指由于机体防御机制减弱或受损,使胃、十二指肠内容物通过松弛的食管下括约肌,进入食管下端,当反流的强度、频率和时间超过组织的抵抗力时,引起组织损害和症状。症状有烧心、反酸等,并可导致食管炎和咽、喉、气道等食管以外的组织损害。

GERD 的发生发展是抗反流机制破坏和反流物对食管黏膜攻击作用的结果。老年人肌肉松弛,肌张力降低,加之肥胖、便秘及胃排空延迟等,胃内压增加,加重对抗反流屏障的破坏,使胃食管反流增加。老年人的食管蠕动功能下降,无推动性的自发性收缩增加,唾液分泌减少,食管消除能力下降;老年人食管黏膜上皮增生和修复能力下降,食管黏膜组织防御功能受影响,易使食物反流,反流物可使黏膜上皮蛋白变性,增加食管黏膜的渗透性,加重黏膜损害。

发病高峰期为 60~70 岁。研究表明,GERD 患者的平均年龄为 61 岁,其中 25% 患者的年龄大于 75 岁。国内尚缺乏老年胃食管反流病的流行病学资料。

【任务实施】

一、护理评估

(一)健康史

(1)消化性疾病 评估患者有无食管裂孔疝、高酸性疾病、幽门梗阻、非溃疡性消化不良、肠易激综合征、常见食管异常运动等,以上疾病均可引起 GERD。

(2)全身性疾病 糖尿病并发神经病变、系统性硬化等可引起食管、胃肠道蠕动减弱,导致 GERD 发生。

(3)询问诱发因素 评估患者有无吸烟、饮酒、饮浓茶、进食高脂肪膳食、服用引起食管下括约肌松弛的药物。

(二)症状与体征

(1)反流症状 反酸、反食、反胃、嗳气等症状以餐后明显,平卧或身体前屈时易出

现;反酸常伴烧心,是胃食管反流病常见的症状。

(2)反流物刺激食管的症状　烧心、胸痛多发生在胸骨后或剑突下。部分患者有吞咽困难,症状呈间歇性。患者表现为咽部不适有堵塞感,但无真正的吞咽困难,称为癔球症,是由于胃酸反流引起上食管括约肌压力升高的缘故。

(3)食管以外刺激症状　重症反流性食管炎因反流物吸入,可导致慢性咽炎、声带炎、哮喘发作或吸入性肺炎。

(三)心理-社会支持状况

患者进食及餐后的不适,会使其对进餐产生恐惧,担心给他人带来负担而减少与他人共同进餐的机会,从而减少正常的社交活动;由于害怕癌变,患者会产生焦虑等情绪。要评估患者是否有恐惧、焦虑心理,家属的理解和关心程度,以及家庭和社会的经济支持情况。

(四)辅助检查

(1)X线钡餐检查　可见钡剂频繁地反流进入食管下段,食管蠕动减弱,食管下段痉挛及运动异常;有时可见食管黏膜不光滑,有龛影、狭窄,部分患者有食管裂孔疝的表现。

(2)内镜与活组织检查　内镜检查是诊断反流性食管炎最准确的方法,能直接显示黏膜病变,可判定胃食管反流的严重程度及有无并发症。结合活组织检查,可与其他原因引起的食管炎相区分,有利于明确病变的良恶性质。

(3)其他　食管酸灌注试验可鉴别胸痛为食管源性还是心源性。食管腔内压力测定试验可明确食管下括约肌的基础压力及动态变化,了解食管蠕动情况及食管清除功能。24 h食管pH测定可确定胸痛和反流之间的关系,还可以定量了解反流程度。放射性核素胃食管反流检查可估计胃食管的反流量。

二、常见护理诊断/问题

(1)疼痛　与反酸引起的烧灼及反流物刺激食管引起痉挛有关。
(2)营养失调　与咽痛和吞咽困难导致进食减少有关。
(3)焦虑　与健康状况改变、经济负担加重有关。

三、护理目标

(1)患者疼痛减轻。
(2)患者营养状况有所改善。
(3)患者的焦虑程度减轻,未发生社交障碍。

四、护理措施

(一)休息与活动

餐后散步或采取直立位,避免反复弯腰及抬举动作。平卧时抬高床头20 cm左右,或将枕头垫在背部以抬高胸部,避免右侧卧位。

(二)饮食护理

(1)进餐方式　高坐卧位,少量多餐。

(2)饮食要求　防止呛咳,应以煮、炖、蒸为主,少吃或不吃油炸食品,主副食合理,粗细兼顾。进餐和睡眠间隔时间在 2 h 以上。

(3)饮食禁忌　避免过饱,减少脂肪摄入,限制酸性食品,减少酒、茶、咖啡、可乐等的摄入,尽量避免使用紧束腰带等可增加腹压的物品。

(三)用药护理

胃食管反流的治疗目的是减少反流对食管黏膜的损害,强化食管黏膜的防御功能。遵医嘱给予促胃肠动力药如西沙必利、甲氧氯普胺等,抑酸药物如兰索拉唑或奥美拉唑,亦可选组胺 H_2 受体拮抗剂,如法莫替丁或雷尼替丁,黏膜保护剂如硫糖铝、枸橼酸铋钾等,必要时联合用药以促进食管的愈合。向患者讲解药物性质及作用,督促患者按时按量服药,观察疗效及副作用。

(四)围手术期的护理

(1)术前护理　术前一周口服抗生素,术前一日经鼻胃管冲洗胃和食管,保持口腔清洁,做好心理疏导工作。

(2)术后护理

①胃肠减压,严密观察患者生命体征及引流液的颜色、性质和量。

②避免使用吗啡,防止呕吐。

③避免吃生、冷、硬及易产气的食物。

(五)心理护理

①指导患者减轻胃不适的方法和技巧,鼓励家属多关心患者,减轻其恐惧心理。

②为老年人创造活动的机会,增加其归属感。

(六)健康指导

(1)疾病知识指导　向讲解老年人胃食管反流的原因、主要的临床表现和治疗要点,指出吸烟、酗酒、咖啡、解热镇痛药对胃黏膜的刺激和危害,提醒出现症状及时就医。

(2)日常生活指导　指导老年人休息、活动时注意事项,避免增加腹压的因素,如勿剧烈咳嗽,勿用力排便,勿穿着束缚过紧的衣裤,注意控制体重。

五、护理评价

经过治疗和护理,患者能否说出胃食管反流不适的原因;患者的日常生活是否安排的合理;患者是否能制订合理的饮食计划;患者的焦虑情绪是否缓解;患者的自理能力及人际交往是否改善。

任务3　老年急性心肌梗死的护理

【任务描述】

李大爷,75岁,因患高血压10年,再发加重,伴心前区不适2天就诊。近10年来

口服降压药后血压控制基本理想,2天前在情绪激动后出现头晕、头痛,伴阵发性心前区闷痛,测最高血压 170/100 mmHg。既往有少量饮酒史 50～100 克/日、吸烟 5 支/日。

问题：
1. 首先应该为患者采取什么护理措施？
2. 患者可能出现哪些突发问题？如何防范与处理？
3. 患者的主要健康问题有哪些？如何指导？

【任务目标】

⊙ 能阐述老年人急性心肌梗死的发生原因及临床特点；
⊙ 能正确为患急性心肌梗死的老年人实施护理；
⊙ 具备爱岗敬业、吃苦耐劳的职业素养。

【任务分析】

急性心肌梗死(acute myocardial infarction, AMI)是在冠状动脉粥样硬化基础上,冠脉内斑块破裂出血,血栓形成或冠状动脉严重持久地痉挛,发生冠状动脉急性阻塞,冠脉供血急剧减少或中断,相应心肌发生持续而严重的缺血,导致部分心肌缺血性坏死。老年 AMI 的发生是在冠状动脉粥样硬化基础上并发新鲜血栓,3/4 的粥样硬化斑块有破裂出血,继发血栓形成,导致冠脉急性闭塞。老年 AMI 的发病症状、临床表现不尽相同,约 1/3 患者起病急,病情严重,近 1/2 患者症状轻微或无明显症状。在美国,急性心肌梗死中,85% 患者年龄大于 65 岁,60% 年龄大于 75 岁。老年 AMI 的发生率、病死率明显高于中青年。

【任务实施】

一、护理评估

(一)健康史

(1)诱因　老年人急性心肌梗死发作的诱因少于中青年,容易在睡眠和休息中发生,常常在感染、发热、用力大便的情况下诱发。

(2)冠状动脉病变的程度　大部分老年患者存在多支血管严重病变,病变范围广泛,粥样斑块破裂继发血栓形成。冠状动脉严重病变是 AMI 的主要病因。

(3)疾病治疗　AMI 患者往往有多年的冠心病病史,评估是否进行规范的治疗用药。

(二)身体状况

1. 症状

(1)症状不典型　多无前驱症状,少数老年人 AMI 发作前表现为突发心绞痛或心绞痛症状加重。有典型症状的患者不到 1/3,高龄老年人更少,常称为无痛性心梗。

(2)无胸痛或胸痛轻微　老年人对痛觉敏感性下降,无痛性 AMI 占 34%～40%,

其中 60 岁以上患者占 18.6%,80 岁以上患者可达 60%～80%。部分患者以心衰、晕厥、呼吸困难、胃肠道症状起病,当合并休克、心力衰竭、脑卒中、严重心律失常时,胸痛可被忽略或掩盖。

(3)并发症多　AMI 患者心力衰竭、心室破裂、心源性休克、严重心律失常等并发症的发生率明显高于中青年。

2. 体征

AMI 患者的特异性体征根据梗死面积的大小和有无并发症而有明显差异。无痛性心肌梗死、梗死范围小、无并发症者,常无特异体征。老年患者急性心肌梗死后 1～2 天内常可闻及肺部少许湿啰音,左侧多见,但并非左心功能不全,发病 24 h 内大多可闻及第四心音(房性奔马律)。

(三)心理-社会支持状况

AMI 的发生会造成患者及家属的恐慌,护理人员应告知患者及家属病情并及时反馈各项重要指标,指导患者及家属如何配合治疗和护理。

(四)辅助检查

(1)实验室检查　组织坏死和炎症反应的相关检查,早期特征性的监测指标是心肌酶谱和肌钙蛋白 I。

(2)心电图　AMI 特征性的心电图改变包括:①坏死性 Q 波;②损伤性 ST 段抬高;③缺血性 T 波改变。梗死部位以下壁、前间壁、前壁较多见。老年人无 Q 波 AMI 检出率高。

(3)冠状动脉造影　有利于对冠脉病变部位、程度的判断及了解侧支循环建立情况,对选择治疗方案具有重要价值。

二、常见护理诊断/问题

(1)急性疼痛　与心肌缺血、坏死有关。
(2)活动无耐力　与心肌坏死导致的心排血量不足有关。
(3)潜在并发症　严重心律失常、心源性休克、心力衰竭等。

三、护理目标

(1)患者疼痛减轻或消失。
(2)患者活动能力逐步增强。
(3)患者的并发症得到及时观察,积极治疗。

四、护理措施

(1)一般护理　对有严重并发症患者以及高龄、体弱老年患者应适当延长卧床休息时间,下床活动需有人照顾。

(2)病情观察　AMI 患者病情复杂,变化快,并发症的发生率高,应严格观察疼痛、心率、血压、心电监护、心电图、尿量、大便等情况,及时发现心源性休克、心力衰竭、心律失常的早期征象。

(3)药物护理

①溶栓治疗:对有适应证的 AMI 患者应积极、谨慎地开展溶栓治疗,高龄患者溶栓治疗前应排除年龄以外的导致脑出血的危险因素。在溶栓治疗过程中,应注意观察有无意识改变、肢体活动障碍等脑出血征象。

②介入治疗:AMI 患者急诊介入治疗的近期疗效已获得肯定。近年来,又将冠脉内支架安置和强效抗血小板制剂同时应用,以巩固介入治疗疗效。

③药物治疗:a.抗血小板制剂,阿司匹林能降低 AMI 的死亡率,对无禁忌证患者一发病即开始服用。b.β受体阻滞剂,早期应用可降低死亡率,从小剂量开始,根据心率、血压逐渐增量,以静止心率控制在 60 次/分左右为宜,对中高危患者建议长期服药。c.血管紧张素转化酶抑制剂(ACEI),AMI 患者应从小剂量开始,几天内逐渐加至耐受量,注意监测血压、血钾、肾功能的变化。

④并发症的治疗:a.并发心律失常,据统计 AMI 的心律失常发生率约 77.2%。由于老年人多患有前列腺增生或青光眼,用阿托品治疗时易发生尿潴留、排尿困难和青光眼急性发作;用异丙肾上腺素治疗可导致室性心律失常,甚至扩大梗死面积,应慎重使用。b.并发心力衰竭,利尿剂对 AMI 伴中度心衰有较好的疗效,尽量口服给药;洋地黄制剂应选用快速强心药西地兰,严格控制剂量,注意观察肾功能、电解质,防止洋地黄中毒;AMI 患者对多巴胺易产生依赖性,可诱发严重心律失常,不应长期应用。c.并发心源性休克,意味着 AMI 患者心肌梗死的面积扩展,死亡率高。有适应证者应给予溶栓或介入治疗,提高生存率。

(4)心理护理　医护人员应密切观察病情,及时治疗处理,加强巡视及沟通,给予心理安慰,增加患者的安全与信任感。

(5)健康教育

①一般指导。与老年心绞痛相似,应重点告知 AMI 发作时的各类症状、紧急处理方法、心肺复苏的技术,提高患者自救能力。

②心脏康复。Wenger 将心脏康复分为四个阶段,第一阶段为急性期,即从入院至出院阶段;第二阶段为恢复期,即延续第一阶段的训练直至 AMI 瘢痕成熟;第三阶段为训练期,即 AMI 愈合后的安全有氧训练阶段;第四阶段为维持期,即终身有规律的运动。心脏康复最好由专业的康复师进行指导练习,特别是在第一阶段。

五、护理评价

经过治疗和护理,患者疼痛是否减轻或消失;患者活动能力是否逐步增强;患者的并发症能否得到及时观察,积极治疗。

任务 4　老年帕金森病的护理

【任务描述】

患者,男,55 岁,动作缓慢,右上肢不自主震颤 3 年。3 年前患者无明显诱因出现动作缓慢,右手不自主震颤,呈"搓丸样"动作,静止时出现,主动动作或睡眠时消失,进行性感觉右侧肢体发僵,写字、执筷等精细动作不灵活。查体:生命体征平稳,言语交流尚可,高级认知功能正常,面部表情少,瞬目减少,讲话声音稍低沉,语调单一,饮水无呛咳。四肢肌力5级,右手可见不自主静止性震颤,右肢肌张力增高,站立平衡尚可,行走时右下肢略拖步,步幅小,右上肢无摆臂。

问题:
1. 首先应该为患者采取什么护理措施?
2. 患者可能出现哪些突发问题?如何防范与处理?
3. 患者的主要健康问题有哪些?如何指导?

【任务目标】

⊙ 能阐述帕金森病的发生原因及临床特点;
⊙ 能正确为患帕金森病的老年人实施护理;
⊙ 具备用细心、耐心和责任心为老年人服务的职业素养。

【任务分析】

帕金森病(Parkinson disease,PD)又称震颤麻痹,是一种常见于老年人的神经系统变性疾病,以黑质多巴胺能神经元变性缺失和路易小体形成为病理特征。当继发于其他疾病时,也称帕金森综合征。帕金森病的发病率随年龄的增长而增加,男女均可发病,发病率女性低于男性,60岁以上约1%。

帕金森病的病因及发病机制:①异常老化,正常人脑部的黑质多巴胺能神经元每10年约以6.9%速度减少,而PD患者发病时,减少已超过80%。②环境因素:食物中吡啶类物质1-甲基-4-苯基-1,2,2,6-四氢吡啶、神经毒素β-N-甲氨基-氨基-L-丙氨基、工农业毒素等,可以引起类似PD的症状及病理改变。③遗传因素:对家族性早发PD病例进行研究,发现有基因突变。

帕金森病根据震颤、强直、运动障碍程度的不同,可分为四型。①混合型:最常见,震颤与强直并存;②震颤型:约占10%,表现为强烈地持续性震颤,肌张力增高不明显;③强直型:约占10%,震颤较轻或不明显,强直明显;④肌静止型:少见,表现为运动障碍重。

【任务实施】

一、护理评估

(一)健康史

(1)家族史　PD人群中,10%~15%的患者有家族史。
(2)病情评估　评估震颤、强直、运动障碍的程度及药物治疗情况。
(3)环境因素　长期接触杀虫剂或除草剂等工农业毒素等,有可能诱发PD。

(二)身体状况

(1)静止性震颤　常为首发症状,多自一侧上肢远端开始,缓慢发生,手的震颤最

具特征,表现为规律性的手指屈曲和拇指对掌运动,呈"搓丸样",4~6次/秒。手部主动活动时震颤减轻或消失,睡眠时震颤消失,情绪激动时震颤加重。随着病情进展,可扩展到下肢、双侧肢体、头、舌、唇、下颌。

(2)肌强直　PD患者屈肌和伸肌的张力同时增高,铅管样强直。合并震颤时,被动运动时可发生齿轮样强直。老年PD患者常因严重的肌强直而出现肩、腰、髋部疼痛,应与骨关节病等区分,以免误诊。

(3)运动障碍　表现为运动启动困难、速度减慢、多样性运动缺陷、运动转换困难。患者常常出现：起步困难、步行慢、慌张步态、表情缺乏、咽下困难、流涎、无法完成运动模式的转换,如回答问题时不能扣纽扣等。

(4)其他　自主神经障碍：大量出汗、唾液增多、体温升高、下肢水肿、食欲缺乏;认知损害：记忆力、视空间、感知觉等功能障碍;精神症状：抑郁、人格改变、睡眠障碍。

(三)心理-社会支持状况

帕金森病老年患者因长期患病,严重影响生活自理能力,社会活动明显减少,对治疗失去信心等。要评估老年人是否有激越或抑郁等心理问题,同时还应评估家庭对此病的认知和照顾能力,评估家属的心理状态,给予指导和帮助。

(四)辅助检查

(1)正电子发射计算机断层成像(positron emission tomography,PET)检查　可发现PD患者脑内的多巴胺转运体功能降低,早期即可发现,病情进展后下降更为显著。

(2)生物化学　尿液及脑脊液中的多巴胺及高香草酸含量降低。

(3)基因检测　在家族性帕金森病患者中可能发现基因突变。

二、常见护理诊断/问题

(1)身体活动障碍　与疾病所致震颤、肌强直、运动障碍有关。

(2)有受伤害的危险　与疾病所致运动障碍有关。

(3)营养失调　摄入量低于机体需要量,与疾病所致咽下困难及机体消耗量增加有关。

三、护理目标

(1)患者日常基础生活护理良好,各种需求得到有效满足。

(2)患者未发生因运动障碍导致的意外伤害。

(3)患者体重指数基本达标。

四、护理措施

1.一般护理

(1)日常护理　衣服宽松、柔软、易穿脱;注意室内环境、用物的安全性、实用性,如扶手的安置、座椅的高度、助行器的使用等;日常用品应易于拿取;床旁设置呼叫铃。

(2)饮食护理　摄入高热量、高蛋白、粗纤维、易咀嚼消化的食物,可少量多餐。严重吞咽困难的患者为防止误吸可给予鼻饲饮食。

2. 用药护理

药物治疗是目前主要的治疗方法,且只能改善症状,不能阻止病情进展,因而须终身服药。

①观察治疗药物的疗效,症状是否改善,有无药物不良反应,如恶心、呕吐、头晕、视力模糊、口干、便秘、尿潴留、幻觉、异动症(躯干的摇摆、下颌的运动、坐立不安)等。部分长期服用左旋多巴制剂的患者,出现"开—关"现象,即当药物起作用时,可活动自如;当药物失去作用时,活动变得困难,虽然增加药物剂量或调整用药时间可适当缓解症状,但缺乏根本性的效果。

②指导患者定时定量服药,不能擅自减、停药物,以免身体各器官严重受损。

3. 心理护理

因疾病影响,患者活动能力降低,严重者生活不能自理,完全卧床甚至鼻饲饮食,因此患上抑郁症,甚至产生轻生的想法。护理人员应更多地与患者进行沟通与交流,尽可能满足患者的需求;鼓励病友之间交流经验,彼此给予信心和心理支持;帮助患者树立与病痛做斗争的意志。

4. 健康指导

①疾病早期,鼓励患者坚持适当的锻炼,如散步、慢动作的太极拳等,参加适当的社交活动,以保证关节和肌肉得到运动;疾病中期,进行针对性的功能康复,鼓励自行完成生活自理活动,如坐起训练、穿衣训练等;疾病晚期,给予患者被动运动,按摩肌肉以帮助其关节的活动,避免萎缩发生。

②指导患者及家属日常护理要点,避免发生意外伤害。

③告知家属吞咽功能的判断,及时发现吞咽困难,给予鼻饲饮食,防止误吸发生。

④指导家属对于语言障碍的患者,应进行面部肌肉锻炼,如鼓腮、伸舌运动;并鼓励患者练习读字、词,锻炼发声。

五、护理评价

经过治疗和护理,患者的日常基础生活护理是否落实良好,各种需求能否有效满足;患者是否发生因运动障碍导致意外伤害;患者体重指数能否基本达标。

任务5　老年阿尔茨海默病的护理

【任务描述】

张某,男,60岁。5年前发现张某记忆力下降、反应迟钝、说话不清楚,后期手脚行动不便,刚开始时跟他说一件事情,几分钟以后就忘了,回问他时他会反问,"你说什么了吗?"生活渐渐不能自理,在家坐不住,把家里东西搬来搬去,不知道自己在干什么。一年后搬家,病情进一步加重,基本随时需要有人照顾,每天醒来后的第一件事便是要回家,无论如何解释都不听,一天到晚往外跑,嘴里不停地唠叨,家人问他说了什么,他

说没有,却又不停地自言自语。对最近的人和事基本记不住,几年不见的亲人想一会儿便会记起,旧事一提也会想起。给他吃什么便吃什么,不会自己夹菜。不停地要回家,出了家门就找不到回家的路,随时需要被找回,因此只能将其锁在家中。家属问他哪里疼或者不舒服,他又无法确定,便回答没有,给治疗检查带来很大的困难,经检查基本排除器质性损伤。

问题:

1. 首先应该为患者采取什么护理措施?
2. 患者可能出现哪些突发问题?如何防范与处理?
3. 患者的主要健康问题有哪些?如何指导?

【任务目标】

⊙ 能阐述阿尔茨海默病的各期临床特点;
⊙ 能正确为患阿尔茨海默病的老年人实施护理;
⊙ 具备严谨认真、关心关爱老年人的职业素养。

【任务分析】

阿尔茨海默病俗称老年性痴呆(Alzheimer disease,AD),是以记忆力、抽象思维、定向力障碍以及社会功能减退为主要临床表现的中枢神经系统退行性疾病。本病特征为隐匿起病、进行性智能衰退,多伴有人格改变。一般症状持续进展,病程通常为5~10年。AD的发病率随年龄的增长而增加,伴随着我国人口的老龄化,AD患者明显增多,2005年约600万,预计到2050年将达到2500万。

AD的病因至今不明,目前有多种学说,一般认为与遗传和环境有关。流行病学调查提示,家族史是AD的危险因素;铅中毒、脑外伤可增加患病危险。

【任务实施】

一、护理评估

(一)健康史

(1)遗传因素 调查发现,阿尔茨海默病患者的一级亲属有较高患病风险。

(2)环境因素 独居、丧偶、经济困难、生活颠簸、文化程度低等因素,都可增加AD患病的风险。

(3)头部外伤 多项研究提示,严重脑外伤可能将成为导致AD的病因之一。

(4)其他 如甲状腺疾病、免疫系统疾病、癫痫、神经递质系统功能障碍、神经毒性损伤、氧化应激、自由基损伤、血小板活化等也与AD的发病有关。

(二)身体状况

1. 症状

(1)起病隐匿,进展缓慢 表现为持续进行性认知功能衰退,临床表现:认知损害症状、非认知性神经精神症状、社会功能衰退三个方面。

(2)轻度痴呆期(起病1~3年)　记忆力减退,不能学习,语言能力下降,甚至出现孤立性失语,日常生活能力轻度减退,抽象思维和判断力受损。

(3)中度痴呆期(起病2~10年)　远期记忆力保持尚好,不能学习和回忆新信息,注意力不集中,日常生活能力明显下降,定向力进一步丧失,出现失语、失用、失认、失写及人格改变、行为紊乱,变得不能合作或出现攻击行为。

(4)重度痴呆期(起病8~12年)　记忆力严重丧失,日常生活完全不能自理,大小便失禁,出现营养不良和体重下降,常因压疮、吸入性肺炎、泌尿系统感染等并发症而死亡。

2. 体征

AD早期神经系统检查无异常;中期时,出现步履不稳、步幅减少,查体可发现吸吮反射、强握反射、掌心下颌反射、对称性轻度腱反射增高,以及强直、运动减少等锥体外系受损的征象;晚期表现缄默和去皮质状态。

(三)心理-社会支持状况

AD患者常被限制在家里,会产生孤独、寂寞、抑郁感,甚至出现自杀倾向,给家庭增加严重的负担,很多AD患者遭到家属的嫌弃。要注意评估老年人的日常生活需要能否得到满足,护理安全措施能否落实。

(四)辅助检查

(1)脑脊液检查　当Tau蛋白＞312 pg/ml时,对AD的诊断具有特异性。

(2)脑电图检查　可出现特异性弥漫性慢波,α波节律变慢、波幅变低;严重者,双侧可同步发放0.5 c/s的尖波。P300表现为潜伏期延长和波幅下降。

(3)影像学检查　脑CT或MRI扫描可显示不同程度的脑室扩大、脑沟变宽和脑回变窄。

(4)淀粉样蛋白前体蛋白基因(APP)、早老素1、2基因(PS-1、PS-2)突变检测　有助于早发家族性痴呆患者确诊。

(5)神经心理学测验　可发现认知功能损害,常用量表有简易精神状态量表(MMSE)、长谷川痴呆量表(HDS)以及日常生活活动量表。

二、常见护理诊断/问题

(1)记忆功能障碍　与认知功能进行性衰退有关。

(2)自理缺陷　与认知行为障碍有关。

(3)语言沟通障碍　与思维障碍有关。

(4)潜在并发症　意外伤害、误吸、压疮、感染等。

三、护理目标

(1)尽可能维持患者的认知功能水平。

(2)满足患者的日常生活及安全的需求。

(3)采用有效方式与患者进行沟通。

(4)患者的并发症得到有效预防及处理。

四、护理措施

1. 一般护理

(1) 环境 病室内物品设置简单,摆放整齐,无危险品。

(2) 穿着 衣着简单、宽松,避免有纽扣、系带、皮带、饰品等款式的衣服,尽可能选择拉链及松紧带设计的服装,以利于穿脱。

(3) 如厕 注意观察患者大小便的迹象;临睡前限制饮水量,治疗上要合理安排利尿药物的使用时间,以避免夜间发生尿失禁。

(4) 进食 饮食应定时定量,餐具颜色鲜明,不要用刀叉等利器进食;食物品种简单,质地软滑,体积小。

(5) 睡眠 缩短午睡时间;睡前限制饮水,避免含咖啡因的食物和药物,必要时使用镇静安眠药物辅助睡眠。

2. 用药护理

评估患者的服药能力:能自行服药者要看服到口;存在吞咽困难的患者,可将药片研碎溶于水中服下,必要时可鼻胃管给药。

3. 并发症的预防

(1) 预防误吸 评估患者的进食能力,是否存在吞咽障碍,喂食时一定要在患者清醒的状态下,取半卧位或端坐位,食物切成小块,少量多次喂,给予足够的咀嚼时间。必要时给予鼻饲饮食。

(2) 预防压疮 采用减压床垫、定时翻身等措施进行预防。

(3) 预防感染 做好口腔护理,防止口腔感染;长期卧床的患者勤翻身拍背,防止坠积性肺炎的发生。

4. 心理护理

尊重患者的人格,关注理解患者的痛苦及情绪变化,积极开导患者,尽量满足患者的日常生活及安全需求;鼓励家属多陪伴患者,鼓励患者从事一些力所能及的活动,以消除孤独寂寞感。

5. 安全护理

患者应佩戴标志,外出时有人陪同,以免走失;注意预防跌倒、烫伤、烧伤、误服、自伤或伤及他人等意外情况发生;如出现暴力行为时,要保持镇定,分散患者注意力,找出诱因,采取有针对性的措施,必要时给予药物控制。

6. 健康指导

(1) 早发现、早预防 普及 AD 的预防知识及其早期症状,做到真正意义上的早发现、早诊断。

(2) 康复训练 ①示范训练:为患者展现活动的方式,并加以语言提示。②分类训练:多以纸笔练习为主,让患者按指示完成规定的图案描绘,或根据录音带、电脑中的指示执行某个动作。③计算训练:如将筷子分成两堆,让患者比较哪堆多,哪堆少。④语言训练:可教其简单的单词,比如让其说出水杯的名称,应鼓励患者适当多讲话,不要怕说错。⑤其他训练:例如思维灵活性训练、日常活动训练。当患者能独自完成指定任务时,再要求患者尽量缩短完成任务的时间。

五、护理评价

经过治疗和护理,患者的认知功能水平能否维持;患者的日常生活及安全的需求能否得到满足;是否采用有效方式与患者进行沟通;患者的并发症是否得到有效预防及护理。

任务6 老年白内障的护理

【任务描述】

患者,女,88岁,退休工人,小学文化。主诉:双眼视物模糊2年。2年前无明显诱因出现双眼进行性视物模糊,以右眼为主,伴流泪、眼痛,无畏光、头痛、呕吐,无眼前幕遮感;半年前无任何诱因出现右眼视物不见;高血压史6年。体检:神志清楚,体温、心率、呼吸正常,血压180/90 mmHg,心肺正常。右眼球结膜充血明显,周边前房浅,房水清,虹膜纹理清,瞳孔直径4 mm,对光反应存在,晶状体浑浊。左眼角膜透明,周边前房浅,房水清,晶状体浑浊。

问题:
1. 患者可能的医疗诊断是什么?
2. 要进一步确诊还需要哪些检查?
3. 如何护理该患者?

【任务目标】

⊙ 能阐述老年人白内障的发生原因及临床特点;
⊙ 能正确为患白内障的老年人实施护理;
⊙ 具备用爱心、耐心、责任心照护老年人的职业素养。

【任务分析】

白内障(cataract)是由于晶状体浑浊引起的透光下降,从而使视力下降甚至失明的眼病,是WHO公布的居各种眼病首位的常见致盲性眼病。

老化改变、长期接触紫外线、遗传因素是导致老年性白内障的主要原因。某些疾病如糖尿病也可引起晶状体透光下降,引起继发性白内障。老年性白内障主要表现为发展缓慢的无痛性视力下降。其病理生理学改变主要为老年人随年龄增长,晶状体体积扩大,弹性降低变硬变低,易致晶状体前移,使前房角狭窄者房角关闭,阻塞前房角,使房水循环受阻,眼压升高;同时累及视神经且使之逐渐发生萎缩,因而老年人易患青光眼,并以原发性闭角型青光眼多见。

老年性白内障根据晶状体开始出现浑浊的部位分为皮质性、核性及囊下性3种类型。临床上以皮质性及核性常见。皮质性白内障以晶状体皮质灰白色浑浊为主要特征,初发期瞳孔区域正常透明视力不受影响;未成熟期晶状体浑浊逐渐增大,浑浊向瞳

孔区扩大,视力明显下降;成熟期晶状体完全浑浊,视力仅能看见眼前手动或仅存光感;过熟期晶状体核易液化、下沉、脱位,此时失去治疗时机。核性白内障晶状体浑浊多从胚胎核开始,逐渐扩展至成人核,核的密度增大,随着浑浊加重,色泽渐加深如深黄色。早期周边部皮质仍为透明,因此,在黑暗处瞳孔散大,视力增进,而在强光下瞳孔缩小,视力反而减退。囊下白内障的浑浊部位可发生在晶状体后极部囊下,呈盘状,因浑浊位于视轴区,早期即影响视力。

老年性白内障多见于50岁以后,发病率随年龄的增长而增加,50~60岁发病率为60%~70%,70岁以上老年人发病率80%以上,近年来又称为年龄相关性白内障(age-related cataract)。全球白内障盲人约1700万,我国现有白内障盲人400万,其中绝大部分为老年人,是居第一位的眼部疾病。

【任务实施】

一、护理评估

(一)健康史

(1)晶状体老化　随年龄的增长,晶状体逐渐变硬、浑浊;晶状体营养代谢障碍,内分泌紊乱引起晶状体变性。在全身老化、晶状体代谢功能衰退基础上加上多种因素形成的晶状体疾患。

(2)物理因素　日光中的紫外线辐射对晶状体的损伤。老年性白内障的发生与紫外线的长期慢性损害密切相关,晶状体较其他眼部组织更能吸收长波紫外线(300~400 nm),产生光化作用,使晶状体和房水中产生活性氧,损害晶状体,蛋白质变性凝固,导致黄色或棕色核性白内障或黑内障的发生。

(3)维生素和微量元素的缺乏　老年人因营养状况较差,晶状体内B族维生素、维生素C、维生素E及微量元素硒、锌缺乏及谷胱甘肽等营养物质含量不足,导致晶状体内氧自由基含量增加。

(4)其他　研究证明,遗传、全身疾病(如糖尿病、甲状腺功能衰退、严重脱水、中毒等)与白内障形成有关。

(二)典型症状

典型症状主要表现为无痛性视力下降。

①早期表现:视物模糊、色调改变、怕光、眼前黑点、复视(看物体时有双影)、晶状体性近视等,症状发展过程缓慢,表现为双侧性,但两眼发病可有先后。

②晚期症状:视力进行性减退,有时在光亮的背景下可以看到固定的黑点。由于晶状体不同部位屈光力变化,可有多视、单眼复视,突然出现近视或近视度数增加,最后只能在眼前辨别手指或仅剩下一点光感。

(三)心理-社会支持状况

老年白内障患者因视力减退、视物模糊,因此很少外出,社会活动减少,容易导致孤独,并缺乏白内病的健康知识及用药的护理知识等。

(四)辅助检查

(1)焦点照明检查法　用灯光直接照射,看晶体有无浑浊及脱位。

(2)虹膜投影法　以细光呈45°自瞳孔缘斜行投射至晶状体,如晶状体浑浊部位位于核心,在浑浊区与瞳孔缘之间有一新月状透明区,浑浊越重,阴影越窄,如晶状体全部浑浊,则新月状阴影完全消失。

(3)检眼镜彻照法　将光线投入瞳孔区内,正常时可见均匀之红影,如晶体或屈光间质浑浊,则可见红影中有黑点或黑块,检查时可令患者转动眼球,看黑影是否移动,以了解浑浊部位。

(4)裂隙灯检查法　以裂隙灯做光学切面检查,从前至后,可见许多明暗相间的层次结构,代表着不同时期的晶状体核,各层次透明度不完全一致,其中以前囊、成人核前表面及胚胎后表面较为清晰。

二、常见护理诊断/问题

(1)有外伤的危险　与视力下降有关。

(2)焦虑　与担心失明有关。

(3)知识缺乏　与缺乏白内障自我保健的相关知识有关。

(4)潜在并发症　继发性闭角型青光眼、晶状体溶解性青光眼等,与剧烈的眼痛和伴随的头痛有关。

三、护理目标

(1)患者未发生与视力障碍有关的受伤事件。

(2)患者能复述有关白内障的自我保健知识。

(3)视力提高,患者自理能力提高。

(4)患者无并发症发生。

四、护理措施

目前尚无疗效肯定的药物,故白内障的治疗以手术为主。

(一)用药护理

初发期白内障者,局部滴用治疗白内障的眼药水,延缓白内障的进展。病程中出现头痛、眼痛,伴恶心、呕吐者,应警惕青光眼发作,及时就诊,对症处理。

(二)围手术期护理

1. 术前护理

(1)心理护理　此类老年患者长期处于低视力阶段,对工作生活失去基本自理能力,对手术产生不同程度的紧张、恐惧。护理人员应热情接待患者,建立良好的护患关系,从生活上关心患者,指导合理饮食,控制血压、血糖。耐心讲解术前、术中、术后注意事项,认真听取患者提出的疑问并耐心解答。让患者了解手术中无痛苦及术后愈合情况,从而消除患者术前的紧张情绪和恐惧心理,积极配合手术。

(2) 术前准备

①做好各项检查：生命体征测量、冲洗泪道、冲洗结膜囊、监测眼压、监测血压、血糖以及血常规、肝、肾功能、凝血功能的化验，心电图和胸片的检查，排除手术禁忌证。

②保持病室安静、整洁，减少探视，将患者使用物品固定摆放位置。

③指导患者进行眼球各方位转动训练，以利于术中与医生密切配合。

④常规抗生素眼药水点眼，每日氧氟沙星眼药水和双氯芬酸钠眼药水点眼，各4次，剪眼睫毛。

⑤饮食上以易消化、清淡、高纤维素食物为主，保持排便通畅。

⑥积极控制血压、血糖，感冒咳嗽者加强术前治疗，有冠心病者视情况轻重做好术前、术中心电监护。

⑦术前晚口服镇静剂地西泮2片，使患者得到良好的休息，术晨少食，测量生命体征，取下发卡及饰物，术前30 min用复方托吡卡胺充分散瞳，排空大小便。

2. 术后护理

①嘱患者多卧床休息，切勿挤揉术眼，可行轻度的室内活动，不宜高声谈笑，保持情绪稳定。

②观察伤口敷料有无渗血、渗液、松脱，有无眼部疼痛。

③遵医嘱给予止血药，预防感染静脉点滴治疗。注意观察药物的疗效及有无不良反应，加强巡视。

④术后24 h打开敷料，遵医嘱给术眼点药，严格执行无菌操作。常规使用典必殊眼药水和双氯芬酸钠眼药水，每日4次，晚睡前点典必殊眼膏，向患者讲解用药目的，动作轻柔，勿压迫眼球。

⑤吃易消化、有营养的软食，多食蔬菜水果，不宜进过硬及辛辣、刺激食物，少食多餐，保持排便通畅。

⑥避免过度低头、打喷嚏，3个月内不可剧烈运动，注意保暖、防止咳嗽。

⑦每日查视力、眼压情况。出院后定期门诊随访，特别注意有无急性青光眼早期症状。嘱患者如出现头痛、眼痛、视力下降、恶心、呕吐等，可能为急性青光眼先兆，应立即到医院检查。

(三) 健康指导

(1) 避免过度视力疲劳　用眼应以不觉疲倦为度，并注意正确的用眼姿势、距离及光源是否充足等。每用眼1 h左右，让眼放松一下，如闭眼养神、走动、眺望天空或远方等，使眼睛得到休息。尽量不要长时间在昏暗环境中阅读和工作。

(2) 避免长期过量接触辐射线　长期接触长波紫外线辐射，可导致慢性蓄积性晶状体损伤，诱发或加速白内障的生成和发展，所以要避免在强烈的阳光、灯光或其他辐射线照射下工作和学习，在户外活动时，应戴有色眼镜，以防辐射线直射眼睛。

(3) 知识讲解　向患者及其家属讲解有关眼部的自我护理常识，保持个人卫生，勤洗手，脸盆、毛巾等生活用具专人专用，禁止用手或不干净的物品揉眼。

(4) 注意饮食的宜忌　白内障的产生与晶体内缺乏维生素C、维生素B_6及某些微量元素等有关，应多食富含上述物质的蔬菜、水果、鱼、肉（动物肝脏）、蛋类等，少食辛辣香燥、油腻难消化之物，并戒烟酒。

(5)保持心情舒畅　要避免过度情绪激动,保持心情舒畅,保证全身气血流通顺畅,提高机体抗病能力,这对白内障的康复同样很重要。

五、护理评价

患者是否发生与视力障碍有关的受伤事件;患者视力是否提高,患者自理能力是否提高;患者能否说出白内障的自我保健知识;患者有无并发症发生。

任务7　老年糖尿病的护理

老年糖尿病的护理

【任务描述】

患者,女,64岁,2019年5月查出糖尿病,因其家人离世精神状态差,食欲减退。空腹血糖12 mmol/L,餐后2 h血糖16 mmol/L。症状:腰酸、尿频,神疲乏力,口干不欲饮。

问题:

1.患者可能的医疗诊断是什么?

2.要进一步确诊还需要哪些检查?

3.如何护理该患者?

【任务目标】

⊙能阐述老年糖尿病的发生原因及临床特点;

⊙能正确为患糖尿病的老年人实施护理;

⊙具备尊重老年人、关爱老年人的职业素养。

【任务分析】

老年糖尿病(elderly diabetes mellitus,EDM)是指年龄在60岁以上的老年人由于体内的胰岛素分泌不足或胰岛素作用障碍,引起内分泌失调,从而导致物质代谢紊乱,出现高血糖、高血脂、水、电解质紊乱等代谢病。老年糖尿病患者其中一部分是在进入老年期,即在60岁以后发病的;另一部分是60岁以前确诊而后进入老年期的患者。老年糖尿病95%以上属2型糖尿病,且老年糖耐量减低者发生2型糖尿病的危险比正常糖耐量者增加5~8倍。老年糖尿病患者多体型偏胖,开始多无临床症状,出现多饮、多尿、多食、乏力等糖尿病症状者,约占患者总数的40%,常因其并发症来就诊。

【任务实施】

一、护理评估

(一)健康史

(1)病史　患者多有多食、多饮、多尿、体重减轻、伤口愈合不良、经常感染等症状。

(2) 生活方式　老年人因基础代谢率低,葡萄糖代谢及周围组织对葡萄糖的利用能力明显下降,故进食过多和运动不足容易发胖,肥胖使细胞膜上的胰岛素受体减少,加重胰岛素抵抗。

(二) 身体状况

典型糖尿病表现为"三多一少"症状,即多饮、多尿、多食和体重减轻。老年糖尿病与其他年龄段的糖尿病患者相比,具有以下特点。

(1) 症状不典型　老年糖尿病患者"三多一少"症状常不明显,大约2/3的患者缺乏这种典型表现而被忽视。不少患者是以并发症就诊的,或在常规检查身体或患其他疾病到医院就诊时被意外发现。

(2) 并发症多　老年糖尿病患者由于病程较长、治疗不及时或病情控制不理想,常出现并发症。

①感染:由于糖代谢障碍,白细胞功能出现缺陷,所以老年糖尿病患者容易发生感染,而且感染灶易扩散蔓延。

②高渗性非酮症昏迷:在一些应激情况下,如感染、中风、急性心肌梗死等情况时,患者进食进水少,还伴有呕吐、腹泻、应用利尿剂、误补葡萄糖液等,从而发生严重脱水,血糖明显升高,出现血浆渗透压增高,患者表现为意识障碍。

③低血糖:自身保健能力及依从性差,可使血糖控制不良,或用药不当,引发低血糖。低血糖是老年糖尿病患者的常见急性并发症之一。严重低血糖对神经系统影响很大,可发生低血糖昏迷。

④酮症酸中毒及乳酸性酸中毒:老年酮症酸中毒也常在感染等应激情况下诱发。乳酸性酸中毒也常发生在老年糖尿病患者中,主要原因是老年人常有心、肺、肝、肾功能衰退,服用双胍类降糖药(尤其是降糖灵)后易引起组织缺氧、乳酸产生增多、排泄障碍、预后不良。

⑤微血管病变:如糖尿病足,是下肢神经、血管病变加上感染的综合作用,表现为下肢感染、破溃、坏疽等,病变发展迅速,可深至骨头。因此,老年糖尿病患者要特别注意微血管病变的发生。

(三) 多种老年病并存

许多老年糖尿病患者患有与糖尿病无关的其他疾病,易并存各种慢性非感染性疾病,如心脑血管病、缺血性肾病、白内障、前列腺肥大、萎缩性阴道炎、颈椎病等老年多发病,而且有时可能比糖尿病更紧急,在治疗糖尿病的同时也是不容忽视的。

(四) 心理-社会支持状况

在诊断初期,老年人会表现为精神高度紧张;在治疗阶段,因为症状较轻而对诊断持怀疑态度,拒绝配合诊断和护理;随着各种严重并发症的出现,有些老年患者会自暴自弃,甚至悲观厌世。患者的亲属、同事等对患者的反应和支持是影响患者适应慢性病的重要因素。

(五) 辅助检查

(1) 尿糖测定　肾糖阈正常的情况下,当血糖达到8~10 mmol/L时,呈尿糖阳性。尿糖阳性是诊断糖尿病的重要依据,轻症者尿糖可阴性但餐后尿糖均为阳性。老年人因为肾动脉硬化,使肾小球滤过率降低,尿糖阳性率低,表现为血糖与尿糖阳性程度不符。

(2)血糖测定　空腹血糖≥7.0 mmol/L(≥126 mg/dL)和(或)餐后2 h血糖≥11.1 mmol/L(≥200 mg/dL)为诊断糖尿病的主要指标。正常空腹血糖范围为3.9～5.6 mmol/L。老年糖尿病患者餐后2 h血糖明显高于空腹血糖。

(3)口服葡萄糖耐量试验(OGTT)　本试验用于空腹血糖高出正常范围,但未达到诊断糖尿病指标者。口服75 g葡萄糖负荷2 h,血糖≥11.1 mmol/L(≥200 mg/dL),并且0.5 h或1 h血糖≥11.1 mmol/L(≥200 mg/dL),即可诊断为糖尿病。如空腹血糖<7.8 mmol/L(<140 mg/dL),2 h血糖水平≥7.8 mmol/L(≥140 mg/dL),<11.1 mmol/L(<200 mg/dL),则为糖耐量异常。

(4)糖化血红蛋白(HbA1c)　HbA1c正常值4.0%～6.0%,此指标可反映取血前4～12周血糖的总水平,是糖尿病控制情况的监测指标之一。

二、常见护理诊断/问题

(1)营养失调　与胰岛素分泌绝对或相对不足引起糖、蛋白质、脂肪代谢紊乱有关。

(2)有感染的危险　与血糖增高、脂质代谢紊乱、营养不良和微循障碍有关。

(3)潜在并发症　低血糖、酸中毒、大血管或微血管病变。

①低血糖:与胰岛素使用不当,饮食不当有关。

②酮症酸中毒:与代谢紊乱,酮体在体内堆积有关。

③糖尿病足:与足部缺血性溃疡、营养不良性皮肤溃疡有关。

三、护理目标

(1)患者症状缓解,体重增加,血糖控制良好。

(2)患者尽可能不发生感染,如患者发生感染时能被及时发现和处理。

(3)患者尽可能不发生并发症,如发生低血糖、酮症酸中毒等时能被及时发现和处理。

四、护理措施

按照老年人的血糖标准控制血糖,防止及延缓各种并发症的发生,提高老年糖尿病患者的生活质量。具体措施如下。

(一)饮食护理

饮食治疗与护理是老年糖尿病的基本疗法,方法、原则与其他年龄组无异,需要注意的是,低血糖对老年患者可能是一种致命的并发症,为预防低血糖的发生,老年糖尿病的饮食最好按一日五餐或六餐分配。

(1)每日热量计算　根据患者性别、年龄、身高查表或计算理想体重[理想体重(kg)=身高(cm)-105],然后参照理想体重和活动强度计算每日所需总热量。成年人休息者每日每千克标准体重予热量105～125.5 kJ(25～30 kcal),轻体力劳动者125.5～146 kJ(30～35 kcal),中体力劳动者146～167 kJ(35～40 kcal),重体力劳动

者 167 kJ 以上(40 kcal 以上)。老年糖尿病消瘦者应酌情增加,肥胖者酌减,使患者体重恢复至理想体重(上下浮动不超过 5%)。

(2)蛋白质、脂肪、糖类分配比例　饮食中蛋白质含量成人按每日每千克标准体重 0.8~1.2 g 计算,老年糖尿病可增至每日每千克体重 1.2~1.5 g;脂肪每日每千克标准体重按 0.6~1.0 g 计算;其余为糖类。按上述计算蛋白质量占总热量的 12%~15%,脂肪约占 30%,糖类占 50%~60%。

(3)老年糖尿病患者饮食注意事项
①严格定时进食,控制饮食的关键在于控制总热量。
②严格限制各种甜食,包括各种糖果、甜点心、饼干、水果及各种含糖饮料等。
③患者进行体育锻炼时不宜空腹,应补充适量食物,防止低血糖。
④保持大便通畅,多吃富含纤维素的食物。
⑤每周定期测量体重一次,称体重时衣服重量要相同,且用同一体重秤。

(二)运动护理

老年糖尿病患者的运动应量力而行,持之以恒很关键,餐后散步 20~30 min 是改善餐后血糖的有效方法。

(1)锻炼方式　步行、慢跑、骑自行车、健身操、太极拳、游泳及家务劳动等有氧运动,对老年糖尿病患者较适合。

活动时间为 20~40 min,可逐步延长至 1 h 或更久,每日 1 次,用胰岛素或口服降糖药物者最好每日定时活动,肥胖者可适当增加活动次数。

(2)老年糖尿病患者运动注意事项
①运动前评估老年糖尿病的控制情况,根据患者的具体情况决定运动方式、时间及所采用的运动量。如血糖>13.3 mmol/L 或尿酮阳性者不宜做上述活动,或收缩压>180 mmHg(24 kPa)时停止活动。身体状况不良时应暂停运动。
②运动尽量避免恶劣天气,寒冷天气注意保暖。
③活动时间宜安排在餐后 1 h,活动要适量,老年糖尿病患者仅靠饮食控制者或口服降糖药物治疗者活动前通常不需添加额外食物。
④运动时随身携带糖果和糖尿病卡,以备急需。当出现饥饿感、心慌、出冷汗、头晕及四肢无力等低血糖症状时,及时食用糖果。
⑤运动后应做好运动日记,以便观察疗效和不良反应。

(三)用药护理

(1)磺脲类　第一代药物氯磺丙脲因不良反应多、作用时间持久,不宜用于老年糖尿病患者;第二代药物格列吡嗪适用于老年糖尿病并发轻度肾功能不全者;新一代药物格列本脲在减少心血管反应方面有优势,主要副作用是低血糖反应,同时还有不同程度的胃肠道反应、皮肤瘙痒、再生障碍性贫血、溶血性贫血、血小板减少、白细胞减少等。

(2)双胍类　适用于老年 2 型糖尿病患者,主要不良反应有腹部不适、腹泻等,对非肥胖患者伴有肌酐清除率异常、肝脏病变时易导致肝功能不全。双胍类促进无氧糖酵解,产生乳酸,在肝、肾功能不全,休克或心力衰竭时可诱发乳酸性酸中毒。

(3)α-葡萄糖苷酶抑制剂 该药适用于老年糖尿病患者,单独使用不会产生低血糖,且通过降低餐后高血糖使胰岛素的需要量降低。常见不良反应为肠道反应,如腹胀、排气增多或腹泻,经治疗一段时间后可减轻。

(4)胰岛素增敏剂 唑烷二酮类是很有前途的胰岛素增敏剂,且没有发生低血糖的危险,还可同时降低血脂、糖化血红蛋白。可单用或与双胍类、磺脲类、胰岛素联合应用,与胰岛素合用可减少胰岛素的用量。有心力衰竭倾向或肝病患者不用或慎用。

(5)胰岛素 对老年糖尿病患者主张积极、尽早应用胰岛素,白天给予口服药降糖,睡前注射胰岛素。由于老年糖尿病患者自己配制混合胰岛素容易出错,适合选择单一剂型。考虑到老年糖尿病患者易发生低血糖,加用胰岛素时,应从小剂量开始逐步增加。血糖控制不可过分严格,空腹血糖宜控制在 9 mmol/L 以下,餐后 2 h 血糖在 12.2 mmol/L 以下即可。

(四)并发症的护理

1. 低血糖护理

(1)病情监测 低血糖发生时患者常有饥饿感,伴软弱无力、出汗、恶心、心悸、面色苍白,重者可昏迷。睡眠中可发生突然觉醒,皮肤潮湿多汗,部分患者有饥饿感。

(2)护理措施 补充含糖的食物;静脉推注 50% 葡萄糖 40～60 ml,是紧急处理低血糖最常用和有效的方法;胰高血糖素 1 mg 肌内注射,适用于一时难以建立静脉通道的院外急救或患者自救。

2. 糖尿病酮症酸中毒护理

(1)病情监测 生命体征、意识、瞳孔,记录液体出入量;观察患者是否口渴、呼吸深快、呼出气体中是否有烂苹果味等;检测尿糖、血糖、酮体的变化。

(2)护理措施 正确执行医嘱,确保液体和胰岛素的输入准确和及时;患者绝对卧床休息,注意保暖,预防压疮和继发感染;严密观察和记录患者神志变化,瞳孔大小和对光反射、呼吸、血压、心率及每日液体出入量等变化;在输液和胰岛素治疗过程中,需每 1～2 h 留取标本送检尿糖、尿酮、血糖、血酮、血钾、血钠、二氧化碳结合力等。

3. 糖尿病足护理

(1)观察与检查 观察足部颜色、温度、动脉搏动。足部有无病变,如甲沟炎、甲癣、水泡等。

(2)护理措施 ①促进肢体血液循环,如足部保暖、按摩,每晚用 50～60 ℃ 温水洗足;适当运动,促进循环,改善神经营养供给。②保护足部,不穿袜口弹性过紧的袜子,选择软底宽头的鞋子;勤换鞋袜,保持脚趾间干燥;及时治疗足部疾病如足癣等。③预防足部外伤,不能赤脚走路,手足冰冷需使用热水袋或使用热水清洗时,应注意防止烫伤。

(五)心理护理

老年糖尿病患者由于长期服药和饮食控制非常苦恼,加上缺乏糖尿病防治知识,易产生烦躁、悲观、失望等消极情绪。针对这一情况,护理人员应多与他们沟通交流。向患者讲解有关糖尿病的科普知识时,态度要和蔼,语言要亲切。对诊断早期精神紧张的患者可鼓励多参加户外活动,以转移其对疾病的高度关注;对自暴自弃者多提供

积极的信息使其看到希望,增强其战胜疾病的信心。

(六)健康指导

(1)疾病知识指导　考虑到老年患者理解力差、记忆力衰退的特点,应注意用通俗易懂的语言耐心细致地向患者讲解糖尿病的病因、临床表现、检查和治疗方法等。向患者及家属详细讲解口服降糖药的种类、剂量、给药时间和方法;教会患者及家属注射胰岛素的正确方法,了解药物的作用、副作用及使用注意事项;指导患者掌握血糖、血压、体重指数的监测方法;教会患者识别低血糖反应的表现,掌握自救方法。

(2)日常生活指导　糖尿病是一种慢性病,增强老年糖尿病患者的自护能力是提高生活质量的关键。教会患者饮食与运动治疗实施的原则和方法;教会患者足部护理的方法和技巧;指导患者正确处理精神压力,保持平和心态;指导患者认识并发症的先兆症状,及时就医;嘱咐患者随时携带糖尿病卡片,以备急需。

(3)康复指导　糖尿病周围神经病变可引起感觉和运动功能障碍。感觉功能的康复可通过经皮神经点刺激疗法、电刺激疗法、磁疗、红外线治疗等物理方法缓解疼痛和促进保护性感觉的恢复。运动功能康复包括平衡训练和耐力训练,平衡训练通过刺激足底触觉感和本体感觉达到改善平衡障碍的目的,中等强度的耐力训练可改善周围神经病变。每年定期全身检查,以尽早防治慢性并发症。

五、护理评价

经过治疗和护理,患者是否学会了饮食及运动控制血糖的方法;患者能否按照要求口服或注射降糖药,血糖控制是否平稳,并发症发生率是否降低或无;患者对疾病是否有正确的认知。

任务8　老年骨质疏松症的护理

【任务描述】

患者,女,87岁,前2个月因自觉扭伤后出现胸背部疼痛,翻身、起身、长时间站立时疼痛明显,休息后可缓解,3天前无明显诱因上述症状再发,且较前加剧,严重影响日常生活,晨起可减轻。

问题:

1.患者可能的医疗诊断是什么?

2.要进一步确诊还需要做哪些检查?

3.如何护理该患者?

【任务目标】

⊙能阐述老年骨质疏松症的发生原因及临床特点;

⊙能正确为患骨质疏松症的老年人实施护理;

⊙具备吃苦耐劳、甘于奉献的职业素养。

【任务分析】

骨质疏松症(osteoporosis,OP)是一种以骨量减少,骨组织的微细结构被破坏,导致骨骼的强度降低和骨折危险性增加为特征的全身代谢性疾病。骨质疏松症可分为原发性和继发性两类。老年骨质疏松症属于原发性骨质疏松Ⅱ型,是机体衰老在骨骼方面的一种特殊表现,也是使骨质脆性增加导致骨折危险性增大的一种常见病。患骨质疏松症的老年人极易发生股骨颈骨折、脊椎骨折,尤其老年女性患者,发生髋部骨折1年内可有15%死亡,其余50%残疾,因此骨质疏松症是引起老年人卧床率和伤残率增高的主要因素。目前病因还不十分明确,一般认为发病与遗传、激素、营养、生活方式和环境等因素有一定的关系。

【任务实施】

一、护理评估

(一)健康史

老年人随着年龄的增长,骨代谢中骨重建处于负平衡状态。这是因为一方面破骨细胞的吸收增加,另一方面成骨细胞功能衰退。此外,老年骨质疏松症的发生还与多种因素有关。

(1)年龄、性别、遗传　女性绝经期后多见,男性则65岁以后发病较多。遗传因素决定个人的峰值骨量和骨骼大小,峰值骨量越高,骨骼越重,到老年发生骨质疏松症的概率就越小。一般认为,体型瘦小的人,峰值骨量低于正常人,发生骨质疏松症的概率明显高于其他体型的人。遗传因素也决定多种基因(如维生素D受体、雌激素受体、β_3肾上腺素能受体的基因)的表达水平和基因多态性,可影响骨代谢。另外,基质胶原和其他结构成分的遗传差异与骨质疏松性骨折的发生有关。家族中患本病较多者,本人患此病的概率明显增大。

(2)性激素　老年人由于性功能下降,抑制骨吸收和促进骨形成的性激素水平明显降低,尤其是绝经后的女性。

(3)营养　钙是骨矿物中最主要的成分,维生素D可促进骨细胞的活性作用,磷、蛋白质及微量元素可维持钙、磷比例,有利于钙的吸收。老年人由于牙齿脱落及消化功能降低,进食少,多有营养缺乏症状,使蛋白质、钙、磷、维生素及微量元素摄入不足。

(4)生活方式　体力活动是刺激骨形成的基本方式。老年人户外活动减少,缺少阳光照射,尤其是长期卧床的老年人,骨骼缺乏负重及肌肉活动等刺激,使成骨细胞缺乏足够机械应力刺激,活性降低,而破骨细胞的活性增高,导致骨质脱钙,造成废用性骨质疏松。此外,吸烟、酗酒、高蛋白、高盐饮食,大量饮用咖啡均是骨质疏松症的易发因素。

(二)身体状况

(1)骨痛和肌无力　疼痛是本病最常见的症状,以腰背痛为多见,多为酸痛,其次是膝关节、肩背部、手指、前臂。夜间和清晨醒来时加重,日间减轻,负重能力减弱,活

动后常导致肌劳损和肌痉挛,疼痛加重。

(2)身体变矮和驼背　多在剧烈的腰背部疼痛后出现。其原因是支持人体的脊椎骨发生骨质疏松后,椎体内部骨小梁变细,数量减少。椎体压缩性骨折是老年人身材变矮、驼背的主要原因,身长平均缩短 3~6 cm。

(3)骨折　导致老年骨质疏松症患者活动受限、寿命缩短的最常见和最严重的并发症。常因轻微活动或创伤诱发,如打喷嚏、弯腰、负重、挤压或摔倒等。最多见的是胸、腰椎压缩性骨折,表现为脊椎后弯、胸廓变形,可使肺活量和最大换气量显著减少,导致呼吸功能下降,易并发肺部感染。其次是桡骨骨折和股骨颈骨折,股骨颈骨折易导致老年人长期卧床,加重骨质丢失,常因并发感染、心血管病和慢性衰竭而引起死亡。

(三)心理-社会状况

患骨质疏松症的老年人因疼痛、驼背或骨折,给自身带来精神和身体的压力,而治疗和较长的护理周期给家庭和社会带来沉重的负担。

(四)辅助检查

(1)骨密度检查　骨密度检查对骨质疏松症的早期诊断、预测骨折危险性和评估治疗效果均有重要意义。采用单光子骨密度吸收仪(SPA)、双能 X 线吸收仪(DEXA)、定量 CT 检查,骨密度低于同性别峰值骨量的 2.5 SD 以上可诊断为骨质疏松症。

(2)生化检查　骨代谢生化指标分为反映骨形成和骨吸收的两大指标,可作为诊断骨质疏松症的参考,包括骨形成指标、骨吸收指标及血、尿骨矿成分。老年人发生改变的主要有以下指标:①骨钙素(OCN),骨更新的敏感指标,可有轻度升高。②尿羟赖氨酸糖苷(HOLG):骨吸收的敏感指标,可升高。③血清镁、尿镁:均有所下降。

(3)X 射线　当骨量丢失超过 30%时,才能在 X 线片上显示出骨质疏松,表现为皮质变薄、骨小梁变细、骨密度降低、透明度加大,晚期出现骨变形及骨折。其中锁骨皮质厚度下降至 3.5~4.0 mm 时,易伴有椎体压缩性骨折。

(4)诊断标准　目前,国际上对骨质疏松程度的诊断标准倾向于下列 4 条。①正常骨量:骨密度(bone mineral density,BMD)或骨矿物质含量(bone mineral content,BMC)较同性别峰值减少 12%以内。②骨量减少:BMD 或 BMC 较同性别减少 13%~24%。③骨质疏松症:BMD 或 BMC 较同性别减少 25%~36%。④重度骨质疏松症:BMD 或 BMC 较同性别减少 37%以上。

二、常见护理诊断/问题

(1)疼痛　与骨质疏松、骨折、肌肉疲劳、痉挛有关。

(2)身体活动障碍　与骨痛、骨折引起的活动受限有关。

(3)潜在并发症　与骨质疏松、骨折有关。

三、护理目标

(1)患者症状缓解,疼痛减轻。

(2)患者身体活动障碍解除。

(3)患者尽可能不发生并发症,如发生骨折等能被及时发现和处理。

四、护理措施

(一)疼痛护理

注意保暖,可防止肌痉挛和缓解疼痛;放松骨骼肌,可减轻疼痛强度。协助患者取舒适体位,因病情需要长时间处于同一体位时,如仰卧位,可在膝下垫软枕,将患肢置于膝关节屈曲位,减轻腰部压力。骨质疏松症引起疼痛的原因主要与腰背部肌肉紧张及椎体压缩性骨折有关,故通过卧床休息,使腰部软组织和脊柱肌群得到松弛,可显著减轻疼痛。

(二)用药护理

药物治疗主要是补充钙剂和维生素 D。雌激素(尼尔雌醇等)促进骨形成。二磷酸盐通过抑制破骨细胞活性来抑制骨吸收,还有降钙素、氧化物及细胞生长因子、生长激素等。注意观察这些药物的副作用,慎用激素类药物。如果采用雌激素替代疗法治疗骨质疏松症,首先了解家族史中有无妇科肿瘤、心血管疾病病史。

(三)心理护理

做好各项生活护理,取得患者信任,建立良好的护患关系,进行心理护理,帮助患者消除顾虑,使患者保持良好的心理状态,积极配合治疗。

(四)健康指导

目前骨质疏松症的治疗还没有特效方法,发病后很难使骨组织微细结构完全修复。因此,治疗的最好方法是加强预防。防治的三要素是营养、运动和防跌倒。

(1)饮食指导　制订每天饮食计划,学会各种营养素合理搭配,尤其要指导老年人多摄入钙及维生素 D 含量丰富的食物。补钙首先要从食物中补充,鼓励老年人经常食用富有钙质的食物,如牛奶、海带、紫菜、豆类、香菇等,并注意摄入维生素 D 含量较高的食物(如动物肝脏、蛋黄)。另外还需补充与骨代谢相关的其他营养素,如维生素 K、蛋白质、钠,以及必需微量元素氟、锰、铜、锌等。鼓励老年人多吃鱼类,因其含有丰富的钙和维生素 D,有利于钙的吸收。同时注意食物搭配,如豆腐不与菠菜同时烹饪,避免钙与草酸结合形成不溶性的草酸钙等。

(2)运动指导　适当进行体力活动可以增强机体的肌肉力量,这是骨密度增加的重要原因,长期运动使皮质骨增厚,骨小梁排列更合理,骨强度增加。户外活动和日光浴还能增强机体免疫功能,减少骨的吸收,增加钙的吸收,减少钙的排泄。老年人要坚持每周 3~4 次的锻炼,每次不少于 30 min。

(3)服用钙剂指导　选用可咀嚼的钙制剂,以促进吸收。常用的钙制剂可分为无机钙和有机钙两类。无机钙(氯化钙、碳酸钙等)含钙量高,作用快,但对胃肠道刺激大。有机钙(葡萄糖酸钙、乳酸钙、活性钙等)含钙量低,吸收较好,刺激性较小。一天的钙量最好分次服用,且饭后 1 h 或睡前服用比较好。血清钙过高可导致泌尿系统损害,对患结石、肉芽肿或高血钙者应限制钙剂的使用。钙剂和维生素 D 同时服用,可促进钙的吸收。

(4)康复训练指导　康复训练应尽早实施,在急性期应注意卧、坐、立姿势,卧位时应平卧、低枕,背部尽量伸直,坚持睡硬板床;坐位或立位时应伸直腰背,收缩腰肌和臀肌,增加腹压。在慢性期应选择性地对骨质疏松症好发部位的相关肌群进行运动训练,如采取仰卧位抬腿动作做腹肌训练等。同时可配合有氧运动增强体质,通过翻身、起坐、单腿跪位等动作维持和增加老年人的功能水平。

五、护理评价

经过治疗和护理后,患者能否叙述防治骨质疏松症的知识;患者能否选择适宜的运动项目,能否坚持从食物、药物等方面补充钙剂。

任务 9　老年抑郁症的护理

老年抑郁症的护理(一)

老年抑郁症的护理(二)

【任务描述】

张奶奶,76 岁,据儿女描述,最近一年以来张奶奶好像变了个人,不爱运动,动作缓慢僵硬,很少的家务劳动需很长时间才能完成,也不爱主动讲话,每次都以简短低弱的言语答复家人,并且面部表情变化少。有时双眼凝视,对外界动向常无动于衷,只有在提及她故去的老伴时,她才眼含泪花,讲起许多事情自己都做不了,想不起怎么做,头脑一片空白。

问题:
1.患者可能的医疗诊断是什么?
2.要进一步确诊还需要哪些检查?
3.如何护理该患者?

【任务目标】

⊙能阐述老年抑郁症的发生原因及临床特点;
⊙能正确为患抑郁症的老年人实施护理;
⊙具备严谨认真、关心关爱老年人的职业素养。

【任务分析】

老年抑郁症是一种以情绪持续低落、焦虑为主要特征的综合征。患者内心体验多为不幸和无望,并使心理功能下降和社会功能受损害。个体的内心有沉重感,整日忧心忡忡,愁眉不展。重者忧虑,唉声叹气,悲观失望,感到生活无味,甚至认为生不如死,这种情绪体验称为情感低落。老年抑郁症的发病原因迄今未明,但与社会心理因素和老年自身各方面功能衰退有关。其中首次发病时有各种社会心理诱因和身体疾患,分别占 70% 和 60%。

【任务实施】

一、护理评估

（一）相关因素

（1）心理-社会因素　近年来心理-社会因素在导致情感障碍,尤其是抑郁症的发生、发展、预防和治疗方面,越来越引起人们的重视。老年人对身体疾病和精神挫折的耐受力明显下降,同时遭受重大事件冲击的机会却越来越多,如退休、收入减少、社会地位变化、疾病、丧偶、子女分离等,这些因素可使老年人产生孤独、无用、无助感,成为抑郁症的诱因。这种情感体验越强烈,越持久,其致病作用也越大。

（2）遗传因素　通过家系和群体抽样调查发现,抑郁症有明显的家族遗传倾向。情感性精神障碍患者亲属中,本病的患病率较一般人群高10～30倍,血缘关系越近,患病率越高。

（3）人格特征　老年人常有孤僻、被动、固执、依赖、情绪不稳等人格特征的变化。与正常老年人相比,老年抑郁症患者有突出的回避和依赖的人格特征。

（4）生化代谢异常　涉及多个神经递质系统,具体作用机制不详。

（5）神经内分泌异常　老年人可能更容易出现神经内分泌异常,神经内分泌异常可能使老年人特别是老年女性更容易患本病。

（6）大脑解剖结构和病理改变　现有的研究结果显示,老年抑郁症患者的脑退行性改变高于一般人群。

（7）其他　身体疾患、独身、文化程度低、兴趣爱好少、无固定经济收入的老年人容易发病。

（二）身体状况

（1）情绪低落　痛苦忧伤、悲观绝望、兴趣减退甚至丧失,患者对原来感兴趣的事物不再有兴趣,几乎发现不了生活中有意义的事,即使是动听的音乐、风景优美的地方也提不起任何兴趣。自认为生活中的一切都糟糕透顶,因而焦虑、忧愁、沮丧、悲观、失望。

（2）思维迟缓　反应迟钝,联想困难,说话缓慢,言语减少,可发展为自罪妄想、疑病妄想等。

（3）意志活动减退、自我评价降低　患者认为自己是个无用的人,甚至是个耻辱、有罪的人,以往曾经引以为豪的优点或是已取得的成绩都已毫无价值,并常有"不如死了好"的念头,甚至有自杀行为。如疏于防范,自杀成功率也较高。因此,抑郁症的自杀行为应该引起高度重视。

（4）精神障碍　自感精神萎靡、疲乏无力,甚至不言不语、不吃不喝,日常生活需他人照料。有明显的记忆力衰退,计算力、理解力和判断力下降等认知功能损害症状。

（5）身体症状　食欲缺乏、头晕、心慌、性欲减退、体重减轻、腹胀、便秘、腰酸背痛、排尿困难、睡眠障碍等。睡眠障碍突出表现为早醒,醒后难以入睡,而且陷入痛苦绝望中。患者的身体症状往往会掩盖抑郁症状而成为就诊的主要原因。

(6)其他　有的老年人出现幻觉、幻听、被害妄想、关系妄想等症状。

二、护理诊断

(1)睡眠形态紊乱　与焦虑、忧愁、沮丧、悲观有关。
(2)有自伤的危险　与自我评价降低和严重抑郁悲观有关。
(3)社交隔离　与精神状态改变和社会行为不被接受有关。
(4)个人应对无效　与丧失生活兴趣、无力解决问题有关。

三、护理目标

(1)患者能解除内因性压力。
(2)患者身体不适逐渐减轻至消失。
(3)患者住院期间未发生伤害自己的行为。

四、护理措施

(一)心理支持

减少社会心理刺激和加强社会支持,注重身体疾患的有效治疗,是防止老年抑郁症发生的重要措施。本病患者有强烈的无助感,所以亲人、朋友的关怀、体贴,并减少不良的心理刺激是十分必要的。要鼓励患者自己主动对亲人、朋友敞开心扉,向他们诉说自己的痛苦,以得到感情上的支持。同时要找些力所能及的事做,即使患者自己觉得这些事索然无味,也要鼓励他,让他完成,以帮助患者找回失去了的愉快回忆,尽快摆脱抑郁状态。

(二)监测苦闷或焦虑水平

让患者认识到自身情绪波动的规律,如焦虑患者常常担心其焦虑会持续影响其生活,而实际上在焦虑到达高峰后,会自然慢慢消退,抑郁也是如此。对自己的焦虑、郁闷或苦闷进行自我监测,有助于患者认识到这一规律,从而控制自己的情绪。

(三)丰富生活

针对患者对什么都没有兴趣的特点,可督促患者制订一个切实可行的每天日程安排,如按时起床,适当的体育锻炼,读书看报,做饭,午休,找朋友聊天等。由患者自己制订,护士和家人监督执行。

(四)药物护理

5-羟色胺再摄取抑制剂对老年抑郁症有一定的疗效,主要有氟西汀、帕罗西汀等,尤以氟西汀的疗效为佳。其常见的副作用有头痛、影响睡眠、食欲不振、恶心等,症状轻微,多发生在服药期间,之后可消失,不影响治疗的进行。三环类抗抑郁剂如阿米替林、氯丙嗪等应用时间长久,疗效肯定,但可出现口干、便秘、视线模糊、体位性低血压、嗜睡、心动过速、心脏传导阻滞、皮疹、诱发癫痫等副作用,不作为老年人首选药物。

(五)降低自杀危险

老年人一旦产生消极观念,他们以自杀结束生命的决心远胜于年轻人。在临床中向患者及其亲属了解患者有无自杀言行,给患者提供轻松愉快的环境,减少精神紧张,保持愉快心情,加强与患者的沟通,向患者讲解身体不适的原因让其正确对待,让患者了解和发现自身的生存价值、聪明才智及潜能,建立自尊和自信心,做好自杀预防工作是十分必要的。

五、护理评价

经过治疗和护理后,患者能否积极乐观面对生活,患者能否主动进行体育运动、做饭和与人聊天,患者焦虑紧张心情是否缓解。

任务 10　老年人临终照护

【任务描述】

生老病死是人生的自然发展过程,而死亡是生命活动的最后阶段,是构成完整生命历程不可回避的重要组成部分。随着我国人口老龄化的发展,社会对临终患者关怀的需求越来越强烈。如何减轻老年患者临终前的痛苦,如何使他们正确认识死亡,安度余生,成为医学界乃至整个社会面临的课题。

临终是人生的重要阶段,保持和提高这个阶段的生存质量,是人的健康的重要组成部分。公民有生命健康权,同时有权要求和享得临终的健康。

老年人临终照护

老年人临终照护操作

【任务目标】

⊙掌握临终和临终护理的含义;
⊙理解临终护理的意义;
⊙掌握临终护理的内容及原则。

【相关知识】

一、临终和临终护理的含义

(一)临终的概念

临终又称濒死,是指由于疾病末期或意外事故而造成人体主要器官生理功能趋于衰竭,不能用现有的医疗技术治愈,死亡即将发生,是生命活动的最后阶段。临终是一个过程、一个阶段,故又称临终阶段。

关于临终的时间界定,目前世界上尚无统一的标准,各个国家都有自己的看法,过程可长可短。美国将临终界定为患者已无治疗意义,估计存活时间在 6 个月以内。日本以患者只有 2～6 个月的存活时间作为临终阶段。不少国家倾向以危重患者住院治疗到死亡平均时间 17.5 天为标准。我国对临终没有具体时限规定,一般认为,患者在经过积极治疗后仍无生存希望,处于疾病末期,死亡将在短时间内(2～3 个月)不可避免地发生,即属于临终阶段。

(二)临终关怀

1. 临终关怀的概念

临终关怀,源自英文 hospice,港台地区译为善终服务、安宁照顾,原意是指朝圣者或旅行者中途休息补充体力的地方,后来医学上将其引申为对临终患者和家属提供缓和性和支持性的医护措施。进一步分析,临终关怀包括三层意思:第一,临终关怀是以临终患者的生理和心理特征及相关的社会、伦理等问题为研究对象,为患者及其家属提供全面照护的一门新兴的边缘性交叉学科。第二,临终关怀涉及医学、护理学、心理学、社会学、伦理学、管理学等学科领域,充分体现了生物—心理—社会医学模式的特色。第三,临终关怀不以延长临终患者生命为目的,而以缓解临终患者的身心痛苦,提高其生命质量为宗旨,使患者能够无痛苦、有尊严地走完人生的最后旅程,并使其家属的身心健康得到维护和增强。

所以,临终关怀(hospice care)可以定义为一门以临终患者的生理、心理发展和为临终患者及其家属提供全面照护的实践规律为研究对象的新兴学科,涉及医学、护理学、心理学、社会学、伦理学、管理学等学科领域。

考虑我国国情和初级卫生保健计划,并有机地与老年医学的发展相结合,还可以适当扩大临终关怀概念的范围,即包括解除不能住院治疗患者的生理、心理疾患,解除孤寡老年人的医疗照护、防病治病困难等内容。这样,必将更有利地促进临终关怀工作的开展。

2. 临终关怀的发展

(1)国外临终关怀的发展 临终关怀的历史,在西方最早可追溯到公元 4 世纪,一位罗马贵妇在自己家为贫穷患者提供照护,实现自己积德行善的愿望。之后,西欧的修道院或济贫院为危重濒死的朝圣者、旅游者及流浪者提供歇息的场所和精心的照料,使其安息。现代临终关怀的倡导者和奠基人是桑德斯博士,她于 1967 年在英国伦敦创办了世界上第一所临终关怀机构——圣克里斯多弗临终关怀医院。此后,美国、加拿大、法国、日本、澳大利亚、挪威、荷兰、以色列等 70 多个国家都相继开展了临终关怀服务及研究,推动了临终关怀事业的发展。

(2)我国临终关怀的发展 1988 年 7 月,天津医学院在美籍华人黄天中博士的资助下,成立了天津医学院临终关怀研究中心,为我国第一所临终关怀研究机构。在其带动下,全国各地纷纷因地制宜创办临终关怀服务机构。1987 年,北京成立了我国第一家临终关怀医院——北京松堂关怀医院,开创了具有中国特色的临终关怀服务。

我国香港地区的善终服务始于 1982 年,由九龙圣母医院率先成立"关怀小组",为晚期癌症患者及家属提供善终服务。1987 年香港善终服务会创立,积极推行善终服务活动。目前,香港地区的善终服务模式已趋多样化,如独立的善终院舍、善终服务单位、居家善终服务等。

与香港地区不同的是,我国台湾地区的临终关怀是以实践起步,首先建立了临终关怀病房、临终关怀服务单位,随后成立台湾安宁照顾协会,出版《安宁疗护杂志》,有力地推动了台湾地区临终关怀事业的发展。

2004 年英国首先提出,把每年 10 月的第 1 个星期六作为世界临终关怀及舒缓治疗日。这一提议得到了分布在欧洲、非洲、亚洲、美洲和大洋洲的数十个国家临终关怀及舒缓治疗组织的积极响应与大力支持。通过设立世界临终关怀及舒缓治疗日这一全球性活动,提高了人们对临终关怀重要性的认识,提高了对临终者及其家庭在医疗、社会、日常生活、精神方面需求的理解和认识,最终能达到保障生命最后阶段的生活质量;寻求对临终关怀的资金支持,促进全球范围内临终关怀及舒缓治疗服务机构的发展,造福人类。

(三)临终护理的概念

临终护理(hospice care)是对已失去治愈希望的患者在生命即将结束时所实施的一种积极的综合护理,是临终关怀的重要组成部分。临终关怀护理的核心是关心,其目的是为临终患者提供精心照料,尽最大努力,最大限度地减轻患者痛苦,稳定情绪,缓和面对死亡的恐惧与不安,维护其尊严,提高尚存生命的质量,使临终患者在亲切、温馨环境中离开世界,达到优死的目的。

二、临终关怀的意义

临终护理作为临终关怀的重要组成部分,是一项符合人类利益的崇高事业,对人类社会的进步具有重要的意义,具体表现在以下几个方面。

(1)提高老年临终者生存质量,维护生命尊严　较多的临终老年人在生命的最后阶段,不是在舒适、平静中度过,而是处于现代医疗技术、麻醉、药物的控制下,死亡之前均有接受侵入性治疗等痛苦的经历,身上插着各种管子,充满了恐惧、痛苦和无奈。临终护理则为临终老年人及家属提供心理上的关怀与安慰,帮助临终者减少和解除身体上的痛苦,缓解心理上的恐惧,维护尊严,提高生命质量,使临终者平静、安宁、舒适地抵达人生的终点。因此,临终护理是满足老年人"老能善终"的最好举措。

(2)安抚家属和子女,解决老年人家庭照料困难　临终护理将家庭成员的工作转移到社会,社会化老年人的照顾,尤其是对临终老年人的照顾,不仅是临终老年人自身的需要,同时也是其家属的需要。对于一些家庭,特别是一些低收入的家庭来说,临终护理可以让老年人走得安详,让患者家属摆脱沉重医疗负担的同时,也安慰了他们的家属,让他们更好地投身到自己的事业中去,不至于受到社会上的指责。因此,临终护理是解决临终老年人家庭照料困难的一个重要途径。

(3)节省费用,减少医疗资源的浪费　尽管临终护理需要社会支付较多的服务费用,但对于那些身患不治之症的患者来说,接受临终护理服务可以减少大量的甚至是巨额的医疗费用。如果将这些高额无效的费用转移到其他有希望救助的患者身上,它将发挥更大的价值。同时附设临终关怀护理机构,即综合医院内的专科病房或病区,可以解决目前大多数医院利用不足、资源闲置浪费的问题,又可以综合利用医院现有的医护人员和仪器设备,因此,为节约医疗资源、有效利用有限的资源提供了可能。

(4)转变观念,真正体现人道主义精神　推广临终关怀护理是一场观念上的革命。一方面教育人们要转变对死亡的传统观念,无论是临终者、家属及医护人员都要坚持唯物主义,面对现实,承认死亡;另一方面,承认医治对某些濒死患者来说是无效的客观现实,而通过临终护理来替代卫生资源的无谓消耗,合理分配、利用有限的卫生资源,以保证卫生服务的公平性和可及性。临终护理实质上体现了对患者及大多数人真正的人道主义精神,因此,不仅是社会发展与人口老龄化的需要,也是人类文明发展的

标志。

三、临终护理的内容

相较于临终患者的医疗与护理而言,临终患者更需要的是身体舒适、控制疼痛、生活护理和心理支持。因此,临终护理目标已由治疗为主转为减少患者痛苦为主的全面护理照顾。临终护理的原则就是为患者提供全方位的护理,具体包括以下4点:①为患者提供全天候24 h服务;②尽可能满足患者生理、心理和社会方面的一切需求;③妥善做好尸体料理,为患者家庭提供居丧服务;④给予患者亲属帮助和关怀,使其尽早从悲痛中解脱出来。

老年人临终前的心理反应取决于其人格特点、信仰、教育与有关传统观念,也与他在病中所体验到的痛苦与不适程度、医护人员和家人对他的关心程度以及以前的生活状况、生活满意程度等有密切关系。

(一)临终老年人的心理护理

1. 临终老年人不同心理阶段的护理要点

(1)否认期关怀 否认是抵御严重精神创伤的一种自我保护。在此期中,护理人员应与患者坦诚沟通,既不要揭穿患者的防御心理,也不要对患者撒谎,要了解患者对自己病情的认知程度,理解患者心情,耐心倾听患者诉说,维持他们的适度希望,缓解其心灵创痛,并因势利导,循循善诱,使其逐步面对现实。

(2)愤怒期关怀 护理人员应把愤怒看作一种健康的适应性反应,对患者是有益的,而千万不能把患者的攻击看作针对某个人并予以反击,对患者的不礼貌行为应忍让克制,同时也应该做好患者家属的工作,共同给予患者关爱、宽容和理解,使其能发泄他们的愤怒,宣泄他们的情绪,并在必要时辅以药物稳定他们的情绪。护理上尽量做到仔细,动作轻柔,态度和蔼可亲。

(3)协议期关怀 此期患者尽量用合作和友好的态度来试图推迟和扭转死亡的现实。因此,护理人员应了解这个时期的心理反应对患者是有益的,并抓住时机,主动关心患者,使其配合用药,减轻痛苦,控制症状。

(4)忧郁期关怀 忧郁和悲伤对患者而言是正常的,护理人员应允许其用自己的方式表达悲哀,尽力安抚和帮助他们;允许家属陪伴,让患者有更多的时间和家属待在一起,并尽量帮助患者完成他们未尽的事宜。

(5)接受期关怀 患者预感到死亡即将来临时,对病情不再有侥幸和猜疑心理,对出现的症状保持冷静,对死亡不再有恐惧感,进入平静、安详、友善和冷漠的状态,很少提出要求。此期护理人员应让患者宁静、安详地告别人间,不过多打搅患者,不要勉强与之交谈,但要保持适度的陪伴和支持,要尊重患者的信仰,保证患者临终前的生活质量。

2. 临终老年人心理支持和精神慰藉的措施

(1)触摸 触摸护理是大部分患者愿意接受的一种方法。护理人员在护理过程中,针对不同情况,可以轻轻抚摸临终老年人的手、胳膊、额头及胸、腹、背部,抚摸时动作要轻柔,手部的温度要适宜。通过对老年人的触摸能获得他们的信赖,减轻其孤独感和恐惧感,使他们有安全感和亲切温暖感。

(2)耐心倾听和诚恳交谈　认真、仔细地听老年人诉说,使其感到被理解和支持。对虚弱而无力进行语言交流的老年人通过表情、眼神、手势,表达理解和爱,并以熟练的护理技术操作取得老年人的信赖和配合。通过交谈,及时了解老年人真正的想法和临终前的心愿,尽量照顾老年人的自尊心,尊重他们的权利,满足他们的各种需求,减轻他们的焦虑、抑郁和恐惧,使其没有遗憾地离开。

(3)允许家属陪护老年人,参与临终护理　家属是老年人的亲人,也是老年人的精神支柱。临终老年人最难割舍的是与家人的亲情,最难忍受的是离开亲人的孤独。因此允许家属陪护、参与临终护理对老年人及其家属是非常重要的。这是一种有效的心理支持和感情交流,可使老年人获得安慰,减轻孤独感,增强安全感,有利于稳定情绪。老年人也容易接受、依赖自己亲人的照顾。

(4)帮助老年人保持社会联系　鼓励老年人的亲朋好友、单位同事等社会成员多探视老年人,不要将他们隔离开,以体现老年人的生存价值,减少孤独。

(5)适时有度地宣传优死意义　尊重老年人的民族习惯和宗教信仰,根据老年人的职业、心理反应、性格、社会文化背景,在适当时机,谨言慎语地与老年人、家属共同探讨生与死的意义,有针对性地进行精神安慰和心理疏导,帮助老年人正确认识、对待生命和疾病,从对死亡的恐惧和不安中解脱出来,以平静的心情面对即将到来的死亡。

(6)重视与弥留之际老年人的心灵沟通　美国学者卡顿堡顿对临终老年人精神生活的研究结果表明,接近死亡的人,其精神和智力状态并不都是混乱的,49%的老年人直到死亡前一直是很清醒的,22%有一定意识,20%处于清醒与混乱之间,仅3%的人一直处于混乱状态。因此不断对临终或昏迷老年人讲话是很重要而有意义的,护理人员应对老年人表达积极、明确、温馨的尊重和关怀,直到他们离去。

总之,临终老年人心理变化的各个过程无明显界限,但各个过程都包含了"求生"的希望。他们真正需要的是脱离痛苦和恐惧,以及精神上的舒适和放松。因此,及时了解临终老年人的心理状态,满足老年人的身心需要,使其在安静舒适的环境中以平静的心情告别人生,是临终心理护理的关键。

(二)临终老年人的生理变化和临床表现

(1)循环系统改变　由于循环系统功能衰退、心肌收缩无力,出现循环衰竭的表现。常见心搏出量减少,心音低弱,脉搏由跳动快到微弱而不规则,血压下降,周围血管从下肢开始收缩,皮肤苍白、湿冷,口唇、指甲呈灰白色或青紫色,四肢发硬,出现向中央发展的淤血斑点。

(2)呼吸系统改变　由于呼吸中枢麻痹、呼吸肌收缩作用减弱、分泌物在支气管中潴留等,出现呼吸困难,带鼾声、痰鸣或鼻翼翕动,呼吸由快变慢,由深变浅,出现潮式呼吸、点头样呼吸等。

(3)消化与泌尿系统改变　患者胃肠蠕动逐渐减弱,气体积聚于胃肠,出现呃逆、恶心、呕吐、腹胀,还可能出现大小便失禁或便秘、尿潴留、粪便嵌塞等症状。

(4)肌肉运动系统改变　临终老年人肌肉失去张力,全身肌肉软瘫,可出现仰卧时全身和床褥伏贴,下颌下垂、嘴微张、眼球内陷、上眼睑下垂、吞咽困难等。由于肛门及膀胱括约肌松弛,可出现大小便失禁。

(5)面容、感知觉及语言改变　临终老年人常见希氏面容,表现为面肌消瘦、皮肤

呈铅灰色、鼻翼翕动、双眼半睁呆滞、瞳孔固定、对光反射迟钝。临终前老年人语言逐渐困难、混乱,但听力往往存在,视觉逐渐减退,开始只能视近物,之后只存光感,最后什么也看不见。

(6)神经系统改变　若疾病未侵犯神经系统,患者可以始终处于神志清醒状态。病变侵及或影响神经系统则可能出现意识模糊,最终瞳孔对光反射、吞咽反射和听力完全消失。一般临终前意识状态变化可以分为3期。①昏睡:对周围事物无反应,强刺激可暂时苏醒,随即又转入睡眠状态。②木僵:一种可唤醒的无意识状态,对周围事物无反应。③昏迷:意识完全丧失,呼唤和其他刺激均不能使患者转醒。

(三)临终老年人生理反应的护理

了解和协助临终老年人解决各种生理需要、控制症状,尽可能使其处于舒适状态,提高临终生活质量是临终护理工作从生理学角度上应达到的目标。

(1)疼痛控制　使临终老年人备受折磨的是疼痛(尤其是晚期癌症患者)。病程越长,疼痛越难以忍受,并伴随或诱发精神上的痛苦。卡特、莱特等于1973年对215名晚期癌症患者身体症状的调查结果表明,有87%的患者把疼痛看作最痛苦的症状。因此,疼痛是临终老年人,尤其是癌症临终老年人临终前最严重的症状。疼痛不仅影响患者睡眠、饮食、活动和情绪,还可使患者和家属感到沮丧、失望,因此控制疼痛是控制症状的重要措施。护理人员这一阶段的首要责任是帮助患者解除疼痛造成的痛苦。在重视疼痛的器质性基础和有效的放疗、化疗的同时,恰到好处地应用心理学方法缓解疼痛和改进疼痛护理是非常有意义的。

①疼痛观察:疼痛产生的原因多种多样,大多由患者体内器质性病变所致,也有些与化疗、放疗反应及情绪变化有关。同时,疼痛也是一种主观感觉,不同人的痛阈不同,对疼痛的反应亦不同。因此,医护人员需认真观察每次疼痛发作的时间、部位、程度、性质变化、可缓解的药物及方法等,并填写好疼痛评估表,给予相应的处理。

②药物控制:目前,临床用药普遍按照国际卫生组织所建议的三阶梯止痛法。第一步止痛:针对轻度疼痛,使用非麻醉性镇痛药,如阿司匹林、对乙酰氨基酚(扑热息痛)等以及一些支持疗法,如给予镇静药等。第二步止痛:针对中度持续疼痛或加重疼痛,使用弱麻醉性镇痛药,如布桂嗪(强痛定)、可待因、美沙酮等。第三步止痛:针对强烈持续疼痛,使用强麻醉性镇痛药,如吗啡、哌替啶(杜冷丁)等。临床实践表明,上述用药方法能有效地减轻临终疼痛,但在用药过程中,护理人员应注意观察病情,把握好用药的阶段,密切观察患者对药物副作用的耐受力,防止用药过量。总之,对临终老年人要尽量控制疼痛,不允许其在疼痛中死去。

对疼痛以及呕吐、呼吸困难、便秘、胀气等身体症状的控制,护理人员应做到以下几点。a.要做到及时和有效,如解除疼痛就要给予足量的、有效的止痛药,帮助解除疼痛苦楚,而不是限制应用。b.将能采取的控制症状的最佳措施反复告知患者,并通过实际行动,使患者了解自己正处在医学的控制和监控之下,避免忐忑不安。c.护理人员防患于未然,一旦患者遭受痛苦,就积极主动地运用各种方法控制或减轻痛苦,而不是被动排解。d.尽可能满足和达到患者最后的心愿,不限制家属和亲朋好友的探视,以温情和友爱稳定情绪,减轻濒死者的痛苦。

③非药物控制:常用的有以下几种方法。a.松弛术:通过体位的调整或按摩使机

体充分松弛,降低肌肉紧张度,减缓疲劳和焦虑,有助于睡眠和使镇痛药更好地发挥作用。b.音乐疗法:具有镇静,缓解疼痛,减轻孤独、伤感,增强生活信心等作用。c.催眠意象疗法:可提高松弛效果,减轻药物副作用。d.针灸疗法:根据疼痛的部位,采用不同的穴位针灸,减轻疼痛。e.神经外科手术疗法:可通过阻断神经系统传递作用,使疼痛局限并延缓疼痛发作时间;或通过植入给药泵、神经切除术和神经刺激术等外科手段止痛,对中枢性疼痛及传入神经阻滞性疼痛较有效。

(2)各系统症状护理

①循环系统护理:密切观察患者生命体征及尿量的变化,并及时做好记录。注意保持患者体温,准备好抢救器材。

②呼吸系统护理:痰液堵塞、呼吸困难是临终老年人的常见症状,应及时吸出痰液和口腔分泌液。当呼吸表浅、急促、困难或有潮式呼吸时,立即给予吸氧,病情允许时可适当取半卧位或抬高头与肩,床旁备好吸引器。

③消化系统护理:临终老年人缺乏食欲,为保证其营养,应充分了解其饮食习惯,尽量满足最后的饮食要求,最大限度地保证营养需求。要加强口腔护理,如临终老年人感觉恶心,进餐前可给予止吐药、助消化药,必要时才用人工方法,如全胃肠外营养等,给予足够热量的均衡营养物及水分。

④泌尿系统护理:尿潴留者可留置导尿管;便秘者可给予灌肠或其他通便措施;大小便失禁者妥善使用保护器具;做好会阴部皮肤清洁护理,以减轻患者身体及精神上的痛苦。

⑤皮肤护理:临终老年人肌肉无张力,加之体质衰弱和长期卧床,或因身体疼痛而长期采取某一种卧位,极易导致压疮。护理人员应帮助患者维持舒适的姿势,勤翻身,经常按摩受压和骨突处。及时更换潮湿的被褥,并给予患者温热水擦浴。

(3)环境及基础护理

①环境舒适:保持病室安静、空气新鲜、通风良好,但应注意保暖,尽量给患者以舒适与欣慰。医院某些制度对临终患者可酌情处理,不要墨守成规。

②表情亲切:温柔自然的表情,常能起到使患者镇静的作用;紧张慌乱的神态会使患者产生惶然不安感。

③眼神安详:眼可传神,护理人员镇定自若或忧郁惊恐的神情都是以眼神为媒介,给予患者不同刺激。眼神惊恐,会使患者慌乱;眼神凝注,患者意会到时刻深受关怀;眼神镇定,患者放松对死亡的关注。

④语言恳切:语言是一门艺术,对临终患者医护中,对语言有更高的要求。对不同心理状态,不同年龄、职业等层次的患者,要使用不同语言。但语调应亲切柔和、词汇恳切真挚、语音稳厚轻细,使患者在生命最后一刻,处于关怀、体贴、慰藉之中。濒死者进入死亡阶段视力模糊,语言困难,但听觉保留较长时间,护理人员既不能在床边窃窃私语,以免增加患者的猜疑焦虑;也不能毫无顾忌地胡言乱语,防止患者受到意外刺激。

⑤动作轻柔:临终老年人的医护措施的动作要特别轻柔、敏捷、稳当、柔和、有序;操作准确,尽量降低人工呼吸等各种抢救设备噪声,增加舒适度。

⑥态度精诚:患者濒死时,护理人员应守护在患者身边寸步不离,避免患者离开人

间时有孤独感。即使患者已失语或昏迷,仍要对症处理,精心照料而不厌弃。濒死者因痛苦折磨而对护理人员的无礼或责难,应宽容谅解对待,使其在优良的医护中安然死去是一种道德责任感。

(四)临终老年人家属心理支持

作为临终老年人的家属,他们既痛苦又辛苦。随着患者否认、愤怒、妥协、忧郁、平静接受5个阶段的心理转化,作为家属要克制自己的情绪,面对现实,用个人修养化解忧伤、怨气、委屈。因此,患者家属消耗了大量精力和体力,精神上遭受到种种不良因素的刺激,表现出各种各样的心理特征,如当得知患者患绝症后的惊讶和悲痛心理,生活的困难及照顾患者的压力带来的忧虑与烦恼等。上述临终老年人家属的种种心理特征,必将影响他们的身体健康、工作、学习和生活。所以,作为医护人员,对患者家属亦应给予同情、理解和帮助;同时,亦应指导患者家属正确面对现实,克服种种心理障碍。护理人员应了解家属的感受,了解他们的家庭环境、婚姻、人际关系、生活方式、社会地位、经济状况、社会背景等,了解他们的生理状况、心理状态等,以便有依据地对患者及其家属提供关怀。

(但 琼 王 娜)

项目五　老年人日常健康问题与安全护理（实践技能模块）

任务1　用药护理

【任务描述】

秦爷爷,72岁,患高血压5年,平日记性不好,总不记得按时服用降压药,前天开始秦爷爷感觉头痛、眩晕、心悸,去医院测血压为160/100 mmHg,医嘱予以硝苯地平10 mg口服,每天2次,并嘱其坚持规律用药。

【任务目标】

⊙掌握协助老年人口服用药的原则、老年人用药后不良反应的处理,熟悉影响老年人用药的常见原因、各类口服药使用后的观察要点、常见的用药后不良反应,了解常用口服药剂型;
⊙熟悉协助老年人口服用药的操作流程,能实施协助用药的操作,能观察用药后反应并初步处理;
⊙养成尊老敬老,以人为本的职业素养。

【任务分析】

随着年龄的增长,老年人常常患有多种疾病,需要服用多种药物进行治疗。由老化所致的记忆力减退、意识障碍以及身体活动障碍等因素的影响,老年人遵医嘱正确用药的比例很低,需要护理人员协助老年人正确使用药物。在此之前,护理人员应了解常用口服药剂型,掌握口服药用药原则,督促、协助老年人按时用药,注意观察老年人用药后的反应,确保安全用药。

【相关知识】

一、老年人药效学特点

（一）老年人药物代谢特点

老年人药物代谢特点:药代动力学过程降低,绝大多数药物的被动转运吸收不变、主动转运吸收减少,药物代谢能力减弱,药物排泄功能降低,药物半衰期延长,血药浓

度增高。

(1)药物的吸收　老年人胃肌萎缩,胃蠕动减慢,使胃排空速度减慢,延迟药物到达小肠的时间。因此,药物的吸收延缓、速率降低,达到有效血药浓度的时间推迟。老年人肠蠕动减慢,肠内容物在肠道内移动时间延长,药物与肠道表面接触时间延长,使药物吸收增加,但胃排空延迟、胆汁和消化酶分泌减少等因素都可影响药物的吸收。胃肠道和肝血流量随年龄增长而减少,影响药物吸收速率,老年人对奎尼丁、氢氯噻嗪的吸收可能减少。肝血流量减少使药物首过效应减弱,对有些主要经肝脏氧化消除的药物如普萘洛尔,其消除减慢,使得血药浓度升高。

(2)药物的分布　药物的分布(distribution)是指药物吸收进入体循环后向各组织器官及体液转运的过程。药物的分布不仅与药物的储存、蓄积及清除有关,而且也影响药物的效应。①老年人细胞内液减少,使机体总含水量减少,故水溶性药物如地高辛等分布容积减小,血药浓度增加。②老年人脂肪组织增加,非脂肪组织逐渐减少,所以脂溶性药物如安定、硝西泮、利多卡因等在老年人组织中分布容积增大,药物作用持续较久,半衰期延长。③老年人血浆白蛋白含量减少,使与血浆白蛋白结合率高的药物的游离型成分增加,分布容积增大,药效增强,易引起不良反应,如抗凝药华法林与血浆白蛋白结合减少,游离药物浓度增高而抗凝作用增强,毒性增强。

(3)药物的代谢　药物的代谢(metabolism)是指药物在体内发生化学变化,又称生物转化。老年人肝血流量和细胞量比成年人低40%～65%,肝代谢速度只有年轻人的65%。因此,药物代谢减慢,易造成某些主要经肝脏代谢的药物蓄积。老年人使用利多卡因、普萘洛尔、保泰松和异戊巴比妥后,血药浓度增高,半衰期延长。血浆半衰期可作为预测药物作用和用药剂量的指征,但是还应注意血浆半衰期并不能完全反映出药物代谢、消除过程和药物作用时间,如米诺地尔作为长效降压药,其血浆半衰期为4.2 h,但降压效果可持续3～4天,这是药物与血管平滑肌结合,使其作用持续时间远远超过根据血浆半衰期所预测的时间。

(4)药物的排泄　药物的排泄(excretion)是指药物在老年人体内经吸收、分布、代谢后,最后以药物原形或其代谢物的形式通过排泄器官或分泌器官排出体外的过程。肾是大多数药物排泄的重要器官。老年人肾功能减退,包括肾小球滤过率降低、肾血流量减少、肾小管的主动分泌功能和重吸收功能降低。这些因素均可使主要由肾以原形排出体外的药物蓄积,表现为药物排泄时间延长,清除率降低。

总之,老年人肾功能减退,血浆半衰期延长,用药剂量应减少,给药间隔应适当延长,特别是以原形排泄、治疗指数窄的药物,如地高辛、氨基糖苷类抗生素尤需引起注意。老年人如有失水、低血压、心力衰竭或其他病变时,可进一步损害肾功能,故用药更应小心,最好能监测血药浓度。

(二)老年人药效学特点

药物效应动力学(pharmacodynamics)简称药效学,是研究药物对机体的作用及作用机制的学科。老年药效学改变是指机体效应器官对药物的反应随年龄增长而发生改变。老年药效学改变的特点:对大多数药物的敏感性增高、作用增强,对少数药物的敏感性降低,药物耐受性下降,药物不良反应发生率增加,用药依从性降低。

(1)多药合用耐受性明显下降　老年人单一用药或少数药物合用的耐受性较多药

合用为好,如利尿药、镇静药、安定药各一种并分别服用,耐受性较好,能各自发挥预期疗效。但若同时合用,则患者不能耐受,易出现体位性低血压。

(2)对易引起缺氧的药物耐受性差 因为老年人呼吸系统、循环系统功能降低,应尽量避免使用这类药物,如哌替啶对呼吸有抑制作用,禁用于患有慢性阻塞性肺气肿、支气管哮喘、肺源性心脏病等的患者,慎用于老年患者。

(3)对排泄慢或易引起电解质失调的药物耐受性下降 老年人由于肾调节功能和酸碱代偿能力较差,对于排泄慢或易引起电解质失调药物的耐受性下降,输液时应随时注意调整,故使用剂量宜小,间隔时间宜长,还应注意检查药物的肌酐清除率。

(4)对肝脏有损害的药物耐受性下降 老年人肝功能下降,对利血平及异烟肼等损害肝的药物耐受力下降。

(5)对胰岛素和葡萄糖耐受力降低 由于老年人大脑耐受低血糖的能力较差,易发生低血糖昏迷。因此,要教会老年糖尿病患者和家属识别低血糖的症状,随身携带糖果、饼干和糖尿病卡,便于发生意外时的救治。

二、老年人常见药物不良反应

(一)老年人常见的药物不良反应

药物不良反应(adverse drug reaction,ADR)是指在常用量情况下,由于药物或药物相互作用而发生意外,与防治目的无关的不利或有害反应,包括药物副作用、毒性作用、变态反应、继发反应和特异性遗传素质等。老年人常见的药物不良反应如下。

(1)精神症状 中枢神经系统,尤其大脑,最易受药物作用的影响。老年人中枢神经系统对某些药物的敏感性增强,可引起精神错乱、抑郁和痴呆等,如吩噻嗪类、洋地黄、降压药等可引起老年抑郁症;中枢抗胆碱药安坦,可致精神错乱;老年痴呆患者使用左旋多巴或金刚烷胺,可加重痴呆症状。

(2)直立性低血压 又称体位性低血压,老年人血管运动中枢的调节功能没有年轻人灵敏,压力感受器发生功能障碍,即使没有药物的影响,也会因为体位的突然改变而产生头晕。使用降压药、三环抗抑郁药、利尿剂、血管扩张药时,尤其易发生体位性低血压,因此,在使用这些药时应特别注意。

(3)耳毒性 老年人由于内耳毛细胞数目减少,听力有所下降,易受药物的影响而产生前庭症状和听力下降。年老体弱者应用氨基糖苷类抗生素和多黏菌素可致第八对脑神经损害。前庭损害的主要症状有眩晕、头痛、恶心和共济失调,耳蜗损害的症状有耳鸣、耳聋。由于毛细胞损害后难以再生,可产生永久性耳聋。老年人使用氨基糖苷类抗生素时应减量,最好避免使用此类抗生素和其他影响内耳功能的药物。

(4)尿潴留 三环抗抑郁药和抗帕金森病药有副交感神经阻滞作用,老年人使用这类物药可引起尿潴留,特别是伴有前列腺增生及膀胱颈纤维病变的老年人。所以在使用三环抗抑郁药时,开始应以小剂量分次服用,然后逐渐加量。患有前列腺增生的老年人,使用速尿、利尿酸等强效利尿剂也可引起尿潴留,在使用时应注意。

(5)药物中毒 老年人各个重要器官的生理功能衰退,60岁以上老年人的肾排泄毒物的功能比25岁时下降20%,70~80岁时下降40%~50%。肝血流60岁以上老年人比年轻时下降40%,解毒功能也相应降低。因此,老年人用药容易中毒。

(二)老年人药物不良反应的预防

老年人药物不良反应发生率高,护理人员要密切观察和预防药物的不良反应,提高老年人的用药安全。

(1)密切观察药物副作用 要注意观察老年人用药后可能出现的不良反应,及时处理。如对使用降压药的老年人,要注意提醒其直立、起床时动作要缓慢,避免体位性低血压。

(2)注意观察药物矛盾反应 老年人在用药后容易出现药物矛盾反应,即用药后出现与用药治疗效果相反的特殊不良反应,如用硝苯地平治疗心绞痛时反而加重心绞痛,甚至诱发心律失常。所以用药后要细心观察,一旦出现不良反应,及时停药、就诊,根据医嘱改服其他药物,保留剩药。

(3)用药从小剂量开始 用药一般从成年人剂量的1/4开始,逐渐增大至1/3→1/2→2/3→3/4。同时要注意个体差异,治疗过程中要求连续性的观察,一旦发现不良反应,及时协助医生处理。

(4)选用便于老年人服用的药物剂型 对吞咽困难的老年人不宜选用片剂、胶囊制剂,宜选用液体剂型,如冲剂、口服液等,必要时也可选用注射给药。胃肠功能不稳定的老年人不宜服用缓释剂,因为胃肠功能的改变影响缓释药物的吸收。

(5)规定适当的服药时间和服药间隔 根据老年人的服药能力、生活习惯,给药方式尽可能简单,当口服药物与注射药物疗效相似时,则采用口服给药。由于许多食物和药物同时服用会导致彼此的相互作用而干扰药物的吸收,如含钠基或碳酸钙的制酸剂不可与牛奶或其他富含维生素D的食物一起服用,以免刺激胃液过度分泌或造成血钙或血磷过高。此外,如果给药间隔过长则达不到治疗效果,而频繁的给药又容易引起药物中毒。因此,在安排服药时间和服药间隔时,既要考虑老年人的作息时间,又应保证有效的血浓度。

(6)其他预防药物不良反应的措施 由于老年人用药依从性较差,当药物未能取得预期疗效时,更要仔细询问其是否按医嘱服药。对长期服用某一种药物的老年人,要特别注意监测血药浓度。对老年人所用的药物要进行认真的记录并注意保存。

三、老年人安全用药原则

1985年世界卫生组织(WHO)在肯尼亚首都内罗毕召开了合理用药专家会议,将合理用药定义为要求患者接受的药物适合其临床的需要,药物剂量应符合患者的个体化要求,疗程适当,药价对患者及其社区最为低廉。一般认为,合理用药包含三个基本要素:安全、有效和经济。老年人由于各器官储备功能及身体内环境稳定性随年龄而衰退,因此,对药物的耐受程度及安全幅度均明显下降。据有关资料统计,在41~50岁的患者中,ADR的发生率是12%,80岁以上的患者上升到25%。塞在金教授推荐老年人用药五大原则可作为临床合理用药的指南。

(1)受益原则 受益原则首先要求老年人用药要有明确的适应证。其次,要求用药的受益/风险比值>1。只有治疗好处>风险的情况下才可用药,有适应证而用药的受益/风险比值<1时不用药,同时选择疗效确切而毒副作用小的药物。例如无危险因素的非瓣膜性心房纤颤的成年人,若用抗凝治疗并发出血危险每年约1.3%,而未

采用抗凝治疗每年发生脑卒中仅0.6%,因此,对这类患者不需抗凝治疗;对于老年人的心律失常,当既无器质性心脏病又无血流动力学障碍时,长期用抗心律失常药可使死亡率增加,因此,应尽可能不用或少用抗心律失常药。选择药物时要考虑到既往疾病及各器官的功能情况,对有些病症可以不用药物治疗则不急于用药,如失眠、多梦老年人,可通过避免晚间过度兴奋的因素,包括少抽烟、少喝浓茶等来改善。

(2)5种药物原则　许多老年人多病共存,老年人平均患有6种疾病,常常多药合用,平均9.1种,多者达36种。过多使用药物不仅增加经济负担,减少依从性,而且还增加药物相互作用。有资料表明,2种药合用可使药物相互作用增加6%,5种药增加50%,8种药增加100%。并非所有药物的相互作用都能引起ADR,但无疑会增加潜在的危险性。40%非卧床老年人处于药物相互作用的危险之中,其中27%老年人处于严重危险。联合用药品种越多,药物不良反应发生的可能性越高。用药品种要少,最好5种以下,治疗时分轻重缓急。

执行5种药物原则时要注意以下几个方面。①了解药物的局限性,许多老年性疾病无相应有效的药物治疗,若用药过多,ADR的危害反而大于疾病本身。②抓主要矛盾,选主要药物治疗。凡疗效不明显、耐受差、未按医嘱服用药物应考虑终止,病情不稳定可适当放宽,病情稳定后要遵守5种药物原则。③选用具有兼顾治疗作用的药物,如高血压合并心绞痛者,可选用β受体阻滞剂及钙拮抗剂;高血压合并前列腺肥大者,可用α受体阻滞剂。④重视非药物治疗。⑤减少和控制服用补药。老年人并非所有自觉症状、慢性病都需药物治疗,如轻度消化不良、睡眠欠佳等,只需注意饮食卫生,避免情绪波动即可。治疗过程中若病情好转、治愈或达到疗程时,应及时减量或停药。

(3)小剂量原则　老年人用药应从小剂量开始,逐渐调整到个体化最佳剂量。《中华人民共和国药典》规定老年人用药量为成年人剂量的3/4,应用时从成年人量的1/4~1/3开始,逐渐调整剂量到疗效满意而无不良反应。有学者提出,从50岁开始,每增加1岁,用药剂量应比成年人剂量减少1%,60~80岁的老年人用药剂量应为成年人剂量的3/4,80岁以上的老年人用药剂量则为成年人剂量的2/3,不可随意加量。另外,达到老年人的最佳个体化用药剂量,还要综合考虑具体情况,如年龄、健康状况、体重、肝肾功能、患病情况及用药反应等,将药量控制在最低有效量,是老年人安全用药的保障。

(4)择时原则　择时原则即选择最佳时间服药。根据时间生物学和时间药理学的原理,选择最合适的用药时间进行治疗,以提高疗效和减少毒副作用。因为许多疾病的发作、加重与缓解都具有昼夜节律的变化,例如夜间容易发生变异性心绞痛、脑血栓和哮喘,类风湿性关节炎常在清晨出现关节僵硬等,药代动力学也有昼夜节律的变化。因此,进行择时治疗时,主要根据疾病的发作、药代动力学和药效学的昼夜节律变化来确定最佳用药时间。老年人的常用药物最佳用药时间见表5-1。

表5-1　老年人的常用药物最佳用药时间

药物名称	用药时间
降压药	治疗非杓型高血压病应在晚上服用长效降压药; 治疗杓型高血压病应在早晨服用长效降压药

续表

药物名称	用药时间
抗心绞痛药	治疗变异型心绞痛主张睡前用长效钙拮抗剂；治疗劳力型心绞痛应早晨用长效硝酸盐、β受体阻滞剂及钙拮抗剂
降血糖药	优降糖、糖适平在饭前0.5 h用药；二甲双胍应在饭后用药；阿卡波糖片与食物同服

(5)暂停用药原则　老年人在用药期间,应密切观察,一旦出现新的症状,应考虑为药物的不良反应或病情进展。前者应停药,后者则应加药。对于服药的老年人出现新的症状,停药的受益可能多于加药。因此,暂停用药是现代老年病学中最简单、有效的干预措施。

总之,安全、有效、经济,是老年人合理用药和用药护理的最基本原则。

四、实施给药的原则

(1)遵医嘱用药　严格遵医嘱协助老年人使用药物,不擅自更改;如有疑问应先确认清楚,不盲目给药;如给错药需及时上报,并观察老年人用药反应。

(2)认真查对　协助给药前仔细核对老年人姓名、给药途径、剂量、浓度、时间,检查药物质量。

(3)准确用药　药物分发下来后,及时协助老年人服下,保证用药人、给药途径、剂量、浓度、时间等五要素准确。

(4)观察和记录　观察药物疗效和不良反应,做好记录,及时报告。

五、影响老年人准确服药的原因分析

(1)用药方案复杂　老年人常患多种疾病,服药种类多,服药方案复杂,而老化导致老年人普遍记忆力减退,常常出现漏服或错服药物。用药种类和服药次数越多,方法越复杂,疗程越长,用药依从性就越低。

(2)药物剂型、规格、包装不当　如药片过大难以吞咽、过小不便抓取、标签字迹太小看不清楚、瓶盖及外包装难以打开等因素导致老年人服药困难。

(3)药物不良反应　老年人在使用药物过程中,可出现不同程度的不良反应,常因难以忍受,出现私自减量甚至停药的行为。

(4)缺乏用药指导　部分老年人文化程度低、理解能力差,看不懂或无法阅读药物使用说明书,不知如何用药,需要他人指导服药。

(5)药物吞咽困难

①生理性原因:消化液分泌减少,尤其是唾液减少;吞咽运动障碍,吞咽无力,咽下困难;食管肌肉蠕动减慢;反射迟钝,吞咽反射、收缩、蠕动不同步。

②病理性原因:脑血管病变后遗症;反流性食管炎、食管裂孔、食道狭窄或肿瘤压迫等消化系统疾病。

③心理因素:精神过度紧张,抑郁症,思维、精神异常,情绪激动、躁动,情绪过于悲伤、思虑。

④其他因素：服药速度过快、种类多；服药体位不合适等。

六、老年人服药照护方法

(1)对有吞咽障碍及神志不清的老年人，一般通过鼻饲管给药。

(2)对神志清楚但有吞咽障碍的老年人，咨询医生得到许可后研碎做成糊状物后再给予。未经医生许可不可研碎、掰开或嚼碎服用。

(3)对有肢体功能障碍的老年人，帮助用健侧肢体服药，严重者送药到口。

(4)对精神疾患、痴呆老年人，送药到口，张嘴确认咽下再离开。

七、老年人用药后反应观察与处理

护理人员协助给药前应了解老年人的病情、药物作用以及可能出现的不良反应，用药后及时询问老年人的感受，观察老年人异常反应并及时报告处理。各类口服药用药后观察要点如下。

(1)心血管系统疾病药物　观察老年人心前区疼痛、胸闷、心慌等自觉症状是否减轻；服用利尿剂要观察记录尿量；服用降压药应注意有无头晕、乏力、晕厥等。

(2)呼吸系统疾病药物　观察老年人咳嗽的频率、程度及伴随症状；观察痰液的颜色、量、气味以及有无咯血；监测体温变化，了解感染控制情况。

(3)消化系统疾病药物　观察老年人食欲、恶心呕吐程度、腹痛、腹泻、发热症状，有无尿少、口渴、皮肤黏膜干燥等脱水现象，准确记录入水量、进食量、尿量、排便量、呕吐量及出汗情况。

(4)泌尿系统疾病药物　观察老年人排尿次数、尿量、颜色以及有无浑浊，有无尿频、尿急、尿痛等尿道刺激症状。

(5)血液系统疾病药物　观察老年人面色，有无头晕、耳鸣、疲乏无力、活动后心悸、气短等贫血表现，有无皮肤黏膜瘀点、瘀斑及消化道出血等情况。

(6)内分泌及代谢疾病药物　服用降糖药时要观察老年人有无心慌、出汗、嗜睡或者昏迷等低血糖症状；服用治疗代谢疾病的药物要观察身体异常（如突眼、毛发异常、身体外形异常、情绪变化等）是否逐渐改善。

(7)风湿性疾病药物　观察老年人关节疼痛与肿胀、关节僵硬及活动受限情况。

(8)神经系统疾病药物　观察老年人头疼、头晕程度及变化；是否出现呕吐、神志变化、肢体抽搐等伴随症状；有无嗜睡、昏睡、昏迷等情况；发音困难、语音不清、语言表达不清等言语障碍程度及变化；观察肢体随意活动能力。

服药协助

任务2　居住环境

居住环境

【任务描述】

适合老年人居住的室内环境，大多数人存在认识上的误区，而这些误区的出现主要来自儿女的意见。李大爷的儿女觉得大房子舒服、亮堂，在郊区为他买了套大房子，但李大爷住进去并没有感觉到儿女希望的满足感。老年人认为大房子能源消耗大,不便于打扫,而且空荡荡的屋子很容易让其产生寂寞感。另外,房子大使家具间隔较远,老年人很可能在发生意外时找不到可以扶一把的地方。李大爷搬家时,儿女给他买了一套新潮的家具,结果老两口经常连柜门怎么开都弄不清。

【任务目标】

- 熟悉室内通风、换气要求和室内外的设置;
- 了解室内异味清除;
- 掌握噪音的控制。

【任务分析】

上面这一案例启发我们:理想的老年住宅应该是什么样的?老年居住环境的产生,可追溯到古希腊与古罗马时期安置孤苦伶仃老年人的"济贫院",可谓是朦胧的雏形。老年居住环境在近现代真正引起人们的注意,当属1872年法国步入老年社会之后,随后美国、瑞士、德国、比利时等国人口的老龄化。安度晚年对于住宅的内部处理,重点是针对老年人生理特征而进行的设计,经过精心设计的"老年人住宅"可全方位地为老年人提供各种便利,借此减少老年人生活中的不便。

【相关知识】

老年人对环境的总要求:舒适、安全、便利、整洁。

一、室内光线

一个家庭如果有几间不同朝向的居室,老年人的居室应该朝南。这样,冬季能晒到阳光,去潮驱寒,明媚的阳光还会给人以热烈、振奋、舒畅之感,夏季则能吹进凉风,冬暖夏凉,如"天然空调",对老年人的健康十分有利。老年人冬季晒太阳的最佳时间是上午8—11时,下午2—4时,夏季不宜在烈日下曝晒,地点应该选择在安静、无风的环境中,眼睛不宜受强光的刺激,空腹及饭后不可立即晒太阳。有发热、体质虚弱、患有出血疾病、活动性肺结核等病时,则不宜晒太阳。白天应经常拉开窗帘,让阳光照进室内;夜间室内也要设置照明,便于下床、如厕。

老年人居室的照明,除应分出整体照明、局部照明和特殊照明外,还应考虑利用灯光来烘托和调节室内环境气氛,使人心情舒畅。电灯最好使用双开关,分别置于门口及床边,方便使用。若老年人需离床关灯才能上床就寝,容易在关灯过程中因环境骤暗而跌倒。这种情况建议使用夜灯,夜间如厕时可辨识环境。夜灯应设置在低处,使灯光不影响睡眠。低于床板高度的灯源,可使老年人躺在床上时眼睛不会直视灯光,且接近地板的光源可照亮路径,避免行走时绊到物品。

二、室内通风和换气

老年人的居住环境空气要清新、自然。经常开窗通风,使室内的新鲜空气中含氧21%左右,含二氧化碳0.5%左右。人在心平气和时,每秒钟呼出二氧化碳4 ml,吸入氧气 5 ml。如果在 10 m² 的房间内，2～3 人看书学习，2.5～3 h 后，室内温度将上升 2 ℃左右，二氧化碳增加 2 倍左右，细菌积存增加 2.5 倍以上，灰尘增加近千倍，还有 20 多种不利健康的物质存在。长期处在这样污浊的空气环境下，会使老年人出现头晕目眩、胸闷心烦等症状，经常开窗使空气流通，有益健康。早晨起来后，将门窗打开 0.5 h 左右，晚上入睡前，只要不太冷，也应打开门窗 0.5 h 左右，让空气流通，使室内空气不至污浊。

另外，家居环境最好少用油漆类产品，如家具油漆、墙面油漆、胶合板材、化学清洁剂等，均会不同程度地散发出微量的有毒气体，应尽量少用或不用。老年人居所日常所使用的能源清洁、自然与否直接影响老年人的生命健康。用来做饭的煤或煤气，燃烧后在空气中产生多种对人体有害的物质，如二氧化硫、一氧化碳及致癌物苯并芘等。使用液化气的厨房，仅二氧化碳的污染就比室外高 5 倍。二氧化碳含量过高损害人的呼吸系统，使人体质变差，抵抗力减弱。燃煤做饭和取暖的家庭粉尘浓度最大，污染更为严重。因此，有条件者应使用天然气，最好采用全电气化厨房及取暖设备。

三、室内温度、湿度

老年人居室要防寒防暑。由于老年人，特别是高龄老年人，血液循环差，新陈代谢过程慢，既不耐热又不御寒，因此居室的温度不能太冷，也不能太热。在湿度、气流都正常的情况下，夏季居室较理想的温度为 24～26 ℃，夏天如室温太高，可开窗通风或用电风扇等散热，有条件的宜安装空调。冬季较理想的室内温度为 16～18 ℃，老年人的居室温度最好保持在 20 ℃左右，其房间最好设置暖气。如果是使用火炉取暖，要特别注意防止煤气中毒。

室内空气湿度一般情况下以 50% 左右为宜。当室内空气湿度低于 30% 时，人就会感到咽喉干燥，并导致呼吸道的防御功能降低；当室内空气湿度达到 80% 以上时，人又会感到沉闷。如果湿度太低，人感到干热时，可在室内地面洒适量冷水，或在室内放置两盆清水，或用湿毛巾擦拭室内家具，用湿拖布擦拖地板；如湿度太高，可以开窗通风，或用换气扇将室内潮湿空气排到窗外，以降低湿度。

四、噪音的控制

现代社会中，人与人的交往增多，聚会、比赛、人流如潮的大商场、高朋满座的酒楼饭店等场合，谈话声、吵闹声、呼喊声构成一个很大的嘈杂环境，噪音对老年人健康不利，它能损伤听觉，使听力下降；刺激神经系统，引起头晕、头痛，烦躁不安；影响心血管系统，使心跳加速，血压升高。因此，老年人最好不要在人群过于聚集的地方长时间停留，不宜久居在嘈杂环境里。但是，太安静的环境同样不利于老年人健康。尤其是在白天，如果环境过于安静，容易使人产生不安全感、孤独感，甚至恐惧，也会导致心跳加快、血压升高等症状。老年人的住处不宜过大，周围最好有邻居相伴，家中一个人时不妨打开收音机、电视机等，人为地制造一些响声。

五、室内外的设置

（一）居室布局

老年人居室设计主要特点是内设允许轮椅自由出入的走廊，以及其他旨在为老年

人提供便利的设计,如具备自动感应的卫生间以及室内电梯等。室内转角处要设置圆角,必要时要设置扶手。楼梯要设置步行梯,其踏步高度为15 cm左右,宽度为20～25 cm,同时还要设置坡道,供轮椅出入,两层以上要设置电梯,方便出入。在居室内部,首先要保证各个房间出入口、过道有足够轮椅通过的宽度,而且在门口不设门槛,各个使用空间基本无高差。在易积水的场所如卫生间和厨房,都特别要注意防滑,可铺设防滑砖,以免地面积水导致老年人滑倒。在需要的地方,如洁具、浴缸等处,要设置方便老年人扶持、移动的扶手,方便老年人俯身、坐站等行动。对于居室内外凸墙角,也应做适当处理,使其棱角略带圆弧,以防老年人跌倒或日常行走不小心碰撞。为了减少意外带来的伤害,建议在进行地面及墙面装修时注意防滑和保护两个重点,多采用地毯、地板、墙纸、墙布等材料,避免使用防滑性能差的大理石等光滑度较高的石材。

(二)色彩

房间内的色彩对人的情绪会有一定影响,人置身于鲜明色彩的墙壁、地面和明快色彩的家具环境中,就可能心情愉快。反之,处在色调沉闷的居室环境中,就可能心情抑郁。在居室的色彩中,墙壁颜色是一个主要方面,对老年人来说,采用中性色调为主,稍偏暖色,不搞大红大绿等对比强烈的颜色,以创造恬静、淡泊、柔和的环境。老年人由于视力下降,常有不同程度的白内障、老视等眼疾,对色彩的快速辨识能力下降,如果长时间处于五颜六色的环境中,容易判断失误,发生跌倒,引起骨折等。因此,老年人的房间布局要质朴自然,不能装饰得五光十色,同时色彩炫目的环境也会让人心烦意乱,影响健康。根据老年人自身心理状态,选择相应的色调:情志压抑、消沉、忧伤者,可选择暖色调,如红色、黄色、橙色;情绪不稳定、烦躁、兴奋不安者,则选择冷色调,如蓝色、绿色、青色。还可以用彩色灯光调节居室色彩。居室也要讲究绿化、美化,可在阳台或室内摆放几盆花卉、盆景、绿草等,不仅增添美感,且能净化空气,减少污染,改善居室小气候,使室内空气清新、芳香,有利于健康。

(三)呼叫装置

老年人发生意外的可能性较大,为方便老年人生活,确保老年人日常生活安全,应加装紧急呼叫装置以防不测。紧急呼叫装置与物业管理中心相通,位置一般在床头、卫生间等高度较低处,以保证发生意外的老年人可以在第一时间迅速接触启动。

(四)家具

家具舍繁就简,不宜用玻璃材质的家具,安放柜子不宜太多、太高,家具摆设要充分满足老年人起卧方便。床的高度应约等于老年人小腿长度,使坐于床沿时双脚可轻松踩在地面,方便老年人上下床。床面太低不易起身,太高时,坐在床沿容易滑落床下;床铺应以硬板床上加松软的棉垫为宜,便于老年人翻身;床边应放置手电筒及电话,以便紧急情况时照明及求救之用,电话若设置速拨码,更能加速求救时效。橱柜高度以70～150 cm为佳,太高或太低的设计会使平衡能力不佳的老年人不易使用或失去平衡。轮椅使用者,其高度应降低至35～135 cm;需使用助行器者,则以90～135 cm为佳。若老年人不方便如厕,则可在房间内放置便盆椅,减少如厕困难。稳固的便盆椅放于床边,使老年人夜晚如厕时更便利安全。床前放一张躺椅或安乐椅,既实用又舒适。床应设置在靠近门的地方,方便老年人夜晚如厕。设置能让老年人舒适地坐、靠的座椅和沙发,茶几或小桌面应以圆滑、牢固的造型为主。

（五）装饰

老年人居室要摆设装饰小品。装饰小品可点缀环境,平衡房间布局,协调色彩,活泼气氛,增强生活气息,使人赏心悦目。为此,室内可陈设一、两盆花卉,如文竹、水仙、盆景等,也可根据各人的条件、爱好加以选择。

老年人也要学会创造自己的小天地。老年人一般既怕孤寂,又怕嘈杂。由于老年人体力储备差,活动耗费体力之后就想独自休息,休息时往往对周围的一切谈话、嬉笑都讨厌。而休息后精神恢复了,又希望和家人唠叨说东道西,儿孙绕膝。有些老年人还有自己的兴趣和活动,如读书、写字、会客等。因此,老年人最好住在宁静的单间中。如果住房条件差的话,也应尽量创造条件,如可将房间隔开或用布帘、屏风隔开,使成为"老年人生活角",尽可能使老年人感到舒适。总之,一切居室设备的细部处理,都要结合老年人特征,充分考虑老年人生活需要,确保为老年人的来往、出入和使用提供便利,切实提高老年人的生活质量。

任务3 老年人的活动

【任务引入】

美国有一位名叫龙拉·韦弗的老太太,她原来的身体很不好,不仅患有高血压,而且心脏及关节功能也不太好,一次最多只能走30 m远。她81岁时开始锻炼身体,每天晨跑。4年后她85岁时,在老年人奥林匹克运动会中夺得了金牌。

【任务目标】

⊙理解老年人活动的重要性,熟悉老年人活动的评估；
⊙掌握适宜于老年人的运动,掌握老年人活动中应注意的问题；
⊙熟悉长期卧床老年人的活动护理。

【任务分析】

当前,由于科学技术的发展,现代人活动的机会越来越少,比如由于时间和空间的限制,看电视等观赏活动较参与活动更普遍；以往靠步行去的地方,现在可以以车代步；电梯的使用减少了爬楼梯的机会等。对于老年人而言,由于生理功能逐渐衰退、各种疾病多发、行动不便等多种因素,使老年人的活动量减少。但上述真实案例启示我们,只要持之以恒,坚持锻炼,不仅可以增强体质,甚至还可以创造奇迹。因此,对老年人要积极创造条件参加活动,促进或维持良好身体状况。

【相关知识】

活动,泛指各种形式的体育活动、娱乐活动、家务劳动以及社会活动和专业技术活

动等。协助老年人坚持活动,是健康照顾者的职责。老年人因慢性病、药物副作用、疼痛、身体活动受限、寂寞、情绪不佳、忧郁、自我满意度低等原因影响活动。因此,首先要让老年人了解活动的重要性,再进行活动能力的评估,根据评估结果制订适合老年人的活动计划。

一、老年人活动的重要性

活动对每一个人都很重要,对于老年人则尤其重要。活动可促进人体的新陈代谢,使组织器官充满活力,而且能增强和改善机体的功能,从而延缓衰老。

(1)神经系统 可通过肌肉活动的刺激,协调大脑皮质兴奋与抑制过程,改善各系统器官的协调性,促进细胞的供氧能力。尤其对脑力工作者,活动不仅可以促进智能的发挥,提高对事物的反应和应变能力,还有助于休息和睡眠,同时可解除大脑疲劳。现代医学证明,经常从事跑步、游泳、骑车、爬山等运动可以带来愉快的感觉,很好地抑制不良情绪。

(2)心血管系统 活动可促进血液循环,使血流速度加快,心肌收缩能力增强,心率减慢,心排血量增加,改善心肌缺氧状况,促进冠状动脉侧支循环,增加血管弹性。同时,活动可以降低血胆固醇含量,促进脂肪代谢,防止肥胖,控制高血压、高血脂。因此活动可预防和延缓老年心血管疾病的发生和发展。

(3)呼吸系统 老年人肺活量减少,呼吸功能衰退,易患肺部疾病。活动可提高胸廓活动度,使呼吸加深加快,呼吸次数减少,提高肺活量,改善肺功能,使更多的氧进入机体与组织交换,保证脏器和组织的需氧量。每日坚持运动锻炼,可以保持健康,预防或减少肺部疾病。

(4)消化系统 活动可促进胃肠蠕动,改善胃肠道血液循环,使消化液分泌增多,有利于消化和吸收,促进机体新陈代谢,改善肝、肾功能,预防便秘。

(5)肌肉骨骼系统 活动可改善骨的血液循环及代谢,使老年人骨质密度增大,韧性及弹性增加,延缓骨质疏松,加固关节,增加关节灵活性,预防和减少老年性关节炎的发生。运动又可使肌肉纤维变粗,坚韧有力,增加肌肉活动的耐力和灵活性。

(6)其他 活动可以增强机体的免疫功能,提高机体对外环境的适应能力及对疾病的抵抗能力。对于患糖尿病的老年人来说,活动是维持正常血糖的必要条件。另外,活动还可以调动积极的情绪,提高工作和学习的效率。

总之,活动对机体各个系统的功能都有促进作用,有利于智能和体能的维持和促进,有效预防身心疾病的发生。

二、老年人活动能力的评估

护理人员协助老年人活动时,首先应进行老年人活动能力的评估,评估包括以下几方面。

(1)评估老年人现存的活动能力 当老年人做最大限度的活动时,其最快心率要比成年人低。一般来说,老年人的最快心率约为170次/分。这是因为老年人的心室壁弹性比成年人弱,导致心室的再充填所需时间延长。老年人的动脉弹性变差,使其血压收缩值上升,后负荷增加。外周静脉滞留量增加,外周血管组织阻力增加,也会引起部分老年人出现舒张压升高。所以,当老年人增加其活动量时,血管扩张能力下降,引起回心血量减少,造成心排血量减少。肌细胞因为老化而减少,加上肌张力下降,使得老年人的骨骼支撑力下降,活动时容易跌倒。老化对骨骼系统的张力、弹性、反应时间以及执行功能都有负面的影响,这是造成老年人活动量减少的主要原因之一。老化可造成脑组织血流减少、大脑萎缩、运动纤维丧失、神经树突数量减少、神经传导速度变慢,导致对事情的反应时间或反射时间延长,这些可从老年人的姿势、平衡状态、运动协调、步态中看出。除此之外,老年人因为前庭器官过分敏感,会导致对姿势改变的耐受力下降及平衡感缺失,故老年人应注意活动的安全性。

(2)了解老年人的病史,评估其活动耐受力 每次给予新的活动内容时,都应该评估老年人对于这一项活动的耐受性,是否出现间歇性跛行、不正常的心跳速度增加、疲倦不堪、呼吸急促等情况。老年人常患有慢性病,使其活动的耐受力下降,如帕金森病对神经系统的侵犯可造成步态的迟缓及身体平衡感的丧失;骨质疏松症会造成活动受限,而且容易跌倒造成骨折等损伤。

(3)收集老年人的用药情况 以作为老年人活动后计划的准备。

(4)活动的设计应符合老年人的兴趣,而且是老年人做得到的 与老年人共同制订活动目标,例如老年人希望恢复自我照顾能力,或增加对活动的耐受力。

(5)活动之前应该做热身运动 运动前进行大约 10 min 的热身运动可以减少肌肉系统受伤,活动后应该慢慢减缓再停止,不可立即停止。

(6)循序渐进 应该先选择不费力的活动,再逐渐增加运动的量、时间、频率和减少每一次间隔时长。

(7)个体差异 老年人在两种活动之间,需要较长的时间休息,因此活动计划应该有个体差异,要随老年人的适应力调整。

三、适宜于老年人的运动

老年人的活动种类可分为 4 种:日常生活活动(daily living activities)、家务活动(household activities)、职业活动(occupational activities)、娱乐活动(recreational activities)。对于老年人来说,日常生活活动和家务活动是生活的基本,职业活动是发展自己潜能的有益活动,娱乐活动可以促进身心健康。老年人要根据个人的能力及身体状态来选择合适的体育锻炼,有学者认为:每天活动消耗的能量如果在 4180 kJ(1000 kcal)以上,可以预防某种疾病,起到强身健体的作用。老年人的活动量参考:能消耗 80 kcal 能量的活动有体操 20~30 min、沐浴 20~30 min、大扫除 20 min、投球 10 min、洗衣 50 min、爬楼梯 5~10 min、跳绳 10~15 min、游泳 5 min、读书 6 h。只有科学锻炼,才能增进健康,比较适合老年人活动的项目有以下几种。

(1)慢跑 慢跑是许多老年人喜爱的活动,长期坚持,可以促进健康,改善体质。慢跑能加速全身血液循环,促进冠状动脉的侧支循环,明显增加冠状动脉的血液量,改善心肌营养,还能增加高密度脂蛋白胆固醇的含量,有效预防动脉硬化;慢跑能增加肺活量,改善肺功能。据统计,慢跑时吸入氧气量比静止时多 8 倍,坚持长期慢跑的老年人比一般老年人吸入氧气量要多 10%~20%。慢跑也是防止身体超重和治疗肥胖的一种有效方法。老年人跑步最佳心率在每分钟 80~100 次,跑步的时间每次 20~30

min 为宜,每周跑步 3~5 次为宜,不要天天跑。

(2)步行　步行是老年人锻炼最简便、安全的运动。生理医学研究表明,步行可促进体内新陈代谢,如以 2 min 走 100 m 的慢速步行 1.5~2 h,新陈代谢率可提高 48%;步行还能调整神经系统功能,缓解血管痉挛状态,使血管平滑肌放松,有益于预防高血压、动脉硬化、糖尿病等疾病的发生;步行可以增强下肢肌肉及韧带的活动能力,保持关节灵活,促进四肢及内脏器官的循环,对于调节神经系统,加强新陈代谢有良好作用;步行可以使呼吸加深,肺活量增大,提高呼吸系统功能,同时可以使消化液分泌增加,加强肠胃功能。有些老年人离退休后,容易产生孤独、抑郁的心理变化,步行还可以促进大脑兴奋和抑制的协调,平衡心理,消除孤独和抑郁。

(3)游泳　游泳对人体的新陈代谢、体温调节、心血管系统、呼吸系统都有积极的作用。对老年人来说,游泳是一种较为合适的运动。因为水的浮力作用,使人在水中的重量只相当于自身体重的 10%,因此老年人不需要多大的力量,就可以在水中运动。游泳就是血管操,它能增强血管弹性,又使冠状动脉血流量增多。游泳还能使血液中脂肪酶增加,加速胆固醇的分解,从而降低血管管壁沉积物的积存,对防止或减轻老年人的动脉硬化和心血管病有良好的作用;游泳可以增加呼吸深度并加强呼吸器官机能,延缓呼吸器官机能的减退,有助于预防和治疗慢性支气管炎;游泳还能促进关节腔分泌润滑液,减少活动时骨头之间的摩擦;润滑液又能给软骨提供营养,减缓其衰老;游泳可使骨骼肌更加有弹性,从而更好地保护骨头,降低老年人骨折的风险。近些年来,医学界把游泳作为一种医治慢性病的手段,诸如镇静、镇痛、镇咳、利尿、制汗作用等,并用来治疗肺气肿、冠心病、高血压、神经衰弱等症,有着显著成效。此外,经常游泳的老年人由于新陈代谢的改善,还能提高免疫力。

老年人游泳须注意:一定要有人陪伴或保护;游泳前先热身,使身体各器官有所准备,特别是四肢和各关节要活动好;游泳时,一定要量力而行,适可而止,以慢游放松为主,切忌追求速度。如有严重高血压和心血管疾病则不宜游泳。

(4)太极拳与气功　太极拳因适合老年人生理特点且安全有效,被誉为"老年人健身宝",尤其对体质虚弱及有慢性病的老年人更适宜。练太极拳能促进心肺健康,预防高血压、动脉硬化、肺气肿等慢性病;还能促进消化吸收,加速新陈代谢;能保持老年人骨关节及肌肉的功能。太极拳虽动作舒缓柔和,但实为静中有动、柔中带刚,迟缓中含着爆发,灵活中藏着力量,可大大强化老年人双腿的平衡能力与自稳力。生理学研究表明,常练太极拳的老年人血压较低,消化功能良好,脊柱柔韧性好,骨质疏松症总发生率低。此外,太极拳还能有效调节神经系统功能,促进身体健康。气功是以呼吸、身体活动和意识的调整为手段,以强身健体、防病治病、健身延年、开发潜能为目的的一种身心锻炼方法。

(5)跳舞　对老年人来说,跳舞是一项非常好的运动,坚持锻炼不仅可以强身健体,增强抵抗力,而且可以使自身的关节和肌肉得到锻炼,减慢身体骨骼的衰老,强健骨骼。跳舞还可以增强心肺功能,促进血液循环;陶冶情操,丰富业余生活。跳舞的同时可以欣赏到不同的音乐,音乐可让人心情舒畅。

(6)打门球　门球是一项没有身体接触、对抗,注重个人竞技发挥,融艺术、趣味、观赏性为一体的休闲运动项目,它可以起到防病、保健、康复作用,颇受老年人的喜爱。

在活动中伴随着快步走或慢跑,可以使全身运动,特别是手、臂、腰、腿、脚以及视力、听力、内脏和神经系统都得到锻炼,另外对体质强弱没有要求,挥杆击球强度小,节奏从容,不会过度疲劳,既安全又适度。经常打门球可以增强老年人的协作意识,而且门球属于户外运动项目,这对于老年人净化血液毒素,增强心肌供氧能力,调节血液循环,改善心脑功能有着重要的帮助。门球运动的体力消耗虽然不大,但容易兴奋,此时应注意控制,不应超过适合的步伐或活动的幅度,以免扭伤筋骨。

四、老年人活动中应注意的问题

(一)正确选择

老年人可以根据自己的年龄、体质、场地条件,选择适当的运动项目。活动的设计应符合老年人的兴趣并且是在其能力范围内的,而活动目标的制订则必须考虑到他们对自己的期望,这样制订出来的活动计划老年人才会觉得有价值,从而容易坚持。

(二)循序渐进

机体通过锻炼,功能逐步提高,但机体对运动的强度有一个逐步适应的过程,所以运动量要由小到大,动作由简单到复杂,不要急于求成,且每次给予新的活动内容时,都应该评估老年人对此项活动的耐受性。

(三)持之以恒

通过锻炼增强体质、防治疾病,要有一个逐步积累的过程,使之逐渐达到目的。一般要坚持数周、数月,甚至数年才能取得效果。在取得疗效以后,仍需坚持锻炼,才能保持和加强效果。

(四)运动时间

老年人运动的时间以每天1~2次,每次0.5 h左右,一天运动总时间不超过2 h为宜。运动时间最好选择在早上起床后,因早晨精神饱满,利于运动。饭后则不宜立即运动,因为运动可减少对消化系统的血液供应及兴奋交感神经而抑制消化功能,从而影响消化吸收,甚至导致消化系统疾病。

(五)运动场地与气候

运动场地尽可能选择空气新鲜、安静清幽的公园、庭院、湖滨等地。注意气候变化,夏季户外运动要防止中暑,冬季则要防跌倒和感冒。

(六)自我监护

运动锻炼要求有足够的而又安全的运动量,这对患有心血管疾病、呼吸系统疾病和其他慢性病尤为重要。运动时的最高心率可反映机体的最大吸氧量,而吸氧力又是机体对运动负荷耐受程度的一个指标,因而可通过最高心率来控制运动量。最简单方便的监测方法是以运动后心率作为衡量标准,即运动后最高心率(次/分)=170-年龄;身体健康者可用180作为被减数,即运动后最高心率(次/分)=180-年龄。计算运动时心率应采用10秒平均心率乘6的方法,而不能用直接测量1 min平均心率的办法。观察运动量是否适合的方法如下。①运动后的心率达到最高心率。②运动结束后在3 min内心率恢复到运动前水平,表明运动量较小,应加大运动量;在3~5 min

内恢复到运动前水平表明运动适宜;而在 10 min 以上才能恢复者表明运动量太大,应减少运动量。以上监测方法还要结合自我感觉综合判断,如运动时全身有热感或微微流汗,运动后感到轻松愉快或稍有疲劳,食欲增进,睡眠良好,精神振作,表示运动量适当,效果良好;如运动时身体不发热或无出汗,心率次数不增加或增加不多,则说明运动量还小,应加大运动量;如果在运动中出现严重的胸闷、气喘、心绞痛或心率反而减慢、心律失常等,应立即停止运动,并给予治疗;如果运动后感到疲乏、头晕、胸闷、气促、心悸、食欲减退、睡眠不足,说明运动量过大,应减少运动量。

（七）注意防止跌倒

据调查,65 岁以上的老年人跌倒的发生率为 30% 左右。跌倒不只严重影响老年人的身体,如软组织损伤、骨折、硬膜下肿块等,而且还会影响老年人的心理和社会状态。经常跌倒的老年人很可能丧失自信心,害怕单独生活,特别是那些跌倒后要靠别人帮助才能爬起来的老年人,由于害怕再跌倒而尽可能少活动,这样常常导致骨骼肌萎缩,走路更加不稳,更易导致跌倒,从而形成恶性循环。

（八）运动前和运动后

运动前不喝含咖啡的饮料;运动后不要立即停下、蹲坐休息,要逐渐放松;运动后不要立即洗热水澡,以防虚脱与晕倒。

（九）其他

年老体弱、患有多种慢性病或平时有气喘、心慌、胸闷或全身不适者,应请医生检查,并根据医嘱进行运动,以免发生意外。下列情况应暂停锻炼:患有急性疾病,出现心绞痛或呼吸困难,精神受刺激,情绪激动或悲伤时。由于体力劳动往往局限于身体某些部位,不能使身体各部位得到均衡活动,所以体力劳动不能完全代替活动锻炼。

五、长期卧床老年人的活动护理

老年人常常因疾病困扰而导致活动障碍,特别是卧床不起的患者,如果长期不活动很容易导致废用性萎缩等并发症。因此,对患病的老年人,要通过帮助其活动等方法,维持和扩大其日常生活的自理能力。

（一）偏瘫老年人的活动训练

对这类老年人要借助助行器和多脚手杖等辅助器具进行训练。助行器有两种:一种是带轱辘的,适用于能够步行但容易疲劳的老年人;另一种是不带轱辘的,可以帮助不能行走的老年人站立,也可训练老年人行走的能力。多脚手杖种类较多,可根据老年人的情况进行选择,它的支撑面大、稳定性好,给行走不便的老年人增加了活动的安全性。

（二）为治疗而采取制动状态的老年人的活动

制动状态很容易出现肌力下降、肌肉萎缩等并发症,因此,应确定最小范围的制动或安静状态,在不影响治疗的同时,尽可能地做肢体的被动运动或按摩等,争取尽早解除制动状态。

（三）无力、无欲、害怕活动的老年人的活动

唯恐病情恶化而不愿活动的老年人为数不少,对这类老年人要耐心说明活动的重

要性以及对疾病的影响,让其理解"生命在于运动"的真理。对于无力、无欲活动的老年人,要让老年人一起参与活动计划的制订,让其感到愉快、满意,愿意去做。鼓励和协助老年人达到自我照顾的目标。

(四)痴呆老年人的活动

人们总期望痴呆老年人在一个固定的范围内活动,采取了许多限制的方法,其实这种对活动范围的限制只会加重病情。护理人员应该认识到,促进老年人的活动能力,增加老年人与社会的接触机会,可以延缓病情的发展,痴呆老年人更是如此。

维持连续的活动对老年人是很有益的,活动不但可以维持或促进老年人的生理功能,而且活动可以增进老年人与群体之间的互动,提高老年人的自我满意程度和生活质量。

任务4 转运照护

老年人由于身体机能下降和疾病等原因的影响,会出现活动受限、行走困难等情况,故需要拐杖、轮椅等协助活动,甚至需要平车进行转运。本任务将介绍帮助老年人使用拐杖进行活动,使用轮椅、平车为老年人进行转运的操作流程和注意事项以及拐杖的作用、种类及性能,轮椅的种类及性能,各类平车转运的方法及要求及转运中的观察要点等知识。

任务 4-1 助行器具的使用帮助与指导

【任务描述】

李爷爷,80岁,自理老年人,平时可独自乘电梯到养老院楼下小花园散步和打太极。近日总感觉头晕,到医院诊断导致头晕的原因为脑供血不足。医生建议他今后下楼活动需有人陪伴,防止跌倒等意外发生,建议平时行走使用拐杖。护理部王主任在查房时叮嘱护理人员在王爷爷使用拐杖时给予帮助和指导,并做好辅具安全检查工作。

【任务目标】

⊙ 教会老年人检查拐杖的方法;
⊙ 教会老年人使用拐杖进行活动;
⊙ 老年人活动中未发生跌倒等意外。

【任务分析】

助行器是协助老年人活动的常用工具,本节将介绍助行器具的作用、种类、性能及要求,老年人使用助行器的观察要点,识别异常情况并及时报告的方法相关知识以及协助老年人使用助行器行走的操作流程和注意事项。

助行器具的
使用帮助与
指导

助行器具的
使用帮助与
指导操作

一、助行器的作用

助行器一般是给老年人用来支撑着走路,让走路更方便的工具,能够起到辅助人体支撑体重、保持平衡和行走的作用。助行器的使用既能稳身健步,减少并发症的发生,又可以提高老年人的生活自理能力,改善生活质量,同时节省体力和人力资源,减轻护理人员的负担。助行器的使用也能帮助老年人改善心理状态,提高自信心。

二、助行器的种类、性能及要求

①根据结构和功能不同,手杖可以分为单足手杖、多足手杖、直手杖、可调式、带座式手杖、多功能手杖和盲人手杖等。其中单足手杖适用于握力好、上肢支撑能力强的患者。多足手杖包括三足和四足,支撑面积较广而且稳定。

②拐杖指靠前臂或肘关节扶持帮助行走的工具,分为普通木拐杖、折叠式拐杖、前臂杖、腋杖和平台杖。拐杖包括固定式拐杖和可调式拐杖。前臂杖可单用也可双用,用于握力较差、前臂力量较弱但又不必使用腋杖者。腋杖稳定,用于截病或外伤严重的患者。平台杖又称为类风湿杖,主要作用是将前臂固定在平台式前臂托上,用于关节严重损害的类风湿患者或手有严重损伤而不能负重者(由前臂负重)。

③助行器:用来辅助下肢功能障碍者(如偏瘫、截瘫、截肢、全髋置换术后等)步行的工具。助行器具有用来保持平衡、支撑体重和增强上肢伸肌肌力的作用。常见的助行器有:框架式助行器(两轮助行器、三轮助行器、四轮助行器)、截瘫助行器、交替式助行器(图5-1)。框架式助行器用于支撑体重,便于患者站立和行走,其支撑面积大,稳定性好。使用时患者两手扶持左右两侧,于框架当中站立行走。截瘫助行器需要根据患者的具体情况制作配置。交替式助行器适用于各种原因导致的第四胸椎以下完全性或更高阶段不完全性脊髓损伤患者。

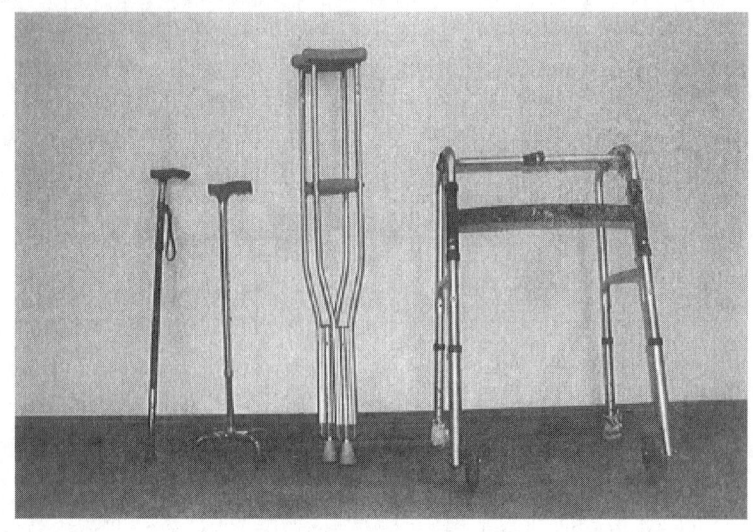

图 5-1 助行器的种类

三、老年人使用助行器的观察要点

1. 检查助行器

检查助行器是否完好,把手有无松动,拐杖与地面接触的橡胶垫是否牢固,可调高度的拐杖调节卡扣是否锁紧等。

2. 高度选择

(1)手杖高度:老年人站立时,肘关节屈曲15°~30°,腕关节背伸,小趾前外侧15 cm处至背伸手掌面的距离即为手杖的适时高度。站立困难时可仰卧位测量。

(2)拐杖高度:身高减去41 cm的长度为腋杖的长度,站立时大转子骨的高度即为把手的位置。

(3)助行器高度:以老年人直立时,双手握住助行器把手,肘关节屈曲15°~30°时的高度为宜。

四、识别异常情况并及时报告的方法

老年人活动后如出现下肢肿胀、紫癜等情况时,应注意调整步态,减少活动时间,并及时通知护士和医生。

若老年人主诉持拐下地后手腕无力,不能持物,则应注意有无臂丛神经受压,并及时通知护士和医生。

【任务实施】

操作步骤	操作程序
操作前	
1.环境准备	环境安静,光线充足,无障碍物,地面干燥,没有水迹、油渍
2.照护人员准备	着装整洁,了解老年人一般情况、活动能力及疾病诊断
3.老年人准备	有行走的意愿,身体状况允许,穿合适长度的裤子以及防滑的鞋子
4.物品准备	合适的助行器
操作中	
1.手杖的使用	
(1)检查手杖	照护人员携带手杖来到老年人面前,边检查边讲解及演示手杖的使用方法
(2)演示讲解	照护人员边演示边讲解使用手杖步行及上下台阶的方法 三点步行:先伸出手杖,再迈出患侧下肢;最后迈出健侧下肢;或先伸出手杖,再迈出健侧下肢,最后迈出患侧下肢。要求患侧下肢努力做到抬腿迈步,避免拖拉

续表

操作步骤	操作程序
(2)演示讲解	两点步行:伸出手杖的同时抬腿迈出患侧下肢,再迈出健侧下肢
	上下台阶的训练:正确上下台阶的原则是,上台阶先上健侧下肢,后上患侧下肢;下台阶先下患侧下肢,再下健侧下肢。可以将手杖放在扶手上,一同向上挪动
(3)保护行走	照护人员搀扶老年人手拄手杖站起,检查手杖高度是否合适。手杖放在脚的前外侧,目视前方,按照三点步行(或两点步行)方式行走。照护人员站在患侧,拉住老年人的腰带或特制的保护腰带
2.拐杖的使用	
(1)检查拐杖	检查拐杖是否完好备用
(2)演示讲解	照护人员边演示边讲解使用拐杖步行及上下台阶的方法。向老年人说明配合要点,取得配合
	站立:站立时双拐并到一起,立于患侧,一手握住拐杖把手,另一手按住椅子扶手或床面,双手用力将身体撑起,依靠健侧下肢完成站立,将一支拐杖交于健侧手中,双拐平行放置于身体前方,开始行走
	行走方法常采用四点法、三点法或两点法
	①四点法:先向前移动患侧拐杖,再迈出健侧下肢,再移动健侧拐杖,最后再迈出患侧下肢,如此反复进行; ②三点法:一般见于患侧下肢不能负重的情况,两侧拐杖一同向前,然后患侧下肢向前迈出,最后健侧下肢向前跟上患侧下肢,如此反复进行; ③两点法:向前移动患侧拐杖的同时迈出健侧下肢,向前移动健侧拐杖的同时迈出患侧下肢,即移动患侧拐杖时迈出健侧下肢,移动健侧拐杖时迈出患侧下肢,如此反复进行
	坐下:患者想要坐下时,将双拐并在一起,立于患侧,一手抓住拐杖把手,另一只手按住椅子扶手或床面,健侧下肢用力,重心下移,同时患肢不要碰触地面
	上台阶:患者将身体靠近台阶,双臂用力撑住双拐,健侧下肢迈到台阶上,健侧下肢用力伸直,身体稍向前倾,同时将患侧下肢和双拐带到台阶上,重复以上动作,迈向上一级台阶
	下台阶:下台阶时,先把双拐平行放在下一级台阶上,将患侧下肢前移,双臂用力撑起,健侧下肢屈曲移到下一级台阶,呈站立位,再将双拐下移,重复以上动作,迈向下一级台阶

续表

操作步骤	操作程序
3.助行器的使用	
(1)检查助行器	检查助行器是否完好,螺丝是否有松动,支脚垫是否完好适用,高度是否适合
(2)演示讲解	照护人员边演示边讲解使用助行器的使用方法。向老年人说明配合要点,取得配合
	四步法:助行器一侧向前移动一步(25～30 cm),对侧下肢抬高后迈出,约落在助行器横向中线的偏后方。然后,助行器一侧向前移动一步,迈出另一侧下肢。重复上述步骤前进
	三步法:抬头挺胸,双手同时将助行器举起向前移动一步(25～30 cm),患侧下肢抬高后迈出半步,约在助行器横向中线的偏后方。双手臂伸直支撑身体(患侧下肢遵医嘱决定承重力量),迈出健侧下肢与患侧下肢平行。重复上述步骤前进
(3)行走时注意事项	①患侧下肢努力做到抬腿迈步,避免拖拉; ②看护行走前,避开路线上的水渍及障碍物,行走过程中,保障老年人安全,避免跌倒; ③观察老年人有无劳累,询问感受,如果出现疲乏,立即休息; ④行走中避免拉、拽老年人胳膊,以免造成老年人跌倒和骨折; ⑤循序渐进地增加行走的活动量
操作后	行走结束,记录训练过程及结果

【任务评价】

助行器的使用帮助与指导任务学习自我检测单

姓名：　　　　　专业：　　　　　班级：　　　　　学号：

任务分析	助行器的作用、种类、性能及要求：	
	老年人使用助行器的观察要点：	
	识别异常情况并及时报告的方法：	
任务实施	操作前：准备	
	操作中：助行器使用方法	1. 手杖使用： 2. 拐杖使用： 3. 助行器使用：
	操作后：检查与记录	

任务4-2 轮椅转运

【任务描述】

李爷爷,90岁,在某养老院生活15年,个人卫生需要照护人员给予一定帮助,李爷爷因年纪较大行动不便,每天上午大部分时间卧床休息或在房间看电视,为丰富李爷爷生活,午觉后照护人员需用轮椅推送李爷爷到楼下小花园散步。

轮椅转运

【任务目标】

⊙老年人借助轮椅可以在小区内散步;
⊙老年人的生活变得丰富多彩,心情愉悦;
⊙老年人在轮椅转运时未发生不适。

轮椅转运
实操

【任务分析】

轮椅是转运行动不便的老年人的常用工具,本节将介绍轮椅的种类及性能、识别异常情况并及时报告的方法等相关知识,以及使用轮椅转运老年人的操作流程和注意事项。

一、轮椅的种类及性能

(1)固定式轮椅　结构简单,但不用时占用空间较大,上下车不方便。

(2)折叠式轮椅　扶手或脚踏板均为拆卸式,车架可折叠,便于携带和运输,是国内外目前应用最广泛的一种轮椅。

(3)躺式轮椅　靠背能从垂直向后倾斜直至水平位,脚踏板也能自由变换角度,适用于年老体弱者。

(4)手推式轮椅　由照护人员推动,轮椅的特点是前后皆采用直径相同的小轮子,因此造价相对较低,重量较轻,主要用于照护。

(5)电动轮椅　通过高性能动力驱动装置和多种不同的智能操纵装置,满足不同功能障碍的老年人的需求。

对于手和前臂功能完全丧失的老年人,可选用下颌进行操纵的电动轮椅。

二、使用轮椅转运老年人的观察要点

(1)轮椅的检查　轮椅使用前应进行检查。首先轮椅的打开与收起应顺畅;其次,轮椅的刹车灵敏,充气轮胎的胎压正常;最后,轮椅的坐垫、安全带、脚踏板等完好。

(2)轮椅打开与收起方法

①打开轮椅:双手握住轮椅两侧扶手外展,然后手掌向下按压轮椅坐垫即可打开。

②收起轮椅:双手握住坐垫中间的前后两端,同时向上提拉即可收起。

(3)使用轮椅的要点

①推轮椅时速度要慢,叮嘱老年人头及背向后靠,并抓紧扶手,勿向前倾或自行下车。

②遇到障碍物或拐弯时,照护人员应提前告知并提示。

三、识别异常情况并及时报告的方法

转运过程中,观察老年人的状态并询问感受。如感觉疲乏或不适,应就近休息或尽快返回,并通知医护人员。

【任务实施】

操作步骤	操作程序	注意事项
操作前		
1.评估与沟通	向老年人说明配合要点,取得配合。评估老年人一般情况、活动能力及疾病诊断	
2.准备		
(1)环境准备	环境安静,光线充足,无障碍物	
(2)照护人员准备	着装整洁,了解老年人一般情况、活动能力及疾病诊断	
(3)老年人准备	身体状况允许,穿防滑的鞋子	
(4)物品准备	轮椅,必要时备毛毯	检查轮椅的轮胎气压充足,刹车制动良好,脚踏板翻动灵活,轮椅打开、闭合顺畅
操作中		
1.协助老年人上轮椅	从床(或椅子、坐便器等)转移到轮椅上	上轮椅时刹车制动
	照护人员打开轮椅,松开轮椅刹车,推轮椅至老年人床旁,刹车制动	照护人员首先应确认轮椅的坐垫高度要与床的高度接近,轮椅必须带有刹车,脚踏板可折叠或拆卸,便于操作,保证老年人的安全
	照护人员将轮椅靠近老年人身体健侧,轮椅与床夹角成30°~45°,刹车制动,脚踏板向上翻起。必要时,撤掉挡腿布	
	老年人坐于床沿上,叮嘱老年人健侧手臂扶住照护人员肩臂部。健侧下肢足跟与床沿平齐,照护人员屈膝下蹲,双手环抱老年人腰部或抓紧背侧裤腰,双腿用力带动老年人平稳站起	
	照护人员以自己的身体为轴转动,带动老年人转体,将老年人移至轮椅前,平稳坐下	
	叮嘱老年人扶好扶手,照护人员绕到轮椅后方,两臂从老年人背后腋下伸入,使老年人身体靠紧椅背坐稳。双脚放在脚踏板上,系好安全带	

续表

操作步骤	操作程序	注意事项
2.使用轮椅转运老年人	照护人员平稳匀速推行。上下坡道、台阶、进出电梯按照相应操作方法执行	推行过程平稳匀速,推轮椅时速度要慢,并叮嘱老年人头及背向后靠,并抓紧扶手,勿向前倾或自行下车。遇到障碍物或拐弯时,照护人员应提前告知并提示老年人。乘坐轮椅每隔30 min应变换体位。 转运过程中,观察老年人的状态并询问感受。如感觉疲乏或不适,应就近休息或尽快返回,并通知医护人员。进出门或遇到障碍物时,勿用轮椅撞门或障碍物
	(1)上、下坡道的轮椅推行方法	
	上坡道:照护人员手握椅背把手均匀用力,两臂保持屈曲,身体前倾,平稳向上推行	
	下坡道:采用倒退下坡的方法。照护人员叮嘱老年人抓紧轮椅扶手,身体靠近椅背。照护人员握住椅背把手,缓慢倒退行走	
	(2)上、下台阶的轮椅推行方法	
	上台阶:脚踩踏轮椅后侧的杠杆,抬起前轮,以两后轮为支点,使前轮翘起移上台阶,再以两前轮为支点,双手抬车把带起后轮,平稳地移上台阶	
	下台阶:采用倒退下台阶的方法。照护人员叮嘱老年人抓紧扶手,提起车把,缓慢地将后轮移到台阶下,再以两后轮为支点,稍稍翘起前轮,轻拖轮椅至前轮移到台阶下	
	(3)上、下电梯推行的方法	
	上电梯:照护人员在前,轮椅在后,即轮椅以倒退形式进入电梯,并及时刹车制动	
	下电梯:确认电梯停稳,松开刹车,推行出电梯	
3.协助老年人下轮椅	活动结束或到达目的地,刹车制动	下轮椅时刹车制动
	轮椅与床(或椅子、坐便器等)夹角成30°~45°,刹车制动,脚踏板向上翻起,老年人双脚平稳踏在地面上,打开安全带	
	叮嘱老年人身体前倾,健侧手臂扶住照护人员肩臂部。健侧下肢足跟与轮椅坐垫前沿平齐,照护人员屈膝下蹲,双膝夹紧老年人健侧膝部,双手环抱老年人腰部或抓紧背侧裤腰,双腿用力带动老年人平稳站起	
	照护人员以靠近床侧足跟为轴,转身带动老年人转体,将老年人移至床前,平稳坐下	
操作后	整理用物:收起轮椅,推轮椅到指定存放处,收起轮椅并刹车制动	
	安置老年人,整理床单位	

【任务评价】

轮椅转运任务学习自我检测单

姓名：		专业：	班级：	学号：
任务分析	轮椅的种类及性能：			
	使用轮椅转运老年人的观察要点：			
	识别异常情况并及时报告的方法：			
任务实施	操作前：评估与准备			
	操作中：轮椅使用方法			
	操作后：安置与记录			

任务 4-3　平 车 转 运

【任务描述】

王爷爷,88岁,独自在卫生间洗澡后更换衣服时不慎摔倒,照护人员接到呼叫信息后第一时间赶到现场,王爷爷自诉右侧大腿疼痛厉害,无法站立,照护人员一边安慰老年人,一边用手机联系医生,杨医生告知照护人员先不要搬动王爷爷,他立即前往。杨医生赶到现场后经问和检查,判断王爷爷可能发生腿部骨折,照护人员需要用平车将王爷爷转移到救护车,送王爷爷到医院做进一步检查。

【任务目标】

⊙ 老年人顺利通过平车转运至救护车送往医院;
⊙ 老年人在转运过程中未发生二次意外。

【任务分析】

平车是协助老年人转运的常用工具,主要用于运送不能起床的老年人进行外出、检查和治疗等活动。

一、平车搬运法的分类及适用情况

(1)挪动法:适用于病情许可,且能在床上配合的老年人。
(2)一人搬运法:适用于病情允许,体重较轻的老年人。
(3)两人搬运法:适用于病情较轻,体重较重的老年人。
(4)三人搬运法:适用于病情较轻,但自己不能活动而体重又较重的老年人。
(5)四人搬运法:适用于颈椎、腰椎骨折,或病情较重的老年人。

二、使用平车转运老年人的观察要点

(1)平车备用时,保证性能完好,处于清洁备用状态。
(2)使用前注意检查平车性能面板是否平整、支架是否完好、轮胎气是否充足、刹车是否灵敏。
(3)使用平车前需评估老年人身体状况,确定适合平车运送。
(4)搬运时注意保护老年人病患处。骨折老年人搬运时应在车上垫木板,并做好骨折部位的固定和观察。
(5)多人搬运时,动作要协调一致,上坡时患者头在前,下坡时头在后,以免患者头低垂而不适,给患者以安全感。
(6)在整个转运过程中,注意观察老年人的面色及脉搏的改变。

【任务实施】

操作步骤	操作程序	注意事项
操作前		
1.评估与沟通	老年人的基本状态,年龄、体重、病情与躯体活动能力及病变部位	平车备用时,保证性能完好,处于清洁状态。 平时注意检查平车性能面板是否平整、支架是否完好、轮胎气是否充足、刹车是否灵敏
	老年人的认知情况、心理反应及合作程度	
	平车性能是否良好	
2.准备		
(1)照护人员准备	着装整洁,洗手,向老年人做好解释并征得同意	
(2)用物准备	平车上放置橡胶单和布单包好的垫子及枕头、带套的毛毯或棉被;如为颈椎、腰椎骨折或病情危重的老年人,应备帆布中单或布中单;如为骨折患者,应有木板垫于平车上	
(3)老年人准备	明确操作目的,了解平车运送的目的、方法及注意事项,并愿意配合,需要时可协助老年人排空大小便	
(4)环境准备	环境宽敞,道路通畅,便于操作	
操作中		
1.检查平车	仔细检查平车各部件,将平车推至老年人床旁	
2.与老年人沟通	向老年人解释操作目的、方法和注意事项	

续表

操作步骤	操作程序	注意事项
3.搬运老年人		妥善安置老年人身上的输液管道及各类导管。 搬运时注意保护老年人病患处。骨折老年人搬运时应在车上垫木板,并做好骨折部位的固定和观察。 在整个转运过程中注意观察老年人的面色、呼吸及脉搏及脉搏的改变。转运过程中,患者的头部应卧于平车的大轮端。照护人员站在老年人头一侧。 平车上下坡时,老年人头部应位于高处。车速适宜,进出门时应先将门打开,不能用车撞门。 冬季注意保暖,避免受凉
挪动法	①移开床旁桌、椅,掀开盖被,协助老年人移至床边; ②将平车的大轮靠床头、小轮靠床尾推至与床平行,紧靠床边,调整平车或病床,使其高度一致; ③制动车闸或照护人员用身体抵住平车; ④协助老年人按照上半身、臀部、下肢的顺序,依次挪向平车。由平车回床时,顺序相反,先挪动下肢,再挪臀部和上半身; ⑤为老年人包裹被子,先向上反折脚端,再折近侧和对侧,颈部遮盖衣领	
一人搬运法	①移床旁椅,松开盖被,协助老年人穿好衣服; ②推平车至床尾,使平车头端(大轮端)与床尾呈钝角,制动车闸; ③搬运者站在钝角内的床边; ④照护人员两脚前后分开,稍屈膝,一手自患者腋下伸至对侧肩部外侧,另一手伸至患者臀下; ⑤告知老年人双臂交叉于照护人员颈后,双手用力握住; ⑥抱起老年人,移步转身,将老年人轻轻放在平车上,卧于平车中央; ⑦为老年人包裹盖被	
两人搬运法	①同单人搬运法,移床旁椅,松盖被,放妥平车,制动车闸; ②搬运者甲、乙两人站在同侧床边,将老年人双手置于胸腹部,协助其移至床边; ③甲一手托住老年人头、颈、肩部,一手托住腰部;乙一手托住老年人臀部,一手托住腘窝处。两人同时托起,使老年人身体向搬运者倾斜,移步走向平车,两人同时屈膝,手臂置推车上伸直,使老年人平躺于平车中央; ④为老年人包裹盖被	多人转运时,动作要协调一致,上坡时患者头在前,下坡时头在后,以免患者头低垂而不适,给患者以安全感
操作后	送老年人到指定地点,安置老年人以舒适体位,确保老年人温暖舒适	
	整理床单位	
	洗手、记录	

【任务评价】

平车转运任务学习自我检测单

姓名：　　　　专业：　　　　班级：　　　　学号：

任务分析	平车搬运法的分类及适用情况：	
	使用平车转运老年人的观察要点：	
	识别异常情况并及时报告的方法：	
任务实施	操作前：评估与准备	
	操作中：移动与搬运	
	操作后：安置与记录	

项目五 | 老年人日常健康问题与安全护理(实践技能模块)

任务5 急危应对

老年人由于各器官系统生理功能下降,反应能力下降,容易发生跌倒、误吸、烫伤等意外伤害,最严重的情况是直接发生心搏骤停。照护人员能够协助医护工作者做好这些急危重症老年人的紧急救助,正确进行意外伤害的早期处理,对于维护老年人生命安全和身心健康有着十分重要的意义。本工作领域主要介绍如何紧急应对老年人异物梗喉,如何应对老年人跌倒,以及如何初步处理老年人烫伤。

任务5-1 异物梗喉的应对

异物梗喉的应对

【任务描述】

董爷爷,86岁,住在某老年福利院,入院评估为中度认知障碍(阿尔茨海默病),某日董爷爷的儿子来看望他,并为他带来了荔枝。儿子告知父亲等自己上厕所后给他剥开了吃,可就在董爷爷儿子上厕所时,董爷爷自己便拿了荔枝开始吃,结果把荔枝核卡在了喉部,立即脸涨得通红并很快转为面色青紫、双眼圆瞪、双手乱抓喉部,表情极为痛苦、恐怖。一旁的照护人员立即判断老年人发生了异物梗喉,并利用在急救培训课上学到的技能,沉着冷静地进行紧急救助。

异物梗喉的应对实操

【任务目标】

⊙卡喉荔枝核被顺利从气道内清除,老年人呼吸道保持通畅;
⊙老年人未发生窒息、喉头水肿甚至心搏骤停等严重后果;
⊙老年人在福利院照护人员的精心照护下,吃东西更加谨慎小心,不再发生类似急危事件。

【任务分析】

异物梗喉是梗于咽部、食道和气管异物的统称。异物梗喉常见于老年人和儿童中,某些疾病(如精神病、阿尔茨海默病等)的患者也较易发生,尤其是他们中间的抢食或暴食者、边进食边从事某些活动者、进食滑溜且大小适宜的食物或异物等更易发生。一旦发生异物梗喉,极易导致窒息而很快危及生命。因此,在养老机构、幼儿园等工作人员中普及海姆立克急救法等异物梗喉的紧急救助技术,以及提高民众预防异物梗喉的理念与常识,有着非同寻常的意义。

一、异物梗喉及其识别

(一)异物梗喉常见原因

(1)抢食和暴食者多见于精神障碍的患者、中重度阿尔茨海默病患者。其原因多是服用抗精神病药物发生锥体外系副反应,出现吞咽肌运动不协调而使食物卡住咽喉,甚至误入气管。

预防异物梗喉要点:进食时随时提醒老年人细嚼慢咽;对不能自行进食者,必须把

固体食物切成小块儿,喂饭时确认上一口已经完全咽下才能喂下一口,切不可操之过急。尤其在吃汤圆、水饺、年糕等滑溜或黏性食物时,注意千万不要整个放在老年人口中,他们最好不吃此类食物。

(2)药物不良反应或进食时癫痫抽搐发作,或药物反应致咽喉肌运动失调所致。

(3)老年人或儿童边讲话、嬉笑边进食进水,尤其是坚果、果仁、糖块、果冻等细小或光滑的食物,在说笑时通过开放的会厌软骨处滑入喉头甚至气管。

预防异物梗喉的要点:避免进食进水时说笑、走路、玩耍或做其他运动,不要让儿童口含小、圆、滑的物品如硬币、弹球、纽扣等。

(二)异物梗喉的识别

(1)发生异物梗喉时,如果部分堵塞气道,可出现突然呛咳、不能发音、喘鸣、呼吸困难、面色口唇发绀等,双眼圆瞪、双手掐住喉部,表情痛苦、恐怖,伴有濒死感。

(2)异物进入气道后,严重者可完全堵塞气道,迅速出现窒息,导致意识丧失,甚至心搏骤停。

(三)异物梗喉的危害

不管是异物梗喉,还是呕吐物误吸或痰液堵塞,都会造成老年人严重呼吸困难甚至窒息,可很快因严重缺氧而威胁生命,必须在数分钟内紧急清除气道异物,恢复呼吸道通畅。

二、海姆立克急救法

发生气道异物时,应立即采用海姆立克急救法(包括海姆立克腹部冲击法、海姆立克胸部冲击法、婴幼儿海姆立克法)进行抢救,紧急排除进入气道的异物,保持呼吸道通畅。

如果将人的肺部设想成一个气球,气管就是气球的气嘴儿,假如气嘴儿被阻塞,可以用手快速捏挤气球,气球受压球内空气上移,从而将出口的阻塞物冲出。

海姆立克急救法的具体原理:照护人员环抱老年人,对其上腹部快速施压,造成膈肌突然上升,胸腔压力骤然增加。由于胸腔是密闭的,只有气管一个开口,故气管和肺内的大量气体(450~500 ml)就会突然涌向气管,将异物冲出,恢复气道通畅(图5-2)。该法被称为"生命的拥抱"或"人工咳嗽",但不及老年人主动咳嗽有效。

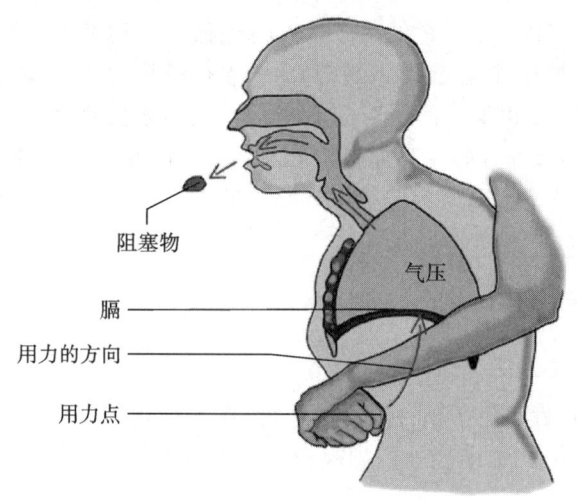

图 5-2 海姆立克急救法的原理

【任务实施】

操作步骤	操作程序	注意事项
	操作前	
评估、沟通与准备	评估老年人身体情况,有无意识不清,是否能够站立或坐起。 　　清醒者请老年人不必恐慌,务必积极配合照护人员的急救。 　　照护人员准备:站于清醒老年人身后或双腿跪于昏迷老年人大腿两侧。 　　环境准备:光线充足,室内安静。 　　老年人准备:清醒者站在照护人员身前,倾身向前,头部略低,张嘴;昏迷者取仰卧位 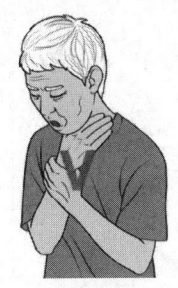 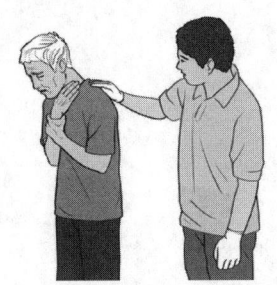	因老年人胸腹部组织的弹性及顺应性差,故易致腹部或胸腔内脏破裂及出血、肋骨骨折等,故需严格把握冲击力度
	操作中	
1.清醒老年人	若老年人咳嗽或照护人员无法用手指取出气道异物,则应紧急采取海姆立克急救法,帮助老年人排出气道异物。 　　老年人取站立位或坐位。 　　照护人员站在老年人身后,双臂分别从两腋下前伸并环抱老年人,一手握拳于脐上方,另一手从前方握住手腕,双手向后、向上快速地用力挤压,迫使其上腹部下陷。反复实施,直至阻塞物排出为止  	在平时的健康教育中,可告知老年人,若发生噎食、呼吸道部分梗阻时身边无人,应自己用力咳嗽以期排出气道异物,也可采取海姆立克腹部冲击法,手法相同,或将上腹部压向坚硬、突出的物体(如椅背等)上,并且反复实施

续表

操作步骤	操作程序	注意事项
2.意识不清老年人	不能站立的老年人,就地仰卧,照护人员两腿分开跪于其大腿外侧,双手叠放,用手掌根顶住腹部(脐部上方),进行冲击性、快速地、向后上方压迫,然后打开下颌,如气道异物已被冲出,迅速掏出清理	对于极度肥胖的噎食老年人或孕妇,应采用海姆立克胸部冲击法,姿势不变,将左手的虎口贴在胸骨下端,不要偏离胸骨,以免造成肋骨骨折。 若老年人已经发生心搏骤停,清除气道异物后立即实施心肺复苏
操作后	询问老年人有无不适,检查有无并发症发生	必要时转送医院继续诊治

【任务评价】

异物梗喉的应对任务学习自我检测单

姓名：　　　　专业：　　　　班级：　　　　学号：

任务分析	异物梗喉及其识别：	
	海姆立克急救法的原理：	
任务实施	操作前：评估与准备	
	操作中：气道异物清除	清醒老年人的气道异物清除： 意识不清老年人的气道异物清除：
	操作后：检查	

跌倒的应对

任务 5-2　跌倒的应对

【任务描述】

陈爷爷,76 岁,自理老年人,半年前为陪伴中风的老伴住进养老院。某日上午,陈爷爷在室外晾晒衣服时因不慎踩到路上的小石子跌倒。正好照护人员经过,急忙跑过去询问情况,并嘱咐他先不要乱动,但是陈爷爷边说"没事",边站了起来。照护人员看到陈爷爷的右脚滴血,经检查发现老年人右脚擦破皮肤导致出血。照护人员及时通知医生并向部门主管汇报,医生到场检查后安排护士为陈爷爷右脚伤口进行清创处理并联系家属,要求家属陪同老年人到医院做进一步检查。经检查,陈爷爷除右脚受伤外无其他不良后果。

【任务目标】

⊙老年人右脚受伤处疼痛缓解;
⊙老年人没有伤口感染、伤口迁延不愈等不良后果发生;
⊙老年人能从这次跌倒中吸取教训,在活动时能时时处处提防再次跌倒。

【任务分析】

跌倒是老年人常见意外之一。在我国,跌倒是 65 岁以上老年人伤害死亡的首位原因。老年人的跌倒与青年人不同,由单一因素引起的跌倒所占比例很小,绝大多数跌倒是由多个因素共同作用的结果。老年人跌倒后易发生脑血管意外、骨折等而直接死亡或长期卧床,并发肺部感染、压疮等严重后果。因此,预防老年人跌倒是养老机构环境设施设置、管理及照护工作的重中之重。

一、导致老年人跌倒的危险因素

(一)生理因素

(1)步态和平衡功能受损:步态的稳定性减弱和平衡功能受损是引发老年人跌倒的主要原因。老年人为弥补其活动能力的下降,可能会更加谨慎地缓慢踱步行走,造成步幅缩短、行走不连续、脚不能抬到一个合适的高度,使跌倒的危险性增加。另外,老年人中枢控制能力下降,对比感觉降低,躯干摇摆较大,反应能力下降、反应时间延长,平衡能力、协同运动能力下降,从而导致跌倒危险性增加。

(2)感觉系统功能下降:老年人常表现为视力、视觉分辨率、视觉的空间或深度感及视敏度下降,同时传导性听力损失、老年性耳聋等会影响听力,难以听到有关跌倒危险的警告声音或反应时间延长,这些都增加了跌倒的危险性;老年人触觉和平衡能力下降,也增加了跌倒的危险性。

(3)中枢神经系统退行性变:中枢神经系统的退行性变影响老年人的智力、肌力、肌张力、感觉、反应能力、反应时间、平衡能力、步态及协同运动能力,使跌倒的危险性增加。

(4)骨骼肌系统改变:老年人骨骼、关节、韧带及肌肉的结构、功能损害和退化是引发跌倒的常见原因。骨骼肌肉系统功能退化会影响老年人的活动能力、步态的敏捷性、力量和耐受性,使老年人举步时抬脚不高、行走缓慢、不稳,导致跌倒危险性增加,老年人骨质疏松会使与跌倒相关的骨折危险性增加。

(二)病理因素

部分老年性疾病亦可导致老年人跌倒危险性增加,如泌尿系统疾病或其他原因伴随尿频、尿急、尿失禁等症状而匆忙去洗手间,排尿性晕厥等也会增加跌倒的危险性。

(三)药物因素

很多药物可以影响老年人的神智、精神、视觉、步态、平衡等方面而引起跌倒。可能引起跌倒的药物包括精神药品(安定类药、抗焦虑药等)、心血管系统药物(抗高血压药等)、其他药物(降糖药、镇痛药、抗帕金森病药等)。

(四)心理因素

心理因素(如沮丧)可能会分散老年人的注意力,导致老年人对环境危险因素的感知和反应能力下降。另外,害怕跌倒也使其行为能力下降,行动受到限制,从而影响步态而增加跌倒的危险。

(五)环境因素

昏暗的灯光,湿滑、不平坦的路面,步行途中的障碍物,不合适的家具高度和摆放位置,楼梯台阶、走廊及卫生间没有扶手、只有蹲式便池等都可能增加跌倒的危险,不合适的鞋子、过大过长的裤子和不适宜的行走辅助工具也可导致跌倒。室外的危险因素包括台阶和人行道缺乏修缮,雨雪天气、拥挤等都可能引起老年人跌倒。

(六)社会因素

老年人的教育和收入水平、卫生保健水平、享受社会服务和卫生服务的途径、室外环境的安全设计,以及老年人是否独居、与社会的交往和联系程度都会影响其跌倒的发生率。

医院常采用跌倒(坠床)危险因素评估表对住院患者进行高危患者评估和筛选,总分大于4分为跌倒(坠床)高危患者,须引起高度警惕。表5-2也适用于养老机构,总分大于4分的老年人,照护人员应将其列为重点照护对象。

表5-2 跌倒(坠床)危险因素评估表

序号	老年人跌倒(坠床)危险因素	分值
1	年龄≥70岁	1分
2	最近一年曾有不明原因的跌倒(坠床)史	2分
3	阿尔茨海默病	2分
4	意识障碍	1分
5	烦躁不安	4分
6	肢体残缺或偏瘫	1分
7	移动时需要帮助	1分

续表

序 号	老年人跌倒(坠床)危险因素	分 值
8	视力障碍	2分
9	听力障碍	1分
10	体能虚弱	2分
11	头晕、眩晕、体位性低血压	2分
12	不听劝告或不寻求帮助	1分
13	服用影响意识或活动的药物,如镇静安眠药、抗高血压药、利尿剂、降血糖药、麻醉性镇痛药	1~2分
合计		

二、老年人跌倒的危害

老年人跌倒的死亡率随年龄的增加急剧上升。跌倒除了导致老年人因脑血管意外等原因而直接死亡外,还因骨折或其他损伤而导致残疾与长期卧床,并发肺部感染、压疮等严重后果,跌倒后数月死亡的老年人占跌倒老年人的20%左右。老年人跌倒严重影响他们的身心健康,如跌倒后的恐惧心理可以降低老年人的活动能力,使其活动范围受限,生活质量下降。

【任务实施】

操作步骤	操作程序	注意事项
操作前		
1.沟通	照护人员:发现老年人跌倒,立即来到老年人身边,安慰老年人,给予其心理支持	老年人跌倒后,不要急于扶起,要先判断病情,酌情处理
2.评估	评估老年人:照护人员应评估老年人意识、性别、年龄、身体状况,能否站立或坐起	
操作中		
1.意识不清者救助	紧急求助:指定人员拨打急救电话"120"。 止血包扎:有外伤、出血,立即止血、包扎。 保持呼吸道通畅:有呕吐者,将头偏向一侧,并清理口、鼻腔分泌物,保持呼吸道通畅。 抽搐处置:抽搐者,移至平整软地面或身体下垫软物,防止碰、擦伤,必要时牙间垫被子角、较厚的衣服等,防止舌咬伤,不要硬掰抽搐肢体,防止肌肉、骨骼损伤。 胸外心脏按压:如呼吸、心跳停止,应立即进行胸外心脏按压、口对口人工呼吸等急救措施。 如需搬动,保证平稳,尽量平卧	若老年人跌倒后意识不清或虽意识清醒,但初步判断情况较严重,应立即拨打急救电话"120"

续表

操作步骤	操作程序	注意事项
2.清醒者救助	休息：受伤程度较轻者，可搀扶或用轮椅将老年人送回，嘱其卧床休息并观察。 止血包扎：对于皮肤出现瘀斑者进行局部冷敷，皮肤擦伤渗血者给予包扎。 有外伤、出血，立即止血、包扎并护送老年人就医。 查看有无肢体疼痛、畸形、关节异常、肢体位置异常等提示骨折的情形，若有或无法判断，则不要随便搬动，以免加重病情，并立即拨打急救电话。 查询有无腰、背部疼痛，双腿活动或感觉异常及大小便失禁等提示腰椎损害的情形，若有或无法判断，则不要随便搬动，以免加重病情，并立即拨打急救电话。 询问老年人跌倒情况及对跌倒过程是否有记忆，如不能记起跌倒过程，出现记忆丧失、头痛等情况，可能为晕厥甚至脑血管意外，应立即护送老年人就医或拨打急救电话。 询问有无剧烈头痛或口角歪斜、言语不利、手脚无力等提示脑卒中的情形，若有，应立即拨打急救电话，不可立即扶起	救护过程中随时观察老年人的意识状态。 识别异常情况及时报告、酌情处理。 不随意扶起或搬动老年人，若需搬动，保证平稳，尽量平卧休息
操作后		
风险防范	环境安全：对于衰弱或行动不便的老年人来说，养老院的环境安全对预防跌倒举足轻重：床单位设置合理，确保地面干燥，灯光照明适宜，走廊两侧、厕所安有扶手，浴室放置防滑垫，过道上不要堆积杂物，夜间有必要的照明，安装必要的报警和监控设备。 物品放置：热水瓶、拖鞋、便器等物品摆放在老年人方便使用的位置。 关爱老年人：对肢体功能严重缺陷或功能障碍的老年人如厕时注意安全防范，原则上床上协助大小便，必要时由照护人员专人陪同如厕。 变换体位：患有高血压的老年人起床、变换体位时动作要缓慢。 鼓励老年人坚持体育锻炼，保持精神愉悦，多参加社交活动，治疗控制高血压、糖尿病等老年慢性病，避免使用不适当的药物等，均可减少老年人跌倒的发生。 跌倒高危老年人、照护人员及家属知晓"预防跌倒十知道"	养老机构避免易致老年人跌倒的环境因素是管理的重点之一，目标是减少老年人跌倒的风险或减轻跌倒引起的损害

【任务评价】

跌倒的应对任务学习自我检测单

姓名:	专业:	班级:	学号:

任务分析	导致老年人跌倒的危险因素:	
	老年人跌倒的危害:	
任务实施	操作前:老年人跌倒评估	
	操作中:老年人跌倒的应急救助	
	操作后:老年人跌倒风险防范	

任务 5-3 烫伤的应对

烫伤的应对

烫伤的应对
实操

【任务描述】

赵爷爷,78 岁,患阿尔茨海默病 6 年,住在某老年医疗中心的认知症病区。某日午餐时间,赵爷爷准备自行将女儿送来的红烧肉用微波炉加热后食用,恰好被照护人员看到,照护人员告诉他用微波炉加热食物有发生烫伤的危险,有需要时按呼叫器即可,同时接过他手里的饭盒放入微波炉中加热,并告诉赵爷爷加热后会送到房间。可就在照护人员在为其他糖尿病老年人发放餐前药时,突然听到赵爷爷在备餐间喊叫,同时听到饭盒摔在地上的"哐啷"声。照护人员急忙跑去查看,发现赵爷爷站在备餐间不知所措,甩着右手,跺着右脚,看到照护人员跑进来,带着哭腔解释道:"我不知道饭盒这么烫……"照护人员一边安慰赵爷爷,一边检查他的手脚,发现其右手和右脚被烫伤,立即进行紧急处理。

【任务目标】

⊙ 老年人烫伤引起的组织损伤较轻,未发生感染、休克等严重后果;
⊙ 老年人在老年医疗中心得到更加悉心的照护与保护,未再发生类似烫伤事件。

【任务分析】

由于老年人的生理、病理及环境等原因,烫伤是老年人中常见的意外损伤之一,可引起老年人剧烈疼痛等不适,严重者可导致休克、感染、影响自我形象等严重后果。老年人常身患糖尿病等多种慢性病,一旦烫伤,愈合难度更大。所以,预防老年人烫伤是老年照护的任务之一。此外,养老机构的照护人员了解烫伤面积估算及烫伤深度评估等相关知识,掌握老年人不慎烫伤以后"脱、泡、盖、送"等应急处理方法,对减轻烫伤后的损害程度有着举足轻重的作用。

一、老年人烫伤的原因

(一)生理因素

老年人因神经系统及皮肤组织老化而导致痛温觉减退,若使用热水袋或洗澡时温度不当,当感觉皮肤疼痛或者有烧灼感时,往往已经造成皮肤烫伤了。另外,老年人行动不便或者视力减退,日常生活中不小心碰倒热水杯或热水瓶等也很容易被烫伤。

(二)病理因素或治疗不当

(1)患有糖尿病、血栓闭塞性脉管炎、心血管疾病的老年人周围神经病变,痛温觉减退,沐浴或泡脚时很容易烫伤。

(2)老年人生病时更倾向于中医治疗,中医拔罐、艾灸、针灸等理疗时,理疗器温度过高或者操作技术不当都会造成烫伤。

(三)环境因素

老年人黑色素细胞减少,对紫外线等有害射线的抵抗力降低,若在烈日下暴晒很容易烫伤。

二、烧伤与烫伤

烧伤泛指由热力(火焰、热液、蒸汽及高温固体)、电能、放射线、化学腐蚀剂等致伤因子作用于人体引起的始于皮肤,由表及里的损伤。

烫伤是指由高温液体(沸汤、沸水、热油)、高温蒸汽或高温固体(烧热的金属等)所致的损伤,是烧伤中最常见的类型。老年人与儿童是烫伤的高危人群,重点在于预防,关键在于烫伤即刻的正确处理。

三、烫伤程度的判断

烫伤程度取决于其面积和深度。

(一)烫伤面积的估算

(1)手掌法:五指并拢的一只手为体表面积的1%,用于估算小面积烫伤(图5-3)。

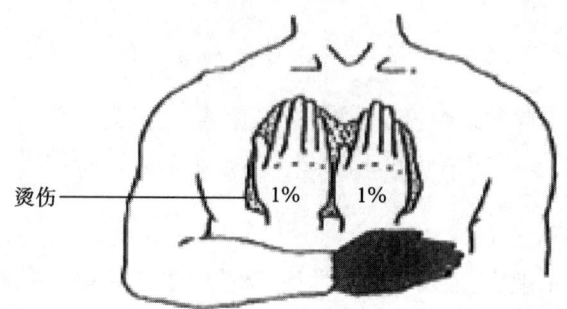

图 5-3 手掌估计法

(2)新九分法:适用于成年人(包括老年人),Ⅰ度烫伤不计入其中(图5-4、表5-3)。

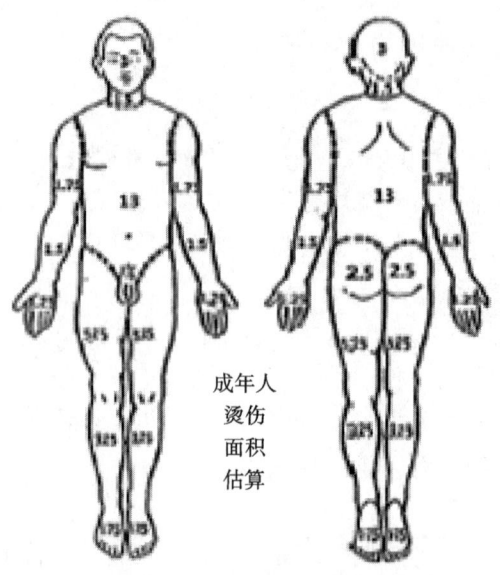

图 5-4 新九分法

表 5-3 烫伤面积的估算(新九分法)

部位	成年人各部位面积(共 11 个 9%,另加 1%)
头面颈部	共计 1 个 9% 头发部 3%、面部 3%、颈部 3%
双上肢	2 个 9%,共计 18% 双手 5%、双前臂 6%、双上臂 7%
双下肢	5 个 9%加 1%,共计 46% 双臀 5%、双足 7%、双小腿 13%、双大腿 21%
躯干	3 个 9%,共计 27% 腹侧 13%、背侧 13%、会阴 1%

新九分法口诀(诵一诵、指一指):三、三、三、五、六、七、五、七、十三、二十一、十三、十三、会阴一。

(二)烫伤深度的估计

(1)皮肤及皮下组织的结构:评估烫伤深度之前,必须先了解皮肤及皮下各层软组织的结构,其包括皮肤(表皮、真皮)、皮下组织与肌肉。与烫伤深度及其症状密切相关的是皮肤与皮下组织的结构。

(2)烫伤深度的评估:常用三度四分法评估烫伤深度。烫伤深度,由轻到重、由浅至深分为三度:Ⅰ度烫伤、Ⅱ度(又分为浅Ⅱ度和深Ⅱ度)烫伤、Ⅲ度烫伤。不同深度烫伤的表现和预后见表 5-4。

表 5-4 烫伤的表现和预后

烫伤分度		局部症状、体征	损伤深度及预后
Ⅰ度烫伤		局部红、肿、热、痛、烧灼感,无水疱	仅伤及表皮。 生发层 3~5 天愈合,不留瘢痕
Ⅱ度烫伤	浅Ⅱ度烫伤	水疱较大,创面底部肿胀发红,感觉过敏、剧痛	伤及真皮的乳头层。 2 周可愈合,不留瘢痕
	深Ⅱ度烫伤	水疱较小,皮温稍低,创面呈浅红或红白相间,感觉迟钝、微痛	伤及真皮深层。 3~4 周愈合,留有瘢痕
Ⅲ度烫伤		形成焦痂。创面无水疱、蜡白或焦黄,皮温低,感觉消失 Ⅰ度烫伤 皮肤发红,轻度红肿 Ⅱ度烫伤 大小不等的水疱 皮肤红肿较重 Ⅲ度烫伤 烫伤部位发白	伤及皮肤全层,达皮下、肌肉、骨等。 2~4 周焦痂分离,肉芽组织生长,形成瘢痕

【任务实施】

操作步骤	操作程序	注意事项
操作前		
1.评估与沟通	了解伤情,判断烫伤部位和程度,安抚伤者,稳定其情绪	老年人烫伤后应迅速脱离热源,以免继续损伤。时间紧迫时,照护人员不必充分完成自身准备后才帮助老年人处理烫伤
2.准备	照护人员准备:洗手并用干净毛巾擦干,戴口罩 环境准备:光线充足,室内安静 老年人准备:离开危险现场,取舒适体位	
操作中		
1.Ⅰ度烫伤的紧急处理——浸水涂药	立即将伤处浸在凉水中"冷却治疗",如有冰块,把冰块敷于伤处效果更佳,"冷却"超过30 min。"冷却治疗"有降温、减轻余热损伤、减轻肿胀、止痛、防止起水疱等作用 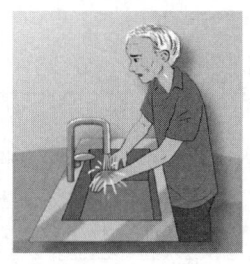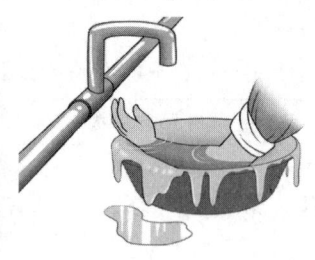 若烫伤部位不是手或足,不能将伤处浸泡在冷水中。"冷却治疗"时,则可将受伤部位用毛巾包好,再在毛巾上浇水,或用冰块敷效果更佳。 冷却治疗后用烫伤膏涂于烫伤部位,3～5天便可自愈,切勿使用酱油、牙膏、肥皂等"民间土方"涂抹伤处,以免贻误病情甚至导致感染等不良后果 	若穿着衣服或鞋袜部位被烫伤,切勿急忙脱去被烫部位的鞋袜或衣裤,以免造成表皮拉脱。应先用冷水直接浇到伤处及周围,再脱去鞋袜或衣裤。 "冷却治疗"在烫伤后要立即进行,一刻也不能拖延。浸泡时间越早、水温越低,效果越好,因为烫伤后5 min内烫伤的余热还在继续损伤皮肤。但水温不能低于5 ℃,以免发生冻伤。 冬天需注意身体其他部位的保暖

续表

操作步骤	操作程序	注意事项
2. Ⅱ度烫伤的紧急处——脱、泡、盖、送	先"冷却治疗"、保护水疱,并立即报告,迅速就医。 口诀:降温止痛防感染,保护水疱送医院。 若伤处水疱已破,不可浸泡,以防感染。可用无菌纱布或干净手帕包裹冰块,冷敷伤处周围,立即就医	
3. Ⅲ度烫伤的紧急处理	立即用清洁的被单或衣服简单包扎,避免污染和再次损伤,创面不要涂擦药物,保持清洁,立即报告,迅速就医。 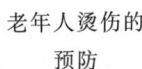 如发现老年人出现面色苍白、神志不清甚至昏迷,应及时拨打急救电话"120"	
操作后		
老年人烫伤的预防	整理用物,洗手,记录老年人烫伤的原因,伤处的面积、程度及处理要点。 老年人需掌握烤灯、湿热敷、热水坐浴等的正确用法,不要随意调节仪器,必要时由照护人员协助,尤其老年人患有感觉缺失等后遗症时,更要高度关注和警惕。 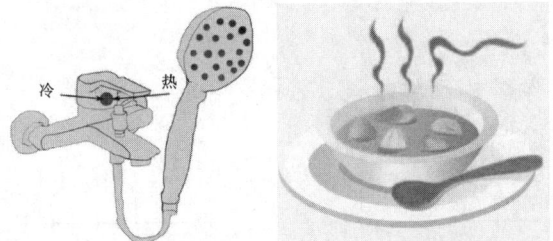 指导老年人安全使用生活设施:洗澡时先开冷水再开热水,结束时先关热水后关冷水;热水瓶放在固定位置或者房间的角落等不易碰倒的地方;房间内若需要使用蚊香时,将蚊香专用器放在安全的地方;使用电器时,反复告知注意事项,并定期检查电器是否完好。 饮食方面:喝热汤或热水时,提前放温凉再给老年人,必要时向老年人说明	必要时转送医院继续诊治

【任务评价】

烫伤的应对任务学习自我检测单

姓名：　　　　　专业：　　　　　班级：　　　　　学号：

任务分析	老年人烫伤的原因：	
	烧伤与烫伤：	
	烫伤程度的判断：	
任务实施	操作前：评估与准备	
	操作中：烫伤的紧急处理	
	操作后：老年人烫伤的预防	

任务6 饮食照护

饮食与营养是维持生命的基本需要,是维持、恢复、促进健康的基本保证。老年人随着年龄的增加,身体机能会出现退行性改变,生活自理能力逐渐下降,使生活照护成为老年人的重要需求。照护人员在饮食照护上除了保证食物的色香味符合老年人的口味外,还应注意在进食时观察的要点,识别异常情况并及时报告的方法;帮助老年人进水以及老年人特殊饮食的喂食等,避免意外的发生。

任务6-1 进水帮助

【任务描述】

张爷爷,75岁。1年前因高血压性脑出血进行手术治疗,现意识清醒,语言和运动功能还未恢复,长期卧床,无法表达自己的意愿,生活完全不能自理,需要照护人员帮助进水。张爷爷由于担心进水后尿多,增加麻烦,常常不愿喝水。中午查房时,照护人员小罗发现张爷爷嘴唇干枯,有进水需求,小罗将通过吸管帮助张爷爷进水。

进水帮助

进水帮助实操

【任务目标】

⊙老年人理解并愿意配合进水;
⊙老年人完成进水,对水的需求得到满足;
⊙老年人进水过程顺利,未出现呛咳等现象。

【任务分析】

老年人由于机体老化,心肾功能下降,机体调节能力下降,容易发生脱水。另外,老年人由于担心呛咳、尿多或不愿喝水,更容易发生缺水或脱水。因此,照护人员要关注老年人水的摄入情况,经常向老年人解释喝水的重要性,督促、鼓励老年人少量多次饮水,以满足生理活动的需要。

一、老年人进水的分类

水占人体重量的60%~70%,是维持人体正常生理活动的重要物质,人可一日无食,不可一日无水。水的来源主要通过喝水,进食菜汤、果汁等和体内代谢生成。水主要通过消化道(粪便)、呼吸道、皮肤(汗液)和泌尿系统(尿液)排出体外。

(1)白开水:对老年人来说,不仅能稀释血液、降低血液黏稠度、促进血液循环,还能减少血栓形成,预防心脑血管疾病,最适合老年人补充水分。

(2)豆浆:可强身健体,长期饮用可预防糖尿病(豆浆含有大量纤维素,能有效阻止糖的过量吸收,减少糖分)、高血压(豆浆中所含的豆固醇和钾、镁,是有力的抗钠盐物质。钠是高血压发生和复发的主要根源)。

(3)酸奶:易被人体消化和吸收,具有促进胃液分泌,增强消化功能,降低胆固醇的作用。

(4)鲜榨果汁:老年人喝适量果汁可以助消化、润肠道,补充膳食中营养成分的不足。

(5)绿茶:具有延缓衰老、抑制心血管疾病、预防和抗癌、醒脑提神的作用。

二、老年人进水的观察

(1)进水的总量:老年人每日饮水量为2000～2500 ml(除去饮食中的水),平均以1500 ml左右为宜。

(2)进水的温度:老年人进水的温度以温热不烫嘴为宜,不宜过凉或过热。

(3)进水的时间:根据老年人自身的情况,指导其日间摄取足够的水分,晚上7点后应控制饮水,少饮咖啡和茶水,以免夜尿增多影响老年人睡眠。

三、识别异常情况并及时报告的方法

饮水过程中注意观察老年人有无呛咳现象发生,如有发生,应停止饮水,休息片刻再继续饮水。当误吸同时伴有呼吸困难、面色苍白或发绀等情况,应立即停止并及时报告上级养老照护人员,积极进行相关处理。

【任务实施】

操作步骤	操作程序	注意事项
操作前		
1.评估与沟通		
(1)评估	评估环境:环境清洁,温度适宜,无异味	
	评估老年人:病情、吞咽反射情况	
(2)沟通	提醒老年人饮水并询问有无特殊要求	
2.准备		
(1)照护人员准备	服装整洁,洗净双手	
(2)老年人准备	协助老年人取坐位或半卧位,洗净双手	
(3)物品准备	茶杯或小水壶盛装总体积1/2～2/3的温开水(触及杯壁时温热不烫手),准备吸管、汤匙及小毛巾 	

续表

操作步骤	操作程序	注意事项
操作中		
1.沟通	照护人员向老年人解释操作的目的,进水时需要配合的动作等,取得老年人的配合	
2.调整体位	协助老年人取安全、舒适、可操作体位(如轮椅坐位、床上坐位、半坐位、侧卧位或平卧位等),面部侧向照护人员	
3.测试水温	将小毛巾围在老年人颌下,前臂试水温(以不烫手为宜)	开水晾温后再递交到老年人手中或进行喂水,防止发生烫伤
4.协助饮水		
	①能够自己饮水的老年人:鼓励手持水杯或借助吸管饮水,叮嘱老年人饮水时身体坐直或稍前倾,小口饮用,以免呛咳。出现呛咳,应稍事休息再饮用	老年人饮水后不能立即平卧。饮水过程宜慢,防止反流发生呛咳、误吸
	②不能自理的老年人:喂水时可借助吸管饮水;使用汤匙喂水时,水盛装汤匙容量的1/2~2/3为宜,见老年人咽下后再喂下一口,不宜太急	对不能自理的老年人,每日分次定时喂水
操作后		
	整理用物,将水杯或水壶放回原处	
	洗手	
	根据老年人病情需要,记录老年人饮水次数和饮水量	

【任务评价】

进水帮助任务学习自我检测单

姓名：　　　　专业：　　　　班级：　　　　学号：

任务分析	老年人进水的分类：	
	老年人进水的观察：	
	识别异常情况并及时报告的方法：	
任务实施	操作前：评估与准备	
	操作中：协助饮水	
	操作后：整理与记录	

任务 6-2　进食帮助

进食帮助
实操

【任务描述】

李奶奶，丧偶，78 岁，患糖尿病 20 年，近期出现了视力模糊、看不清东西的现象，生活基本不能自理，无法独立进食，需要照护人员喂食。既往进食时，李奶奶有过呛咳和被食物烫到等现象，故每当照护人员喂食时，李奶奶会担心、紧张，害怕进食。又到早饭时间，照护人员小罗需要帮助李奶奶吃青菜粥。

【任务目标】

⊙老年人紧张情绪缓解，愿意并配合进食；
⊙老年人吃了青菜粥，进食过程顺利；
⊙老年人进食过程中未出现烫伤、呛咳、噎死等现象。

【任务分析】

老年人进食较普通成年人有很大区别，从食物的软硬、口味和吞咽、咀嚼及消化的能力等各个方面来说都不同于一般成年人，为保证老年人的营养和热量，保证其顺畅安全进食，应由照护人员加以照护。

一、老年人饮食分类

（一）饮食的种类

一般把老年人饮食分为基本饮食、治疗饮食和试验饮食三种。根据老年人咀嚼、消化能力及身体需要，又将基本饮食分为普通饮食、软质饮食、半流质饮食、流质饮食四类。

(1) 普通饮食：适于不需要特殊饮食的老年人。老年人可根据自己的喜好，选择可口、容易消化且营养素均衡的食物。对于无咀嚼能力和不能吞咽大块食物的老年人，可将普通饮食加工剁碎或用粉碎机进行破碎后食用。

(2) 软质饮食：适于牙齿有缺失、消化不良、低热、疾病恢复期的老年人。食物要以软烂为主，如软米饭、面条。菜、肉应切碎煮烂，容易咀嚼消化。

(3) 半流质饮食：适于咀嚼能力较差和吞咽困难的老年人。食物呈半流质状态，如米粥、面条、馄饨、蛋羹、豆腐脑等。此类饮食无刺激性，纤维素含量少且营养丰富。

(4) 流质饮食：适于进食困难或采用鼻饲管喂食时的老年人。食物呈流质状态，如奶类、豆浆、藕粉、米汤、果汁、菜汁等。此种饮食因所含热量及营养素不足，故不能长期食用。

治疗饮食是在基本饮食的基础上，为高血压、高血脂、冠心病、糖尿病、痛风的患者而设，其营养素的搭配，因病种的不同而各有特点和要求，如高蛋白饮食、低蛋白饮食、高热量饮食、低脂肪饮食、低胆固醇饮食、低盐饮食、少渣饮食等。

试验饮食是为配合临床检验而设的饮食，应在医护人员指导下进行，如隐血试验饮食等。

（二）饮食的总热量

食物和水是维持生命的物质基础，食物提供人体所需要的营养，为人体生长发育、

组织修复和维持生理功能提供必需的营养素和热量。食物中含有的可被人体消化、吸收、利用的成分称为营养素。营养素一般可分为7大类:糖类、蛋白质、脂肪、无机盐、维生素、膳食纤维和水,其中糖类、蛋白质和脂肪3种营养素能产生热量,是人体的能量来源,统称为热原质。由于老年人消化器官功能减退,活动量减少,对食物的消化、营养的吸收功能均减退,从食物中获得的营养素相应减少,所需的能量也随着年龄增长而减少。

1. 合理控制原则

老年人的饮食营养要合理,荤素、粗细、干稀搭配,符合卫生要求,老年人的全天热量供给约3000 kcal。蛋白质、脂肪、糖类比例适当,三者的热量比分别是10%~15%、20%~25%、60%~70%。

老年人饮食热量供给量是否合适,可通过观察体重变化来衡量。当体重变化在标准值的5%范围内,说明热量供给合适;当体重变化大于标准值的10%,说明热量供给过量;当体重变化小于标准值的10%,说明热量供给不足。

体重变化与热量供给的关系,一般可用下列公式粗略计算:

男性老年人体重标准值(kg)=[身高(cm)-100]×0.9

女性老年人体重标准值(kg)=[身高(cm)-105]×0.92

2. 饮食结构原则

老年人的日常饮食中应注意各类食物的合理搭配。膳食要注意多样化,粗细搭配,花样更新,多食杂粮、豆类、鱼类、蛋类、奶类、海产品类、蔬菜和水果等,保持营养平衡和营养素之间的比例适宜,形成适合老年人的科学合理的饮食结构。

总之,老年人在饮食结构上强调:荤素、粗细粮、水陆物产、谷豆物搭配合理。做到"四低、一高、一适当",即低脂肪、低胆固醇、低盐、低糖,高纤维素,适当蛋白质。

二、老年人进食的观察

(1)进食的总量:一日三餐是中国人的习惯,老年人要根据自身的特点来制订。每天进食量应根据上午、下午、晚上的活动量均衡地分配到一日三餐中。主食"宜粗不宜细",老年人每日进食谷类200 g左右,并适当地增加粗粮的比例。蛋白质宜"精",每日由蛋白质供给的热量,应占总热量的13%~15%,可按每千克体重1~1.5 g供给。脂肪宜"少",老年人应将由脂肪供给的热量控制在20%~25%,每日用烹调油20 g左右,而且以植物油为主。但是,脂肪也不能过少,否则会影响脂溶性维生素的吸收。维生素和无机盐应"充足",老年人要多吃新鲜瓜果、绿叶蔬菜,每天不少于300 g。适宜的进食量有利于维持正常的代谢活动,增强机体免疫力,提高防病抗病能力。

(2)进食的速度:老年人进食速度宜慢,有利于食物的消化和吸收,同时预防在进食过程中发生呛咳。

(3)进食的温度:老年人进食的温度以温热不烫嘴为宜。这是因为老年人唾液分泌减少,口腔黏膜抵抗力低,因此不宜进食过热的食物,同时也不宜进食过冷的食物,凉的食物容易伤脾胃,影响食物的消化、吸收。

(4)进食的时间:根据老年人的生活习惯,合理安排进食时间。一般早餐时间为上午6~7时,午餐时间为中午11~12时,晚餐时间为下午5~7时。当然,老年人除了应保证一日三餐的正常摄食外,为了适应其肝糖原储备减少及消化吸收能力下降等特点,可适当在晨起、餐间或睡前补充一些糕点、牛奶、饮料等。总体原则是少食多餐,有利于消化吸收,减轻消化系统的压力。

三、识别异常情况并及时报告的方法

(1)在进食过程中,老年人原有病情加重或突发其他意外时,应立即停止进食,报告上级养老照护人员并积极进行相关处理。

(2)进食后老年人自觉不适,应指导其不要立即平卧,休息片刻后再卧床,以免食物反流。

(3)发生呛咳时,应立即停止喂食喂水,轻拍背部,休息片刻。

(4)发生气道异物时,应立即送往医院就诊。

【任务实施】

操作步骤	操作程序	注意事项
操作前		
1.评估与沟通		
(1)评估	评估环境:环境清洁,整齐、明亮、舒适,适合进餐	
	评估老年人:病情、吞咽反射情况	
(2)沟通	向老年人说明进食时间和本次进餐食物,询问有无特殊要求	
2.准备		
(1)老年人准备	询问老年人进食前是否需要大小便,根据需要协助排便,协助老年人洗净双手	
(2)物品准备	根据需要准备轮椅或床上支架(或过床案)、靠垫、枕头、毛巾等	
操作中		
1.沟通	照护人员向老年人解释操作的目的,进食时需要配合的动作等,取得老年人的配合	
2.调整体位	根据老年人自理程度及病情,采取适宜的进食体位(如轮椅坐位、床上坐位、半坐位、侧坐位等)。为老年人系上围裙或将毛巾垫在老年人颌下及胸前部位。 ①轮椅坐位:轮椅与床成30°角,固定轮子,抬起脚踏板。叮嘱老年人双手环抱照护人员脖颈,照护人员双手环抱老年人的腰部或腋下,协助老年人坐起,双腿垂于床下,双脚踏稳地面,再用膝部抵住老年人膝部,挺身带动老年人站立并旋转身体,使老年人坐在轮椅中间,后背贴紧椅背,将轮椅上的安全带系在老年人腰间。 ②床上坐位:按上述环抱方法协助老年人在床上坐起,将靠垫或软枕垫于老年人后背及膝下,保证坐位稳定舒适。床上放置餐桌	适用于下肢功能障碍或行走无力的老年人

续表

操作步骤	操作程序	注意事项
2.调整体位	③平卧位:使用可摇式床具时,将老年人床头摇起,抬高至与床具水平面成 30°～45°角。使用普通床具时,可使用棉被或靠垫支撑老年人背部使其上身抬起。采用半卧位时,应在身体两侧及膝下垫软枕以保证体位稳定。 ④侧卧位:使用可摇式床具时,将老年人床头摇起,抬高至与床具水平面成 30°角。照护人员双手分别扶住老年人的肩部和髋部,使老年人面向照护人员侧卧,肩背部垫软枕或模型垫。一般宜采用右侧卧位	适用于完全不能自理的老年人
3.协助进餐	照护人员将已准备好的食物盛入老年人的餐具中并摆放在餐桌上。 ①鼓励能够自己进餐的老年人自行进餐。指导老年人上身坐直并稍向前倾,头稍向下垂,叮嘱老年人进餐时细嚼慢咽,不要边进食边讲话,以免发生呛咳。 ②对于不能自行进餐的老年人,由照护人员喂饭。先用手触及碗壁感受并估计食物温热程度,以汤匙喂食时,每喂食一口,食物量以汤匙容积的 1/3 为宜,等看到老年人完全咽下后再喂食下一口。 ③对于视力障碍能自己进食的老年人,照护人员将盛装温热食物的餐碗放入老年人的手中(确认食物的位置),再将汤匙递到老年人手中,告知食物的种类,叮嘱老年人缓慢进食。进食带有骨头的食物,要特别告知小心进食,进食鱼类要先协助剔除鱼刺。如老年人要求自己进食,可按时钟平面图放置食物,并告知顺序、名称,有利于老年人按顺序摄取	食物温度适宜。若食物温度太高,则会发生烫伤;若温度太低,则会引起胃部不适。 对于咀嚼或吞咽困难的老年人,可将食物打碎成糊状,再协助进食。 老年人进食中如发生呛咳,立即急救处理并通知医护人员或家属
	操作后	
	照护人员协助老年人进餐后漱口,并用毛巾擦干口角水痕。叮嘱老年人进餐后不能立即平卧,保持进餐体位 30 min 后再卧床休息	老年人进餐后不宜立即平卧,以防止食物反流
	整理用物,照护人员撤去毛巾等用物,整理床单位。使用流动水清洁餐具,必要时进行消毒	
	洗手	

【任务评价】

进食帮助任务学习自我检测单

姓名：　　　　专业：　　　　班级：　　　　学号：

任务分析	老年人饮食分类：	
	老年人进食的观察：	
	识别异常情况并及时报告的方法：	
任务实施	操作前：评估与准备	
	操作中：协助进食	
	操作后：安置、整理与记录	

特殊进食帮助

特殊进食帮助实操

任务 6-3 特殊进食帮助

【任务描述】

孙爷爷,87 岁。4 年前因小脑萎缩,长期处于卧床状态,生活完全不能自理,不能自主吞咽,需要照护人员将食物、药物粉碎调理成流质状,经鼻饲管帮助进食进饮进药。又到午餐时刻,照护人员小王需要通过鼻胃管帮助孙爷爷饮用混合奶 150 ml。

【任务目标】

⊙老年人饮用了混合奶 150 ml,喂食过程顺利;
⊙老年人进食过程中未出现恶心、呕吐,进食后没有出现腹泻等不适现象。

【任务分析】

大多数老年人患有各种慢性病,对某些种类的食物和营养素的摄入有较为严格的要求;另外由于吞咽咀嚼功能减退,或者由于疾病原因不能经口腔进食,则需要鼻饲进食,这些都需要照护人员提供治疗饮食和合适的照护。

一、治疗饮食的种类及特点

治疗饮食是在基本饮食的基础上,根据病情的需要,适当调整总热量和某些营养素以达到治疗目的的饮食。

老年人特殊饮食可满足老年人在疾病期间的营养需要,分为以下几种。

(1)高热量饮食:在两餐之间提供含有热量的饮料或点心,如牛奶、豆浆、鸡蛋等。半流质或流质饮食者,可加浓缩食品,如奶油、巧克力等。高热量饮食适用于有甲状腺功能亢进、高热、胆道疾病等的老年人。

(2)高蛋白饮食:在基本饮食基础上增加含丰富蛋白质的食物,如肉类、鱼类、蛋类、乳类、豆类等,蛋白质供应每日每千克体重 2 g,但总量不超过 120 g,总热量2500~3000 kcal。高蛋白饮食适于患有慢性消耗性疾病、严重贫血、肾病综合征或处于癌症晚期等的老年人。

(3)低蛋白饮食:每日饮食中的蛋白质不超过 40 g,应多补充蔬菜和含糖高的食物,维持正常热量。低蛋白饮食适于限制蛋白质摄入者,如患有急性肾炎、尿毒症、肝性昏迷等的老年人。

(4)高纤维素饮食:选择含纤维素多的食物,如芹菜、韭菜、新鲜水果、粗粮、豆类等。高纤维素饮食适于患有便秘、肥胖症、高脂血症、糖尿病、心血管疾病等的老年人。

(5)低纤维素(少渣)饮食:吃含纤维素少的食物,且少油,忌含纤维素多的蔬菜、水果,应吃菜泥、喝果汁等,忌油煎食物。低纤维素饮食适于腹泻的老年人。

(6)低盐饮食:每日可用食盐不超过 2 g(含钠 0.8 g),但不包括食物内自然存在的氯化钠。低盐饮食适于患有心脏病、肾病（急性肾炎、慢性肾炎）、肝硬化（有腹水）、重度高血压但水肿较轻等的老年人。

（7）低脂肪饮食：少用油，禁用肥肉、蛋黄、动物脑等食材。高脂血症及动脉硬化患者不必限制植物油（椰子油除外），每日脂肪摄入量不超过 40 g。低脂肪饮食适于有肝胆疾病、高脂血症、动脉硬化、肥胖及腹泻等的老年人。

（8）低胆固醇饮食：膳食中胆固醇含量为 300 mg/d 以下，少食用动物内脏、饱和脂肪、蛋黄、鱼子等。低胆固醇饮食适于患有动脉硬化、高胆固醇血症、冠心病等疾病的老年人。

（9）无盐、低钠饮食：无盐饮食，即除食物内自然含钠量外，不放食盐烹调的饮食。低钠饮食，即除无盐外，还需控制摄入食物中自然存在的钠量（每天控制在 0.5 g 以下），禁食腌制食品。还应禁食含钠的食物和药物，如发酵粉（油条、挂面）、汽水（含小苏打）和碳酸氢钠药物等。无盐低钠饮食适于患心脏病、肾病（急性肾炎、慢性肾炎）、肝硬化（有腹水）、重度高血压等疾病的老年人。

二、常用鼻饲饮食

（1）鼻饲：对不能经口进食者，将胃管自一侧鼻腔插入胃内，灌入流质饮食、水和药物的方法。其目的是为昏迷、不能经口和张口的患者提供食物、药物，以满足营养和治疗的需要。由护士给予鼻胃管插入，照护人员进行管喂饮食。

（2）常用鼻饲饮食种类：根据老年人的消化能力、身体需要，鼻饲饮食种类可分为混合奶、匀浆混合奶和要素饮食三类。

①混合奶：用于鼻饲的流质食物，适于身体虚弱、消化功能差的鼻饲老年人。其主要成分：牛奶、豆浆、鸡蛋、藕粉、米粉、豆粉、浓肉汤、鸡汤、奶粉、新鲜果汁、菜汁（如青菜汁、西红柿汁）等。主要特点：营养丰富，易消化、吸收。

②匀浆混合奶：适于消化功能好的鼻饲老年人。匀浆混合奶是将混合食物（类似正常膳食内容）用电动搅拌机搅拌打碎成均匀的混合浆液，其主要成分：牛奶、豆浆、豆腐、煮鸡蛋、瘦肉沫、熟肝、煮蔬菜、煮水果、烂饭、稠粥、去皮馒头、植物油、白糖和盐等。主要特点：营养平衡，富含膳食纤维，口感好、易消化、配制方便。

③要素饮食：一种简练精制食物，含有人体所需的易于消化吸收的营养成分，适于患有非感染性严重腹泻、消化吸收不良、慢性消耗性疾病的老年人。其主要成分包含游离氨基酸、单糖、主要脂肪酸、维生素、无机盐类和微量元素等。主要特点：无需经过消化过程即可直接被肠道吸收和利用，为人体提供热量及营养。

三、鼻饲喂养前的观察

照护人员每次经胃管灌入食物前，应查看胃管固定情况，插入的长度是否与鼻饲管标记的长度一致，如鼻饲管脱出，应由护士重新留置胃管。同时还应检查鼻饲饮食种类、量，保证食物新鲜无污染。

【任务实施】

操作步骤	操作程序	注意事项
操作前		
1.评估与沟通		
(1)评估	评估环境:清洁、安静、舒适、安全、光线充足,适合操作	
	评估老年人:评估老年人的意识状态、自理能力及身体状况,鼻饲饮食种类,鼻饲饮食时有无腹泻、便秘的情况等	
(2)沟通	对于能够有效沟通的老年人,照护人员应询问老年人床号、姓名,并向老年人讲解即将鼻饲饮食的种类和量,以取得老年人的配合	对于不能进行有效沟通的老年人,应核对老年人的房间号、床号、床头卡姓名、鼻饲饮食种类和量
2.准备		
(1)老年人准备	取舒适卧位(半坐位或右侧卧位),戴眼镜或有义齿者取下,妥善放置	
(2)物品准备	灌注器(或注射器)、毛巾、鼻饲饮食、温水、别针、皮筋或小线、纱布	
操作中		
1.沟通	对于能够有效沟通的老年人,照护人员应向老年人解释操作的目的、鼻饲时需要配合的动作等,取得老年人的配合	
2.调整体位	根据老年人身体情况,协助其取舒适体位	

续表

操 作 步 骤	操 作 程 序	注 意 事 项
	①对于上半身功能较好的老年人,照护人员应协助老年人采用坐位或半坐位;对于平卧的老年人,照护人员应将床头摇高或使用软枕垫起,使之与床水平线成30°角	对长期鼻饲的老年人,每日晨、晚间应给予口腔照护,保持口腔清洁。随时清理鼻腔,保持通畅
	②在老年人的颌下垫毛巾或治疗巾	
3.检查鼻饲管	为确保老年人鼻饲饮食的安全,每次鼻饲饮食前必须进行以下检查	
	①首先应检查鼻饲管固定是否完好,插入的长度是否与鼻饲管标记的长度一致,如发现有管路滑脱,应立即通知医护人员处理	
	②检查鼻饲管是否在胃内。打开胃管末端盖帽,将灌注器的乳头与胃管末端连接并进行抽吸,有胃液或胃内容物被抽出,表明胃管在胃内。推回胃液或胃内容物,盖好胃管末端盖帽	
4.进行鼻饲		
	①测试鼻饲饮食的温度,照护人员应将鼻饲饮食少量滴在自己的手腕部,以感觉温热、不烫手为宜。	
	②照护人员用灌注器从水杯中抽取 20 ml 温开水,连接胃管向老年人胃内缓慢灌注,再盖好胃管末端盖帽,以确定胃管是否通畅,同时可以使老年人管腔润滑,刺激胃液分泌。	
	③照护人员抽吸鼻饲饮食(每次 50 ml/管),在水杯中轻蘸灌注器乳头部分,涮下外壁鼻饲饮食残渣,打开胃管盖帽并连接,缓慢推注,灌食速度以老年人喂食的反应及食物的浓度而定,一般用抬高和降低灌注器来调节,并随时观察老年人的反应,速度为 10~13 ml/min。灌注后立即盖好胃管盖帽,再次抽吸鼻饲饮食,同法至鼻饲饮食全部推注完毕。	

续表

操作步骤	操作程序	注意事项
	④每次鼻饲量不应超过 200 ml,推注时间以 15～20 min 为宜,两次鼻饲之间间隔不少于 2 h。 ⑤鼻饲饮食完毕,照护人员用灌注器抽取 30～50 ml 温开水缓慢注入,冲净胃管内壁食物残渣,防止食物残渣堵塞鼻饲管,盖好鼻饲管盖帽。 ⑥叮嘱并协助老年人进食后保持体位 30 min 再卧床休息,这样有利于食物的消化与吸收,以防喂食后食物反流引发误吸	老年人鼻饲过程中,若出现恶心、呕吐等情况,应立即停止,并立即通知医护人员处理。 为防止鼻饲管堵塞,鼻饲药物时,应将药物研碎,溶解后再灌入。 鼻饲饮食应现用现配,未用完的鼻饲饮食放冰箱保存,24 h 内用完。禁止鼻饲变质或疑似变质的食物
	操作后	
	①撤下毛巾,整理床单位。清洗用物,将灌注器在流动水下清洗干净,用开水浸泡消毒后放入碗内	
	②上面覆盖纱布备用。灌注器更换频率为 1 次/周,预防消化道疾病发生	
	③准确记录鼻饲时间和鼻饲量。重点观察老年人鼻饲后有无腹胀、腹泻等不适症状并记录	

【任务评价】

特殊进食帮助任务学习自我检测单

| 姓名： | 专业： | 班级： | 学号： |

任务分析	治疗饮食的种类及特点：	
	常见鼻饲饮食：	
	鼻饲喂养前的观察：	
任务实施	操作前：评估与准备	
	操作中：实施鼻饲	
	操作后：安置、整理与记录	

任务 7　排泄照护

排泄是维持生命的必要过程。人体只有通过排泄才能将机体新陈代谢的产物及废物排出体外,维持机体内环境的协调平衡。老年人因机体调节功能减弱、自理能力下降或疾病原因可致排泄功能发生异常。因此,照护人员应仔细观察,根据不同情况,协助老年人取舒适的体位、适合的排泄方法,提高老年人的生活质量。

任务 7-1　如厕帮助

如厕帮助

如厕帮助
实操

【任务描述】

叶爷爷,72岁,轻度失智老年人,能自行走路,因大小便失控,白天经常有尿裤现象,夜间使用纸尿裤。来医疗照护中心后,照护人员观察了解叶爷爷的生活习惯后,定期提醒引导其如厕大小便,养成早餐后大便习惯,经过一段时间训练后,叶爷爷尿裤现象明显减少,舒适度及自尊感增强。现在叶爷爷已经吃完早餐,照护人员帮助他如厕。

【任务目标】

⊙老年人能在照护人员帮助下如厕,大小便需求得到解决;
⊙老年人如厕过程中未出现跌倒、受凉等现象;
⊙老年人尿裤现象明显减少,感到轻松开心。

【任务分析】

人体的排泄途径有皮肤、呼吸道、消化道及尿道,而消化道和尿道是最主要的排泄途径,即排便和排尿。

排便是反射活动,粪便充满直肠刺激肠壁而产生便意。如环境许可,大脑皮层即发出冲动使排便中枢兴奋增强,产生排便反射,促进粪便排出体外。排尿是尿液在肾生成后经输尿管而暂储于膀胱中,储存至一定量后,通过尿道排出体外的过程。排尿是受中枢神经系统控制的复杂反射活动。老年人由于胃肠或泌尿系统的功能减弱或处于疾病状态,常发生排泄异常。排泄异常包括排便异常和排尿异常。

一、排便异常

(1)便秘:排便次数减少,一周内排便次数少于3次,大便干结,费力排便。腹部有时可触及包块,肛诊可触及粪块。

(2)粪便嵌塞:老年人有排便冲动,腹部胀痛,直肠肛门疼痛,肛门处有少量液化的粪便渗出,但不能排出粪便。

(3)腹泻:排便次数明显超过平日习惯的频率,粪质稀薄,常伴有腹痛、恶心、呕吐、肠鸣,有急于排便的需要和难以控制的感觉。

(4)排便失禁:患者不自主地排出粪便。

(5)肠胀气:患者表现为腹部膨隆,叩诊呈鼓音、腹胀、痉挛性疼痛、呃逆、肛门排气过多。当肠胀气压迫膈肌和胸腔时,可出现气急和呼吸困难。

二、排尿异常

(1)尿失禁:膀胱括约肌丧失控制排尿能力,使尿液不自主地流出。

(2)尿潴留:膀胱内潴留大量的尿液而又不能自主排出,表现为下腹胀满、排尿困难、耻骨上膨隆、扪及囊性包块,叩诊为实音。

由于老年人的活动能力和自我保护能力减退,如厕需要有人帮助和照料,以满足老年人的排泄需要。

【任务实施】

操作步骤	操作程序	注意事项
	操作前	
1.评估与沟通		
(1)评估	评估环境:清洁、安静、地面无水渍。 评估老年人:照护人员应评估老年人的身体状况、行走能力	卫生间设置扶手、呼叫器等
(2)沟通	照护人员态度和蔼,询问老年人是否需要如厕	
2.准备		
(1)物品准备	卫生间备坐便器或床旁备坐便椅、卫生纸	
(2)照护人员准备	服装整洁,仪表端庄	
	操作中	
1.协助进卫生间	能行走的老年人由照护人员搀扶(或自己行走)进卫生间,关好厕所门,注意保护隐私。 不能行走或行走能力差的老年人,在照护人员协助下在床旁使用坐便椅如厕	门外挂标示牌,不锁门,嘱老年人放松、耐心
2.脱裤	照护人员上身抵住老年人,一手扶老年人腋下(或腰部),另一手协助老年人(或老年人自己)脱下裤子	老年人排便时注意保暖,注意保护隐私
3.坐在便器上	照护人员双手扶住老年人腋下,协助老年人坐在便器上,嘱老年人坐稳,手扶于身旁支撑物(扶手、栏杆、凳子、墙壁等)	老年人不可蹲便时间过久,起身速度要慢,以免跌倒。 及时与老年人沟通,消除老年人的顾虑
4.穿裤	老年人自己借助身旁支撑物支撑身体(或照护人员协助老年人)起身,老年人自己(或照护人员协助)穿好衣服	
	操作后	
	照护人员开窗通风,倾倒污秽、清洗坐便器或坐便椅。 协助老年人洗手,照护人员洗手。 记录排泄的次数,排泄物的量及颜色	

【任务评价】

如厕帮助任务学习自我检测单

姓名：　　　　　专业：　　　　　班级：　　　　　学号：

任务分析	排便异常：
	排尿异常：

任务实施	操作前：评估与准备	
	操作中：帮助如厕	
	操作后：整理与记录	

任务 7-2　便器使用帮助

便器使用帮助

便器使用帮助实操

【任务描述】

王爷爷,75 岁,失能老年人,意识清醒,能控制大小便,能与他人进行沟通。王爷爷因不能下床,照护人员为王爷爷准备了接尿壶和大便器,让王爷爷能在床上解决大小便,增强了王爷爷的舒适度,降低了老年人的照护费用。现在王爷爷要求照护人员帮助其在床上使用便器进行大小便。

【任务目标】

⊙ 老年人在床上顺利地使用便器,解决大小便;
⊙ 老年人在使用便器中未出现皮肤受伤、受凉、尿液飞溅等现象。

【任务分析】

对于运动功能减退,不能下床活动正常如厕,或者由于疾病治疗原因卧床的老年人,照护人员需帮助老年人在床上使用便器进行大小便,满足老年人的排泄需求。

一、床上便器的种类

(1) 大便器:不能下床的老年人,可在照护人员帮助下在床上使用便携式大便器(坐式、盆式)排便。

(2) 小便器:不能下床的老年人,可在照护人员帮助下在床上使用便携式小便器(尿壶、尿盆)排尿。

二、粪便异常的观察

(1) 次数与量:成人每日排便频率是 1~2 次。成人每日排便超过 3 次或每周少于 3 次且形状改变,称为排便异常。消化不良或急性肠炎时,排便次数增多,可为稀便或水样便;便秘时,排便次数减少,坚硬呈栗子样;直肠、肛门狭窄或肠道部分梗阻时呈扁条状或带状。

(2) 颜色与形状:正常粪便呈黄褐色、柔软、成形。柏油样便见于上消化道出血;暗红色便见于下消化道出血;白陶土色便见于胆道完全阻塞;果酱样便见于肠套叠、阿米巴痢疾;粪便表面沾有鲜红色血液见于痔疮、肛裂、直肠息肉;白色"米水"便见于霍乱、副霍乱。

(3) 气味:粪便的气味由蛋白质经细菌分解发酵而产生。粪便呈酸臭味见于消化不良,腐臭味见于下消化道溃疡、肠癌,腥臭味见于上消化道出血。

【任务实施】

一、便盆使用帮助

操作步骤	操作程序	注意事项
操作前		
1.评估与沟通		
（1）评估	评估环境：清洁、安静、安全。 评估老年人：老年人的腰部活动情况	
（2）沟通	询问老年人是否需要排便，取得合作	
2.准备		
（1）老年人准备	老年人平卧于床上	
（2）物品准备	便盆（加温后或加垫子）、卫生纸（放便盆）、橡胶布或一次性护理垫、卫生纸、屏风、尿壶（男性）。必要时，备水盆、毛巾	
操作中		
1.协助平卧	照护人员关闭门窗，必要时用屏风遮挡。 轻轻掀开下身盖被放于老年人的对侧。 协助老年人取仰卧位	老年人排便时注意保暖，注意保护隐私
2.铺橡胶单（或护理垫）	一手托起老年人臀部，另一手将橡胶单（或一次性护理垫）垫于老年人腰及臀部下	使用前检查便盆完整性，预防老年人皮肤受损
3.脱裤	脱裤子至膝部，将老年人两腿屈膝（肢体活动障碍者用软枕垫于膝下）	
4.放置便盆	一手托起老年人臀部，并抬高20～30 cm，另一手将便盆置于老年人臀下（开口向足部）。 腰部不能抬起的老年人，应先协助老年人取侧卧位，腰部放软枕，使盆扣于臀部，再协助老年人平卧，调整便盆位置 	及时与老年人沟通，了解并满足老年人的合理需求

续表

操作步骤	操作程序	注意事项
5.防尿液飞溅	女性：为防止尿液飞溅，在阴部盖上卫生纸。男性：放上尿壶，膝盖并拢，盖上毛巾被	
6.取出便盆	臀部能抬起的老年人，嘱老年人双腿用力，将臀部抬起，一手抬起老年人腰骶部，另一手取出便盆。 臀部不能抬起的老年人，可一手扶住便盆，另一手帮老年人侧卧，取出便盆	
7.擦肛门	为老年人擦净肛门（将卫生纸在手上绕三层左右，把手绕至臀部后，从前至后擦肛门，污物较多者反复擦2~3次）	
8.清洗	用温水清洗肛门，擦干，协助老年人穿好裤子	
操作后		
	照护人员开窗通风，倾倒污秽、清洗坐便器或坐便椅。 协助老年人洗手，照护人员洗手。 记录排便的次数、排泄物的量及颜色	注意观察排泄物的性质、量。发现异常，应通知医护人员并按需要及时记录

二、尿壶使用帮助

操作步骤	操作程序	注意事项
	操作前	
1.评估与沟通		
（1）评估	评估环境：清洁、安静、安全。 评估老年人：老年人的下肢活动情况	
（2）沟通	询问老年人是否需要排尿，取得合作	

续表

操作步骤	操作程序	注意事项
2.准备		
(1)老年人准备	老年人平卧于床上	
(2)物品准备	尿壶(男、女)、橡胶布或一次性护理垫、卫生纸。必要时,备水盆、毛巾	
操作中		
1.协助平卧	照护人员关闭门窗,必要时用屏风遮挡。 轻轻掀开下身盖被放于老年人的对侧。 协助老年人取仰卧位	老年人排尿时注意保暖,注意保护隐私
2.铺橡胶单 (或护理垫)	一手托起老年人臀部,另一手将橡胶单(或一次性护理垫)垫于老年人腰及臀部下	
3.脱裤	脱裤子至大腿部	
4.放置尿壶	男性老年人取侧卧位,膝盖并拢,面向照护人员。将阴茎插入尿壶的接尿口,用手握住壶把固定。阴茎不易插入者,照护人员应戴一次性手套将其插入 女性老年人取仰卧位,屈膝双脚稍微分开,照护人员单手拿尿壶,尿壶的开口边缘紧挨阴部,尿壶稳定地支撑在床上,为防止尿液飞溅,在会阴上部盖上卫生纸	及时与老年人沟通,了解并满足老年人的合理需求
5.取出尿壶	排尿后撤下尿壶,协助老年人穿好裤子,盖好被子	
操作后		
	撤下橡胶单或护理垫,整理床单位。 必要时协助老年人洗手,照护人员洗手。 开窗通风,观察、处理尿液,清洗尿壶。 记录排便时间、排泄物的量及颜色	注意观察排泄物的性质、量。发现异常,应通知医护人员并按需要及时记录

【任务实施】

便器使用帮助任务学习自我检测单

姓名：　　　　　专业：　　　　　班级：　　　　　学号：

任务分析	床上便器的种类：	
	粪便异常的观察：	
任务实施	便盆使用帮助	操作流程：
		注意事项：
	尿壶使用帮助	操作程序：
		注意事项：

尿垫、纸尿裤更换

尿垫、纸尿裤更换实操

任务 7-3　尿垫、纸尿裤更换

【任务描述】

陈奶奶,73 岁,失智老年人,不能控制大小便且排便后不能自知。陈奶奶卧床时需要使用尿垫,照护人员小李定时过来照护陈奶奶,发现尿垫已渗湿,准备为陈奶奶进行尿垫的更换。傍晚时分,照护人员小李要陪伴陈奶奶散散步,她先为陈奶奶更换了纸尿裤。

【任务目标】

⊙老年人能配合更换尿垫、纸尿裤,更换过程顺利;
⊙老年人皮肤清洁,干燥,没有发生湿疹、压疮等情况。

【任务分析】

对不能自我控制排尿及需要外出活动的老年人,可以使用尿垫或纸尿裤,并及时更换。

一、尿垫、纸尿裤的种类及使用对象

1. 一次性尿布

一次性尿布又称为尿垫,包括纸尿垫和纸尿片,适于卧床的尿失禁老年人。

2. 一次性尿裤

一次性尿裤包括纸尿裤和拉拉裤(裤衩),适于需要活动的(或躁动)尿失禁的老年人。

二、排尿异常的观察

老年人尿失禁根据临床表现可分为充溢性尿失禁、无阻力性尿失禁、反射性尿失禁、急迫性尿失禁及压力性尿失禁 5 类。在日常照护老年人时,注意观察尿失禁时伴随的健康问题,以便及时解决。

(1)充溢性尿失禁:由于下尿道有较严重的机械性(如前列腺增生)或功能性梗阻引起尿潴留,当膀胱内压上升到一定程度并超过尿道阻力时,尿液不断地自尿道中滴出。

(2)无阻力性尿失禁:由于尿道阻力完全丧失,膀胱内不能储存尿液,患者站立时尿液全部由尿道流出。

(3)反射性尿失禁:由完全的上运动神经元病变引起,排尿依靠脊髓反射,患者不自主地间歇排尿(间歇性尿失禁),排尿没有感觉。

(4)急迫性尿失禁:由部分性上运动神经元病变或急性膀胱炎等强烈的局部刺激引起,患者有十分严重的尿频、尿急症状。由于强烈的膀胱逼尿肌无抑制性收缩而发生尿失禁。

(5)压力性尿失禁:当腹压增加时(如咳嗽、打喷嚏、上楼梯或跑步时)即有尿液自尿道流出。引起这类尿失禁的病因很复杂,需要做详细检查。

三、健康指导

(1)鼓励老年人多饮水:如病情允许,嘱其每日饮水量以 1500 ml(除去饮食中的水)左右为宜,以预防泌尿系统感染并能促进排尿反射,入睡前限制饮水,以减少夜尿量。

(2)训练膀胱功能:初起每隔 1~2 h 让老年人排尿,以手掌用柔力自膀胱上方持续向下压迫,使膀胱内尿液被动排出,以后逐渐延长排尿时间,以促进排尿功能恢复。

(3)锻炼盆底肌:根据老年人情况,指导其取立位、坐位或卧位,试做排尿(便)动作,先慢慢收紧盆底肌肉,再缓缓放松,每次 10 s 左右,连续 10 遍,每日锻炼 5~10 次,以不感疲乏为宜。

【任务实施】

一、更换尿垫

操作步骤	操作程序	注意事项
操作前		
1.评估与沟通	关注老年人的身心状况,疏导并缓解其焦虑心理	
(1)评估	评估环境:清洁、安静、安全,光线适中。评估老年人:照护人员应评估老年人的意识状态、自理能力及心理需求、皮肤的状况,更换尿垫时注意有无皮肤湿疹、压疮等情况	
(2)沟通	对于能够有效沟通的老年人,照护人员应询问老年人床号、姓名,并向老年人解释更换尿垫的目的,以取得老年人的配合	
2.准备		
(1)照护人员准备	服装整洁,温暖双手	
(2)物品准备	尿垫、手纸、屏风、水盆、温热毛巾	
操作中		
1.沟通	照护人员洗净双手,备齐用物携至老年人床旁。态度和蔼,向老年人解释配合要点,尊重老年人	

续表

操作步骤	操作程序	注意事项
2.更换尿垫	关闭门窗,遮挡屏风,协助老年人取左侧卧位。 用温热毛巾擦拭右侧臀部和会阴部皮肤。 将污染的尿垫向内折叠,塞于老年人身体下面,将清洁的尿垫一侧卷起塞于老年人身下,另一侧向自己拉开	注意保护老年人的隐私
	协助老年人翻身至右侧卧位,取出尿垫,放入污物桶,擦拭左侧臀部及会阴部皮肤	控制水温在37～40 ℃
	观察老年人会阴部及臀部皮肤情况,避免发生尿布疹	
	将清洁尿垫另一侧拉平,翻转老年人身体至平卧位,拉平清洁尿垫	更换尿垫时,观察排泄物的性质、量、颜色,注意其气味。如有异常及时报告医护人员
操作后		
	整理床单位,为老年人盖好被子。 整理用物。 洗手,记录。 开窗通风	记录会阴部及臀部皮肤情况,排泄物的情况等

二、更换纸尿裤

操作步骤	操作程序	注意事项
操作前		
1.评估与沟通		
(1)评估	评估环境:清洁、安静、安全,光线适中。 评估老年人:照护人员应评估老年人的意识状态、自理能力及心理需求、皮肤的状况,更换纸尿裤时注意有无皮肤湿疹、压疮等情况	关注老年人的身心状况,疏导并缓解焦虑心理

续表

操作步骤	操作程序	注意事项
（2）沟通	对于能够有效沟通的老年人，照护人员应询问老年人床号、姓名，并向老年人解释更换纸尿裤的目的，以取得老年人的配合	
2.准备		
（1）照护人员准备	服装整洁，温暖双手	
（2）物品准备	纸尿裤、卫生纸、屏风、水盆、温热毛巾	根据老年人自身情况选择适宜尺寸的纸尿裤
操作中		
1.沟通	照护人员洗净双手。备齐用物携至老年人床旁。态度和蔼，向老年人解释配合要点，尊重老年人，注意保护其隐私	
2.更换纸尿裤	关闭门窗，遮挡屏风。 协助老年人取平卧位，解开纸尿裤粘扣，展开两翼至老年人身体两侧，将前片从两腿间后撤。 协助老年人侧卧，将污染纸尿裤内面对折于臀下	
	用温热毛巾擦拭会阴部	观察老年人会阴部皮肤情况，避免发生尿布疹
	将清洁的纸尿裤（贴皮肤面朝内）对折，协助老年人翻身至另一侧，撤下污染的纸尿裤放入污物桶	更换纸尿裤时，观察排泄物的性质、量、颜色，注意其气味。如有异常，及时报告医护人员
	打开身下清洁纸尿裤铺平	更换纸尿裤时，将纸尿裤大腿内、外侧边缘展平，防止侧漏

续表

操作步骤	操作程序	注意事项
2.更换纸尿裤	翻转老年人身体取平卧位,从两腿间向前向上兜起纸尿裤前端,整理大腿内侧边缘,将两翼粘扣粘好 	
	操作后	
	整理床单位,为老年人盖好被子。 整理用物。 洗手,记录。 开窗通风	

【任务评价】

尿垫、纸尿裤更换任务学习自我检测单

姓名：　　　　专业：　　　　班级：　　　　学号：

任务分析	尿垫、纸尿裤的种类及使用：	
	排尿异常的观察：	
	健康指导：	
任务实施	更换尿垫的操作要点及注意事项	
	更换纸尿裤的操作要点及注意事项	

简易通便帮助

任务 7-4 简易通便帮助

【任务描述】

张奶奶,83 岁,刚来照护中心。张奶奶由于行动不方便,平时活动少;因牙口不好,长期吃精细食物,以流质为主。张奶奶习惯性便秘多年,表现为排便困难,排便次数减少(每周少于 3 次),粪便干硬,便后无舒畅感,现已有 4 天未排便,诉腹胀腹痛,照护人员需使用开塞露帮助张奶奶通便,并给予预防便秘的宣教。

【任务目标】

⊙老年人在照护人员的帮助下,使用开塞露后排出大便,结束腹胀腹痛;
⊙老年人使用开塞露过程中未出现黏膜损伤等现象;
⊙老年人学会便秘的预防知识,减少便秘现象。

【任务分析】

老年人经常发生便秘,不仅影响其生活质量,还可能诱发疾病,临床上常见便秘导致心脑血管疾病的病情变化,甚至猝死。因此,老年人便秘的防治非常重要。

一、老年人便秘的影响因素

(1)年龄因素:随着年龄的增长,老年人出现腹壁肌力下降,胃肠蠕动减慢,盆底肌和肛门括约肌松弛,使肠道排泄控制力减弱,容易引起便秘。

(2)饮食因素:老年人常因饮水过少、进食量少或因食物过于精细又缺乏充足水分和膳食纤维,对结肠刺激减少而引起排便困难或便秘。

(3)活动因素:老年人常因活动过少,肠蠕动减弱而引起便秘。

(4)排便习惯:老年人因环境改变或其他因素导致排便习惯无法维持时,致使其抑制便意而影响正常排便。这是老年人发生便秘的重要原因。

(5)疾病与治疗:排便无力,如结肠梗阻、结肠良性或恶性肿瘤;各种原因的肠粘连均可引起便秘;直肠或肛门病变导致排便疼痛而惧怕排便,如肛裂、痔疮或肛周脓肿;全身性疾病如甲状腺功能低下、脊髓损伤、尿毒症等可致肠道肌肉松弛;老年人多见的脑卒中、糖尿病等也会影响正常排便。

(6)药物:如应用镇静镇痛药、麻醉剂、抗抑郁药、抗胆碱能药、钙通道阻滞剂、神经阻滞剂等使肠道肌肉松弛,引起便秘。长期滥用泻药会造成对药物的依赖,反而降低肠道感受器的敏感性,导致慢性便秘。

(7)社会文化和心理:老年人因健康原因需要他人协助解决排便问题时,常会因丧失个人隐私而产生自卑心理,在出现便意时因怕麻烦他人而刻意抑制自己的需求,因此造成便秘。心理因素也会影响排便,如精神抑郁可导致身体活动减少,自主神经系统冲动减慢,肠蠕动减少而引起便秘。

二、老年人便秘的预防和简易通便

(1)心理护理:解释便秘的原因和防治措施,消除患者的思想顾虑。

(2)排便习惯:养成定时排便的习惯,指导患者不随意使用缓泻剂或灌肠等方法。

(3)排便环境:提供单独隐蔽的环境和充裕的排便时间。

(4)排便姿势:患者取坐位或床头抬高45°角可利于排便,对手术前患者应有计划地训练床上使用便盆。

(5)合理膳食:多饮水,每日饮水1500 ml以上;多吃蔬菜、水果、粗粮等含膳食纤维多的食物;摄入适量油脂类食物。

(6)适当运动:如散步、打太极拳、做体操等,指导卧床患者进行床上活动。

(7)腹部按摩:用食指、中指和无名指自右沿结肠解剖位置向左环状按摩,刺激肠蠕动,以促进排便。

(8)简易通便术。

①开塞露通便术:开塞露由50%甘油或少量山梨醇制成,装于密闭的塑料胶壳内。用量:成年人20 ml,儿童10 ml。

②甘油栓通便术:甘油栓由甘油明胶制成,为无色透明或半透明栓剂,呈圆锥形。用量:1支。

③人工取便法:当老年人便秘时间过长,发生粪便嵌塞在肠内不易排出,使用开塞露无效,此时如果老年人有急迫便意,表情痛苦不堪,甚至大汗淋漓,应及时采取人工取便,以解除老年人的痛苦。

【任务实施】

一、开塞露使用帮助

操 作 步 骤	操 作 程 序	注意事项
	操作前	
1.评估与沟通		
(1)评估	评估环境:环境整洁安静、温暖舒适。 评估老年人:老年人的便秘程度、身体状况	
(2)沟通	向老年人说明操作方法、目的,以取得合作	
2.准备		
(1)老年人准备	老年人平卧于床上	
(2)物品准备	开塞露(每支20 ml)、卫生纸、便盆、橡胶单或尿垫。必要时备剪刀、屏风	检查开塞露前端是否圆润光滑,以免损伤肛门周围组织

续表

操作步骤	操作程序	注意事项
(3)照护人员准备	着装整齐,洗手,戴口罩	
操作中		
1.沟通	向老年人说明操作方法、目的。 照护人员关闭门窗,必要时用屏风遮挡老年人。 取下开塞露瓶盖(或用剪刀剪开)	
2.调整体位	协助老年人取左侧卧位	
3.脱裤	脱裤子至大腿部	
4.铺橡胶单(或尿垫)	一手托起老年人臀部,另一手将橡胶单(或尿垫)垫于老年人腰及臀部下	
5.开塞露插入肛门	照护人员左手分开老年人臀部,右手持开塞露球部,挤出少量的药液润滑开塞露前端及肛门口。叮嘱老年人深吸气,开塞露前端缓慢插入肛门深部,将药液全部挤入。一手拿取卫生纸靠近肛门处,另一手快速拔出开塞露外壳,并叮嘱老年人保持体位10 min后再行排便	患有痔疮的老年人使用开塞露时,动作缓慢,并充分润滑。老年人主诉有便意,指导其深呼吸、提肛(收紧肛门),并协助按摩肛门

续表

操作步骤	操作程序	注意事项
	操作后	
	协助老年人排便后,撤去橡胶单(或尿垫)。 整理衣物、床单位。 开窗通风。 照护人员洗手。 记录使用开塞露的量及排便情况(量及次数)。 向老年人讲解引起便秘的原因及预防措施,鼓励老年人适当活动,多饮水,多吃蔬菜、水果、粗粮等纤维食物,养成定时排便的习惯	

二、人工取便帮助

操作步骤	操作程序	注意事项
	操作前	
1.评估与沟通		
(1)评估	评估环境:环境整洁安静、温暖舒适。 评估老年人:老年人的便秘程度、身体状况	
(2)沟通	向老年人说明操作方法、目的,以取得合作	
2.准备		
(1)老年人准备	老年人平卧于床上	
(2)物品准备	一次性手套、橡胶布(或尿垫)、润滑液(肥皂液或开塞露)	
(3)照护人员准备	着装整齐,洗手,戴口罩	
	操作中	
1.沟通	向老年人说明操作的目的,告诉老年人在进行取便时会有不适感,老年人排便时注意保暖,注意保护隐私	照护人员关闭门窗,必要时用屏风遮挡老年人

续表

操作步骤	操作程序	注意事项
2.摆放体位	协助老年人取左侧卧位	
3.脱裤	脱裤子至大腿部,暴露臀部(注意保暖)	
4.铺橡胶单(或尿垫)	一手托起老年人臀部,另一手将橡胶单(或尿垫)垫于老年人腰及臀部下	
5.人工取便	照护人员右手戴手套,左手分开患者臀部,右手食指涂肥皂液润滑后,嘱咐老年人深呼吸以放松腹肌,待肛门松弛时,食指沿直肠一侧轻轻插入直肠内,慢慢地由浅入深地将粪便掏出,并放于便盆内 	勿使用器械掏取粪便,动作应轻柔,避免误伤肠黏膜而造成损伤。 取便时,照护人员应注意观察老年人情况,如有面色苍白、呼吸急促、全身大汗,应立即停止操作,必要时及时就医
6.擦肛门	取便完毕后,用卫生纸擦净肛门,用温水清洁肛门	
操作后		
	撤下橡胶单或尿垫,整理老年人的衣服及床单位。 开窗通风,清洗便盆。 照护人员洗手。 需要时记录排便时间、排泄物的量及颜色。 向老年人讲解引起便秘的原因及预防措施,鼓励老年人适当活动,多饮水,多食蔬菜、水果、粗粮等膳食纤维多的食物,养成定时排便的习惯	

【任务评价】

简易通便帮助任务学习自我检测单

姓名：　　　　　专业：　　　　　班级：　　　　　学号：

任务分析	老年人便秘的影响因素：	
	老年人便秘的预防和简易通便：	
任务实施	开塞露使用帮助	操作程序：
		注意事项：
	人工取便帮助	操作程序：
		注意事项：

一次性尿袋协助更换

任务 7-5 一次性尿袋协助更换

【任务描述】

李奶奶,78岁,失能老年人,因股骨骨折长期卧床,遵医嘱予以留置导尿管。李奶奶因长期卧床,性格孤僻,照护人员小林经常过来陪伴李奶奶,为防止尿道感染,需为李奶奶每周更换一次性尿袋。

【任务目标】

⊙老年人能配合照护人员,更换尿袋过程顺利;
⊙老年人能协助更换一次性尿袋,无泌尿系统逆行感染发生;
⊙老年人能与照护人员有效沟通,舒适感增加。

【任务分析】

对不能正常排尿而又无其他治疗方法的老年人需使用留置导尿管。长期留置导尿管者,每个月须更换导尿管。

一、留置导尿管与更换尿袋

（一）留置导尿管与更换尿袋

对于不能正常排尿而又无其他治疗方法的老年人,需长期留置导尿管。导尿管是以天然橡胶、硅橡胶或聚氯乙烯(PVC)制成的导管,经由尿道插入膀胱以便引流尿液,导尿管插入膀胱后,靠近导尿管头端有一个气囊固定导尿管留在膀胱内,使其不易脱出,末端引流管连接尿袋收集尿液。尿袋由塑料袋、引流导管和接头组成,规格一般为 1000 ml。

（二）更换尿袋的要求

(1)一次性尿袋一周更换一次。
(2)更换尿袋时避免污染。
(3)妥善固定尿袋,引流管末端高度要始终低于老年人会阴的高度,避免尿液逆流。

二、老年人尿液异常的观察

（一）尿量

可通过读取尿袋上刻度来评估老年人的尿量,当 24 h 尿量超过 2500 ml 或少于 400 ml,即为尿量异常。

(1)多尿:24 h 尿量超过 2500 ml,常提示有糖尿病、尿崩症或肾功能衰竭等情况。
(2)少尿:24 h 内尿量少于 400 ml 或每小时尿量少于 17 ml,常见于发热、液体摄入过少或休克等老年人。
(3)无尿或尿闭:24 h 尿量少于 100 ml 或 12 h 内无尿,常提示有严重血液循环不足,严重休克、急性肾衰竭或药物中毒等情况。

(二)尿液颜色

正常尿液为淡黄色、清亮透明,当其颜色异常时常提示有泌尿系统疾病。不同颜色代表的意义不同。

(1)深黄色:常提示老年人水分摄入不足,应该增加水的摄入量。

(2)红色:常提示有活动性出血,泌尿系统感染或其他膀胱疾病。

(3)咖啡色:常提示有出血、泌尿系统疾病。

(4)乳白色:尿液呈米汤样,常提示有丝虫病。

(5)尿液内有絮状物:尿液浑浊,出现絮状物,常提示有泌尿系统感染。

正常尿液可有淡淡的尿素气味,久置后可出现氨臭味。如果新鲜尿液即有氨臭味,常提示慢性膀胱炎及尿潴留;糖尿病酮症酸中毒时,尿液有烂苹果气味;有机磷农药中毒时,尿液有蒜臭味;进食较多葱、蒜后,尿液也会有特殊气味。

【任务实施】

操作步骤	操作程序	注意事项
	操作前	
1.评估与沟通		
(1)评估	评估环境:清洁、安静、舒适、安全,光线适中。 评估老年人:照护人员应评估老年人的意识状态及心理需求,留置导尿管是否脱出,管道是否通畅	
(2)沟通	询问老年人床号、姓名,并向老年人解释操作目的,以取得老年人的配合	不能有效沟通的老年人,应核对床头卡
2.准备		
(1)照护人员准备	着装整齐,洗净双手,戴好口罩	
(2)物品准备	一次性尿袋、碘伏、棉签、纸巾或卫生纸、别针、一次性手套,必要时备止血钳 	

续表

操作步骤	操作程序	注意事项
	操作中	
1.沟通	态度和蔼,向老年人解释操作要点,尊重老年人,以取得配合	
2.检查用物	检查一次性尿袋是否在有效期内,有无破损;所使用的消毒液和棉签是否在有效期内	保证无菌物品在有效期内
3.更换尿袋	戴手套,在导尿管和尿袋连接处下面垫纸巾或卫生纸。 打开备好的尿袋置于纸巾或手纸上。 用止血钳夹住导尿管,分离导尿管与尿袋。 用碘伏消毒尿管外口及周围。打开备好尿袋的引流管接头,将引流管插入导尿管中(手不触及导尿管口及周围)。松开止血钳,观察尿液引流情况。引流通畅后,用别针将尿袋固定在床单上	严格无菌操作
	观察尿液:观察尿袋里尿液的量和性质,打开尿袋底部的阀门将尿液倒入便器中,将尿袋置入医疗垃圾	固定尿袋后引流管末端高度要始终低于老年人会阴的高度,避免尿液逆流
	操作后	
	整理老年人床单位及用物。 脱去手套,洗手,记录	记录尿液的量、性状等情况

【任务评价】

一次性尿袋协助更换任务学习自我检测单

姓名：　　　　专业：　　　　班级：　　　　学号：

任务分析	留置导尿管与更换尿袋：	
	老年人尿液异常的观察：	
任务实施	操作前：评估与准备	
	操作中：更换尿袋	
	操作后：整理、记录及报告	

造口袋更换

任务 7-6　造口袋更换

【任务描述】

唐爷爷,77 岁,介助老年人,既往有直肠癌病史,3 年前做的直肠造瘘术,术后恢复尚可,照护人员小李会定时过来观察唐爷爷造口袋的情况,当袋内容物超过造口袋的 1/3 时会及时为其更换。

【任务目标】

⊙老年人的造口袋在盛装 1/3 内容物时能及时更换；
⊙老年人能配合更换造口袋,更换过程顺利；
⊙能保持老年人造瘘口清洁干燥,造瘘口周围皮肤无发红、肿痛。

【任务分析】

因肠道严重损伤而实施肠造瘘术的老年人,术后需一段时间或终身在腹壁上另造一个人工肛门,粪便由此排出体外。

一、肠造瘘及其照护

(一)肠造瘘和造口袋

(1)肠造瘘是通过手术将病变的肠段切除,将一段肠管拉出,翻转缝于腹壁,用于排泄粪便。肠造瘘口是红色的,与口腔黏膜一样,柔软光滑,一般为圆形。

(2)造口袋主要用于收集粪便。根据设计不同,造口袋可分为一件式造口袋和二件式造口袋。一件式造口袋通常是一次性的,可有剪定的开口,简单易使用。二件式造口袋的袋子与底盘可分开,不用撕开底盘更换袋子,使用方便,可以更好地保护造瘘口周围皮肤,底盘可按造口形状大小剪切。

(二)肠造瘘口照护措施

(1)保持造瘘口清洁、干燥,应及时更换粪袋。
(2)做好造瘘口周围皮肤护理,可选用保护皮肤的药物,如氧化锌软膏等。
(3)老年人选择宽松、舒适、柔软的衣裤,以免衣裤过紧使得造瘘口受摩擦出血。
(4)保持床单位清洁、干燥,随时更换污染的衣物、被服。
(5)老年人进易消化的食物,少食粗纤维多、易产气或刺激性强的食物,注意加强营养,增强机体抵抗力,促进机体康复。

二、肠造瘘的观察

(1)注意观察造瘘口有无回缩、出血及坏死。
(2)注意观察造瘘口周围皮肤有无皮肤发红、肿痛,甚至溃烂等情况。
(3)注意观察老年人的排便情况,如发现排便困难、造瘘口狭窄等情况,报告医护人员并及时处理。

(4)注意观察造口袋内排泄物的颜色、性质和量。

【任务实施】

操作步骤	操作程序	注意事项
	操作前	
1.评估与沟通		
(1)评估	评估环境:清洁、安静、舒适、安全,光线适中。 评估老年人:照护人员应评估造口袋情况,内容物超过1/3时应将造口袋取下更换	
(2)沟通	询问老年人床号、姓名,并向老年人解释操作目的,以取得老年人的配合	不能有效沟通的老年人,应核对床头卡
2.准备		
(1)环境准备	环境整洁,温湿度适宜,注意遮挡老年人	不能有效沟通的老年人,应核对床头卡
(2)照护人员准备	着装整齐,洗净双手,戴好口罩	
(3)物品准备	清洁、干燥粪袋1个、温水(35～37 ℃)、脸盆、毛巾、卫生纸、便盆	
	操作中	
1.沟通	询问老年人进食时间,态度和蔼,向老年人解释操作目的及配合要点,尊重老年人,以取得配合	餐后3 h内不要更换造口袋,此时肠蠕动较活跃,更换时有可能出现排便

续表

操作步骤	操作程序	注意事项
2.更换造口袋	检查造口袋在有效期内,无破损	
	协助老年人取舒适体位,暴露造瘘口,将纸巾垫于造瘘口处	注意保暖和保护老年人隐私
	打开造口袋与造瘘口连接处的底盘扣环,取下造口袋放于便盆上	更换一件式造口袋时,可一手固定皮肤,一手自上而下轻柔揭除造口袋。 二件式造口袋更换底盘时,应先用造口尺测量造口大小并在底盘标注,然后再用造口剪刀进行裁剪
	查看造瘘口及周围的皮肤,如无异常可用柔软的卫生纸擦拭干净,再用温热毛巾清洗干净造瘘口及局部皮肤并擦干	如造瘘口周围皮肤发红,可在清洁皮肤后涂氧化锌软膏保护皮肤
	将清洁的造口袋与腹部造瘘口底盘扣环连接,扣紧扣环后用手向下牵拉造口袋,确认造口袋固定牢固,将造口袋下口封闭	
操作后		
	整理:将粪便倾倒于厕所内,用清水清洗造口袋。 洗手。 根据需要记录	可反复使用的造口袋,更换下来后也可用中性清洁剂清洗或用洗必泰浸泡30 min,再用清水清洗,然后晾干备用

【任务评价】

造口袋更换任务学习自我检测单

姓名：　　　　专业：　　　　班级：　　　　学号：

任务分析	肠造瘘及其照护：	
	肠造瘘的观察：	
任务实施	操作前：评估与准备	
	操作中：更换造口袋	
	操作后：整理、记录及报告	

任务8 清洁照护

清洁是人类基本的生理需要之一,清洁的环境和身体,不仅可以使人感觉舒适,改善自我形象,拥有自信和自尊,还可以起到预防疾病的目的。本任务主要通过培训照护人员掌握有关居室卫生清洁以及协助老年人做好基本身体清洁的知识,使被照护的老年人身心舒适,减少疾病的发生。

任务8-1 口腔清洁

口腔清洁

口腔清洁 实操

【任务描述】

董奶奶,80岁,失能老年人,脑中风瘫痪导致长期卧床,吞咽困难,言语不清,可在床上自行翻身活动,不能正常沟通,无法正常进食,只能吃流质饮食。今日查房,董奶奶告知照护人员自己嘴巴很苦,舌头疼,不能吃饭。于是照护人员上报给护士过来查看,护士发现董奶奶口腔里有多处白色斑点和溃疡,并且有异味。照护人员需要采取措施改善董奶奶的口腔问题。

【任务目标】

⊙老年人愿意并配合清洁口腔,过程顺利,口腔无异味;
⊙老年人在清洁口腔过程中未出现呛咳、误吸等不适;
⊙老年人口腔疼痛缓解,恢复流质饮食。

【任务分析】

口腔由两唇、两颊、硬腭、软腭等构成,口腔内有牙齿、舌、唾液腺等器官。口腔内的环境非常利于细菌生长繁殖,正常人每天通过饮水、进食、刷牙、漱口等措施来减少和抑制细菌的生长。因此,为老年人进行口腔清洁,不仅能够减少口腔感染的机会,还能清除口腔异味,促进老年人食欲,预防疾病的发生。

一、老年人口腔健康的标准

世界卫生组织认为老年人口腔里应保证有20颗以上牙齿,才能够维持口腔健康功能的需要。世界卫生组织制定的牙齿健康标准:①牙齿清洁;②无龋齿;③无疼痛感;④牙龈的颜色为正常的粉红色;⑤无出血现象。

二、口腔清洁的重要性

正常人口腔内存在一定数量的细菌、微生物,当身体状况良好时,饮水、漱口、刷牙等活动会对细菌起到一定的清除作用。老年人尤其是在患病时,机体抵抗力下降,饮

水少,进食少,消化液分泌减少,对口腔内细菌的清除能力下降;进食后食物残渣滞留,口腔内适宜的温度、湿度使细菌易于在口腔内大量繁殖,易引起口腔炎症、溃疡、口臭及其他并发症。

三、保持口腔健康的方法

(1)每天坚持早晚刷牙,饭后漱口。

(2)选择软毛牙刷,每3个月更换牙刷,使用正确的刷牙方法。

(3)按摩牙龈。漱口后将干净的右手食指置于牙龈黏膜上,由牙根向牙冠做上下和沿牙龈水平面做前后方向的揉按,依次按摩上下、左右的内外侧牙龈数分钟。

(4)轻微闭口,上下牙齿相互轻轻叩击数十次,所有的牙都要接触,用力不可过大,防止咬舌。叩齿能够促进下颌关节、面部肌肉、牙龈和牙周的血液循环,坚固牙齿,加强咀嚼力,促进消化功能。

(5)定期到医院进行口腔检查,牙痛要请医生帮助查明原因,对症治疗。

(6)有义齿的老年人进食后、晚上睡觉前将义齿清洁干净。睡前将可将义齿摘下,放入清水中浸泡,定期用专用清洁剂清洗。

(7)改掉不良嗜好,如吸烟、用牙齿拽东西、咬硬物等。合理营养,补充牙齿所需的钙、磷等,少吃含糖食品,多吃新鲜蔬菜,增加牛奶和豆制品的摄入量。全身健康也可促进牙齿健康。

四、老年人口腔清洁方法

自理老年人及上肢功能良好的半自理老年人可以通过漱口、刷牙的方法清洁口腔。不能自理老年人需要照护人员协助做好口腔清洁,可采用棉棒擦拭法。对于体弱、卧床、牙齿脱落,但意识清楚的老年人,也可通过漱口达到清洁口腔的目的。

五、老年人口腔清洁的观察要点

(1)口唇的色泽、湿润度,有无干裂、出血及疱疹等。

(2)口腔黏膜的颜色、完整性,是否有溃疡、疱疹,是否有不正常的渗出液,如血液、脓液等。

(3)牙的数量是否齐全,有无义齿、龋齿、牙结石、牙垢等。

(4)牙龈的颜色,是否有溃疡、肿胀、萎缩或出血等。

(5)舌的颜色、湿润度,有无溃疡、肿胀及舌面积垢等。

(6)腭部、悬雍垂、扁桃体等的颜色,是否肿胀,有无不正常的分泌物等。

(7)口腔气味有无异常,如氨臭味、烂苹果味等。

(8)刷牙的方法、次数,口腔清洁的程度。

(9)口腔清洁的能力,需要完全协助还是部分协助。

【任务实施】

一、协助老年人漱口

操作步骤	操作程序	注意事项
\multicolumn{3}{c}{操作前}		
1. 准备		
（1）照护人员准备	着装整洁，洗手、戴帽子、戴口罩	
（2）老年人准备	老年人平卧于床上	
（3）环境准备	室内环境清洁、明亮	
（4）用物准备	水杯1个、吸管1根、弯盘或小碗1个、毛巾1条，必要时备润唇膏1支	要求：摆放以整齐、方便操作为原则
2. 沟通	向老年人解释操作目的及注意事项，取得老年人配合	
操作中		
1. 调整体位	协助老年人取侧卧位，抬高头胸部；或半坐卧位，面向照护人员。将毛巾铺在老年人颌下及胸前部位，弯盘置于口角旁	卧床老年人漱口时，口角边垫好毛巾，避免污染被服。要求：老年人取半坐卧位，面向照护人员。毛巾铺在老年人颌下及胸前部位，弯盘置于口角旁
2. 协助漱口	盛水杯体积2/3的漱口液，递到老年人口角旁，直接含饮或用吸管吸漱口水至口腔后闭紧双唇，用一定力量鼓动颊部，使漱口液在牙缝内外来回流动冲刷。吐漱口水至口角边的弯盘或小碗中，反复多次直至口腔清洁。用毛巾擦干口角水痕，必要时涂擦润唇膏	每次含漱口水的量不可过多，避免发生呛咳或误吸
操作后		
	整理用物：清理用物，放回原处。 洗手。 记录	

二、协助老年人刷牙

操作步骤	操作程序	注意事项
操作前		
1.准备		
(1)照护人员准备	着装整洁,洗净双手	
(2)老年人准备	老年人平卧于床上	
(3)环境准备	室内环境清洁、明亮	
(4)用物准备	牙刷1支、牙膏1支、漱口杯1个、毛巾1条、一次性治疗巾1块、脸盆1个,必要时备润唇膏1支	
2.沟通	向老年人解释操作目的及注意事项,取得老年人配合	
操作中		
1.摆放体位	协助老年人取坐位,将一次性治疗巾铺于老年人面前,放稳脸盆	脸盆放稳,避免打湿床铺,如果打湿及时更换
2.指导刷牙	在牙刷上挤好牙膏,盛水杯体积2/3的漱口水。递给老年人水杯及牙刷,嘱老年人身体前倾,先漱口,刷牙齿的内、外面时上牙应从上向下刷,下牙应从下向上刷;咬合面应从里向外旋转着刷。刷牙时间不少于3 min	刷牙时嘱老年人动作轻柔,以免损伤牙龈
3.协助漱口	刷牙完毕后协助老年人漱口,用毛巾擦净老年人口角水痕	
操作后		
	整理用物:撤去用物。协助老年人取舒适体位。必要时涂擦润唇膏。 洗手。 记录	

三、棉棒擦拭清洁口腔

操作步骤	操作程序	注意事项
操作前		
1.准备		
(1)照护人员准备	着装整洁,洗净双手	
(2)老年人准备	老年人平卧于床上	
(3)环境准备	室内环境清洁、明亮	

续表

操作步骤	操作程序	注意事项
(4)用物准备	漱口杯1个、大棉棒1包、毛巾1条、弯盘1个,必要时备润唇膏1支	
2.沟通	向老年人解释操作目的及注意事项,取得老年人配合	
操作中		
1.摆放体位	协助老年人取侧卧位或平卧位,头偏向一侧(面向照护人员)。毛巾铺于老年人胸前,弯盘置于口角边	
2.擦拭口腔	将棉棒用漱口液浸湿,1根棉棒擦拭口腔一个部位。擦拭顺序:湿润口唇;嘱老年人牙齿咬合,擦拭牙齿外面(由内而外纵向擦拭至门齿);嘱老年人张口,依次擦拭牙齿内面、咬合面、两侧颊部、上颚、舌面、舌下。嘱老年人张口,检查是否擦拭干净。用毛巾擦净老年人口角水痕 擦左外侧面 用棉棒擦拭口唇	1根棉棒只可使用1次,不可反复蘸取漱口水使用。 擦拭上腭及舌面时,位置不可以太靠近咽部,以免引起恶心、不适。 棉棒蘸水不应过多,以免擦拭牙齿时漱口水被吸入老年人气管引起呛咳
操作后		
	整理用物:撤去用物,整理床单位。必要时口唇涂擦润唇膏。 洗手。 记录	

项目五 ▎ 老年人日常健康问题与安全护理(实践技能模块)

【任务评价】

口腔清洁任务学习自我检测单

姓名：　　　　　专业：　　　　　班级：　　　　　学号：

任务分析	老年人口腔健康的标准：	
	口腔清洁的重要性：	
	保持口腔健康的方法：	
	老年人口腔清洁方法：	
	老年人口腔清洁的观察要点：	
任务实施	协助老年人漱口	
	协助老年人刷牙	
	棉棒擦拭清洁口腔	

头发清洁与梳理

任务 8-2　头发清洁与梳理

【任务描述】

王奶奶,72 岁,介护老年人,既往有高血压史,因为高血压、脑梗死后遗症导致右侧肢体偏瘫卧床多年,自己能够在床上翻身,精神不佳。今日查房,王奶奶口述头皮发痒,头发油腻,照护人员需要改善老年人的头发清洁情况,去除头发污垢和异味,促进头部血液循环,预防感染,于是采取措施为王奶奶床上洗头。

【任务目标】

⊙老年人精神好转,愿意并配合创伤洗头;
⊙老年人床上洗头过程顺利,头发清洁、无异味;
⊙老年人床上洗头过程中未出现不适和疲乏。

【任务分析】

保持头发整洁美观是人们日常卫生的一项重要内容。定期清洗头发和经常梳理头发,可以有效清除头皮屑及污垢,保持良好个人形象,使心情愉悦;同时经常梳理按摩头皮还可以促进头部血液循环,增加上皮细胞营养,促进头发生长,预防感染。

一、正确的梳发方法

根据头发的长短、卷曲、受损程度,选择适宜的梳发方法和梳发工具。动作轻柔,顺着头发生长方向分别从头顶和两侧开始,自额头发际梳至颈后发根处,力度要适中,梳发时可边梳边做按摩,以促进头皮的血液循环。

二、正确的按摩头皮方法

头皮上有很多穴位,经常按摩头皮可以舒经活络、松弛神经、消除疲劳、延年益寿。按摩时分开五指,用指腹对头皮进行按揉,顺序从前额到头顶,再到枕部,反复按揉,直至头皮发热。

三、头发清洁的重要性

(1)晨间梳洗:晨间梳洗可以去除头皮屑,使头发整齐、清洁,减少感染机会。同时边梳理头发边按摩头皮,刺激头部血液循环,促进头发的生长和代谢;还可以醒脑提神,减缓大脑衰退,增强记忆力。良好的发型及形象可以维护老年人的自尊和自信。

(2)坐位及床上洗发:定期为老年人洗发,可以保证老年人头发的整洁美观,减少感染,消除头部痒感,促进舒适;提高老年人的自尊和自信,促进身心健康;预防和灭除虱。还可以建立良好的照护关系。

四、头发清洁的要求

(1)晨间梳洗:老年人可以在每天早晨起床和晚上睡觉前各梳发一次,每次 5～10

min。其顺序如下：从额头往脑后梳 2~3 min，从左鬓往右鬓梳 1~2 min，再从右鬓往左鬓梳 1~2 min，最后低下头从枕部发根处往前梳 1~2 min，以头皮有热胀感为止。

（2）坐位及床上洗发：油性发质的老年人在春秋季可以 2~3 天洗发一次，夏季 1~2 天洗发一次；在冬季可以每周洗发一次；干性发质的老年人在夏季可以 4~5 天洗发一次，在秋冬季可以 7~10 天洗发一次，注意控制水温在 40~50 ℃。

五、头发清洁的观察要点

为老年人洗发时应注意观察老年人头发的分布、浓密程度、长度、脆性及韧性、干湿度、卫生情况、光泽度、颜色、有无虱等，周围皮肤是否干燥、有无鳞片、伤口、皮疹、皮肤擦伤和表皮脱落等。

【任务实施】

一、为老年人晨间梳洗

操作步骤	操作程序	注意事项
操作前		
1.准备		
(1)照护人员准备	着装整洁，洗手	
(2)老年人准备	老年人平卧于床上	
(3)环境准备	关闭门窗，冬季调节室温 22~26 ℃	
(4)用物准备	脸盆(内盛 1/2 体积的水，温度 40~45 ℃)1 个、治疗巾 1 块、毛巾 1 条、香皂 1 块、润肤霜 1 盒、梳子 1 把	水温适中以防烫伤
2.沟通	向老年人解释操作目的及注意事项，取得老年人配合	
操作中		
1.用物摆放	协助老年人坐起。将治疗巾铺在老年人面前，脸盆放在治疗巾上	脸盆摆放平稳，垫上治疗巾避免打湿床单位和衣物
2.协助洗脸	协助老年人用香皂洗脸，并用清水洗净面部，擦干	
3.协助洗手	协助老年人浸湿双手，涂擦香皂，并用清水洗净，擦干。撤去用物。面部及双手涂擦润肤霜	
4.协助梳头	将毛巾披于老年人肩上。散开头发，照护人员左手压住发根，右手梳理头发至整齐，如头发打结可用 30% 酒精浸湿梳子并从发梢梳理。梳发完毕后卷起毛巾撤下，协助老年人取舒适卧位。 头发较长者可分段梳理，先梳理靠近发梢的一段，梳通后，再由发根部分梳至发梢	动作轻柔，不可强拉硬拽。 卧床老年人可先梳理一侧头发，再梳理另一侧头发

续表

操作步骤	操作程序	注意事项
	操作后	
	整理用物:整理床单位,协助老年人取舒适卧位,清洗脸盆,处理毛巾上的头屑及脱落头发并清洗。 洗手。 记录。	

二、为老年人坐位洗头

操作步骤	操作程序	注意事项
	操作前	
1.准备		
(1)照护人员准备	着装整洁,洗手	
(2)老年人准备	协助老年人坐在椅子上	
(3)环境准备	关闭门窗,冬季调节室温22~26 ℃	
(4)用物准备	毛巾1条、洗发液1瓶、梳子1把、脸盆1个、暖瓶1个、水壶1个(盛装40~45 ℃温水)、方凳1个,必要时备吹风机1个	
2.沟通	向老年人解释操作目的及注意事项,取得老年人配合	
	操作中	
1.调整体位	协助老年人取坐位,毛巾围于颈肩上,在老年人面前摆上方凳,方凳上放置脸盆,并嘱老年人双手扶稳盆沿,低头闭眼,头部位于脸盆上方	
2.协助洗发	照护人员用水壶缓慢倾倒温水浸湿老年人头发。将洗发液倒在掌心揉搓至有泡沫后,将洗发液涂于老年人头发上,用双手十指指腹揉搓头发、按摩头皮(力量适中,由发际向头顶部揉搓)。注意观察并询问老年人有无不适	操作时动作轻快,减少老年人不适和疲乏
3.清洗头发	照护人员一手持水壶缓慢倾倒温水,另一手揉搓头发至洗发液全部冲净	
4.协助梳头	取颈肩部毛巾擦干头发及面部,必要时用吹风机吹干头发。协助老年人将头发梳理整齐	及时擦干头发,防止老年人着凉
	操作后	
	整理用物:协助老年人上床休息,清理用物。 洗手。 记录	

三、为老年人床上洗头

操作步骤	操作程序	注意事项
	操作前	
1.准备		
(1)照护人员准备	着装整洁,洗手	
(2)老年人准备	协助老年人平躺	
(3)环境准备	关闭门窗,冬季调节室温22~26 ℃	
(4)用物准备	洗头器1个、毛巾1条、洗发液1瓶、梳子1把、暖瓶1个、棉球2个、纱布1块、水壶1个(盛装40~45 ℃温水)、污水桶1只,必要时备吹风机1个 	注意调节室温和水温,防止老年人着凉
2.评估和解释	评估老年人身体状况、疾病情况,是否适宜床上洗头	
	操作中	
1.放置洗头器	撤去枕头,在老年人颈肩部围上毛巾,头下放置简易洗头器,洗头器排水管置于污水桶中	
2.床上洗头	将棉球塞于老年人耳内,防止洗发过程中水流入耳内,用纱布盖于老年人眼睛上,防止水溅入眼内;用水壶缓慢倾倒温水润湿老年人头发,将洗发液倒于手掌中揉搓至有泡沫后,将洗发液涂于老年人头发上,双手十指指腹揉搓头发、按摩头皮(力量适中,由发际向头顶部揉搓)。洗发过程中随时观察并询问老年人有无不适	防止洗发过程中水流入眼、耳内或打湿被服。如果打湿及时更换。操作时动作轻快,减少老年人不适和疲乏
3.清洗头发	一手持水壶缓慢倾倒温水,另一手揉搓头发至洗发液全部冲净	
4.擦干头发	取颈肩部毛巾包裹头部,撤去简易洗头器。擦干面部及头发,将枕头垫于老年人头下。必要时用吹风机吹干头发。将头发梳理整齐	及时擦干头发,防止老年人着凉
	操作后	
	整理用物:协助老年人取舒适卧位,整理床铺,清理用物。 洗手。 记录	

【任务评价】

头发清洗与梳理任务学习自我检测单

姓名：　　　　专业：　　　　班级：　　　　学号：

任务分析	正确的梳发方法：	
	正确的按摩头皮方法：	
	头发清洁的重要性：	
	头发清洁的要求：	
	头发清洁的观察要点：	
任务实施	为老年人晨间梳洗	
	为老年人坐位洗头	
	为老年人床上洗头	

任务 8-3　身体清洁

身体清洁与衣物更换

身体清洁实操

【任务描述】

刘奶奶,72岁,失智老年人,5年前诊断为阿尔茨海默病,病情进行性加重,生活不能自理和具有认知障碍、言语障碍等表现,常常忘记人名和发生的事情,不能正确表达观点。今日查房,照护人员发现刘奶奶需要大小便但是忘记去厕所,被尿液污染了身上的衣服。照护人员需要根据刘奶奶的生活习惯,采取相应措施改善刘奶奶身体清洁度。

【任务目标】

⊙ 老年人身体清洁舒适,无异味,清洁过程顺利;
⊙ 老年人身体清洁过程中无寒战、面色苍白等不适情况。

【任务分析】

皮肤是人体最大的器官,分为表皮、真皮和皮下组织三层,具有保护机体、调节体温、吸收、分泌、排泄及感觉等功能。完整的皮肤具有天然的屏障作用,可避免微生物入侵。皮肤的新陈代谢迅速,其代谢产物如皮脂、汗液及表皮碎屑等,能与外界细菌及尘埃结合形成污垢,黏附于皮肤表面,因此照护人员应及时为老年人做身体清洁,清除皮肤污垢,提高皮肤抵抗力,增强舒适感,预防感染的发生。

一、身体清洁的重要性

通过对身体表面的清洗及揉搓,可以达到消除疲劳,促进血液循环,改善睡眠,提高皮肤新陈代谢和增强抗病能力的目的,还可以维护老年人的自我形象,提高自信。

二、身体清洁的要求

油脂积聚会刺激皮肤,阻塞毛孔或在皮肤上形成污垢,因此照护人员应指导老年人经常沐浴。对于容易出汗的老年人,应指导其常洗澡并保持身体干燥,这样可以防止皮肤因潮湿而破损;对于皮肤干燥的老年人,应指导其酌情减少洗澡次数。

三、清洁用品使用的指导

沐浴时照护人员应根据老年人皮肤状况(如干燥、油性、完整性等),个人喜好及清洁用品使用的目的和效果来选择清洁与保护皮肤的用品。

四、老年人沐浴的种类

老年人沐浴的种类主要包括三种:淋浴、盆浴、床上拭浴。

【任务实施】

一、协助老年人淋浴

操作步骤	操作程序	注意事项
操作前		
1.准备		
(1)照护人员准备	着装整洁,洗手	
(2)老年人准备	协助老年人坐在椅/凳上	
(3)环境准备	关闭门窗,冬季调节室温 22～26 ℃	浴室地面应放置防滑垫,以防老年人滑倒
(4)用物准备	淋浴设施、毛巾1条、浴巾1条、浴液1瓶、洗发液1瓶、清洁衣裤1套、梳子1把、洗澡椅1把,必要时备吹风机1个	要求:摆放以整齐、方便操作为原则
2.评估与沟通		
(1)评估	评估老年人身体状况、疾病情况,是否适宜淋浴	淋浴应安排在进食1 h之后,以免影响消化吸收
(2)沟通	向老年人解释操作目的及注意事项,征得老年人同意。搀扶老年人进浴室(或用轮椅运送)	老年人单独洗浴时,叮嘱老年人浴室不要锁门,可在门外把手上悬挂示意标牌。照护人员应经常询问是否需要协助
操作中		
1.调节水温	先开冷水,再开热水龙头(单个水龙头由冷水向热水一侧调节),调节水温,以 40 ℃左右为宜(伸手触水,温热不烫手)	先调节水温再协助老年人洗浴。调节水温时,先开冷水后开热水龙头

续表

操作步骤	操作程序	注意事项
2.协助洗浴	协助老年人脱去衣裤(肢体活动障碍的老年人应先脱健侧后脱患侧),协助老年人坐于洗澡椅上,协助老年人双手握住扶手	
3.清洗头发	叮嘱老年人低头闭眼,用花洒淋湿头发,将洗发液揉搓至出现泡沫后涂于老年人头发上,双手十指指腹揉搓头发、按摩头皮(力量适中,由发际向头顶部揉搓)。随时观察老年人有无不适。用花洒将头发冲洗干净	
4.清洁身体	用花洒淋湿老年人身体,由上至下涂抹浴液,涂擦面部、耳后、颈部、双上肢、胸腹部、背臀部、双下肢,最后擦洗会阴、双脚。用花洒将全身溶液冲洗干净,老年人淋浴时间不可过长,水温不可过高,以免发生虚脱	淋浴过程中应随时观察、询问老年人反应,如有不适,应迅速结束操作,告知专业医护人员
5.擦拭水分	用浴巾包裹并擦干身体,用毛巾擦干头发	
6.更换衣裤	协助老年人更换清洁衣裤(肢体活动障碍的老年人,应先穿患侧后穿健侧),搀扶(或用轮椅运送)老年人回床休息	
操作后		
	整理用物:清洗浴室,清洗毛巾。 洗手。 记录	

二、协助老年人盆浴

操作步骤	操作程序	注意事项
操作前		
1.准备		
(1)照护人员准备	着装整洁,洗手	
(2)老年人准备	协助老年人坐于床上	
(3)环境准备	关闭门窗,冬季调节室温 22~26 ℃	浴室地面应放置防滑垫,以防老年人滑倒

续表

操作步骤	操作程序	注意事项
(4)用物准备	浴盆设施、毛巾2条、浴巾1条、浴液1瓶、洗发液1瓶、清洁衣裤1套、梳子1把、座椅1把,必要时备吹风机1个	要求:摆放以整齐、方便操作为原则
2.评估与沟通		
(1)评估	评估老年人身体状况、疾病情况,是否适宜盆浴	
(2)沟通	向老年人解释操作目的及注意事项,征得老年人同意。搀扶老年人进浴室(或用轮椅运送)	老年人单独洗浴时,叮嘱老年人浴室不要锁门,可在门外把手上悬挂示意标牌。照护人员应经常询问是否需要协助
操作中		
1.放水水温	浴盆中放水1/3~1/2,水温40℃左右(手伸进水中,温热不烫手)	
2.协助洗浴		
(1)进入浴盆	浴盆内放置防滑垫,协助老年人脱去衣裤(肢体活动障碍时,应先脱健侧后脱患侧),搀扶老年人进入浴盆坐稳(需要时将老年人抱入),嘱老年人双手握住扶手或盆沿	
(2)协助洗头	叮嘱老年人低头闭眼,用花洒淋湿头发,将洗发液揉搓至出现泡沫后涂于老年人头发上,双手十指指腹揉搓头发、按摩头皮(力量适中,由发际向头顶部揉搓)。随时观察老年人有无不适。用花洒将头发冲洗干净	
(3)洗浴身体	浸泡身体后放掉浴盆中水,由上至下涂抹浴液,涂擦面部、耳后、颈部、双上肢、胸腹部、背部、双下肢,最后擦洗臀部、会阴及双脚。用花洒将全身浴液冲洗干净	
3.擦干更衣	用浴巾包裹身体,协助老年人出浴盆,擦干身体坐在浴室座椅上,用毛巾擦干头发。协助老年人更换清洁衣裤(肢体活动障碍时,应先穿患侧后穿健侧)	
操作后		
	整理用物:搀扶(或用轮椅运送)老年人回床休息,协助老年人取舒适卧位。整理用物,刷洗浴盆,清洁浴室。洗手。记录	

三、为老年人床上拭浴

操作步骤	操作程序	注意事项
操作前		
1.准备		
(1)照护人员准备	着装整洁,洗手	
(2)老年人准备	协助老年人坐于床上	
(3)环境准备	关闭门窗,冬季调节室温22~26 ℃	
(4)用物准备	脸盆3个(身体、臀部、脚)、毛巾2条(臀部、脚)、方毛巾1块、浴巾1条、浴液1瓶、橡胶单1块、清洁衣裤1套、暖水瓶1个、污水桶1个,必要时备屏风等	
2.评估与沟通		
(1)评估	评估老年人身体状况、疾病情况,是否适宜床上拭浴	
(2)沟通	向老年人解释操作目的及注意事项,征得老年人同意	
操作中		
1.备齐用物	备齐用物携至床旁(多人同住一室,用屏风遮挡)。脸盆内盛装40~45 ℃温水,协助老年人脱去衣裤,盖好被子	
2.协助洗浴		
(1)擦拭脸部	将浴巾搭在枕巾及胸前盖被上,方毛巾浸湿后拧干,横向对折再纵向对折,对折后小毛巾四个角分别擦洗双眼的内眼角和外眼角。洗净方毛巾包裹在手上,倒上浴液依次擦拭额部、鼻部、两颊、耳后、颈部(额部由中间分别向两侧擦洗。鼻部由上向下擦洗,面颊由鼻唇、下巴向左右面颊擦洗,颈部由中间分别向两侧擦洗)。洗净方毛巾,同法擦净脸上浴液,再用浴巾沾干脸上水分	操作时动作要迅速、轻柔。 要求:浴巾搭在枕巾及胸前盖被上,照护人员站在老年人右侧,折好方毛巾,擦洗额头
(2)擦拭手臂	暴露近侧手臂,浴巾半铺半盖于手臂上,方毛巾包手,倒上浴液;打开浴巾由前臂向上臂擦拭,擦手,擦拭后浴巾遮盖,洗净方毛巾,同样手法擦净上臂浴液,再用浴巾包裹沾干手臂上的水分。同法擦拭另一侧手臂	
(3)擦拭胸部	将老年人被子向下折叠暴露胸部,用浴巾遮盖胸部。洗净方毛巾包裹在手上,倒上浴液;打开浴巾由上向下擦拭胸部及两侧,注意擦净皮肤皱褶处(如腋窝、女性乳房下垂部位),擦拭后浴巾遮盖;洗净方毛巾,同法擦净胸部浴液,再用浴巾沾干胸部水分	擦洗过程中,注意观察老年人反应,如出现寒战、面色苍白等情况,要立即停止拭浴,并保暖,通知专业医护人员

NOTE

续表

操作步骤	操作程序	注意事项
(4)擦拭腹部	老年人盖被向下折至大腿上部,用浴巾遮盖胸腹部。洗净方毛巾包裹在手上,倒上浴液;打开浴巾下角暴露腹部,由上向下擦拭腹部及两侧,擦拭后浴巾遮盖,洗净方毛巾,同法擦净腹部浴液,再用浴巾沾干腹部水分	要求:老年人被子向下折至大腿上部,浴巾盖在胸腹部,擦拭腹部时掀开擦拭部位浴巾
(5)擦拭背臀	协助老年人翻身侧卧,背部朝向照护人员。被子上折暴露背臀部,浴巾铺于背臀下,向上反折遮盖背臀部;洗净方毛巾包裹在手上,倒上浴液;打开浴巾暴露背臀部,由腰骶部分别沿脊柱两侧螺旋形向上擦洗全背,分别环形擦洗臀部,擦拭后浴巾遮盖;洗净方毛巾,同法擦净背臀部浴液,再用浴巾沾干背臀部水分 背臀清洁	
(6)擦洗下肢	协助老年人平卧,盖好被子后暴露一侧下肢,浴巾半铺半盖;洗净方毛巾包裹在手上,倒上浴液;打开浴巾暴露下肢,另一手扶住下肢的踝部成屈膝状,由小腿向大腿方向擦洗,擦拭后浴巾遮盖;洗净方毛巾,同法擦净下肢浴液,再用浴巾沾干下肢水分。同法擦洗另一侧下肢 下肢清洁	要求:老年人平卧,盖好被子后暴露一侧下肢,浴巾半铺半盖。打开擦拭部位浴巾

续表

操作步骤	操作程序	注意事项
(7)足部清洗	更换水盆(脚盆),盛装40~45 ℃温水约体积的1/2;将老年人被子的被尾向一侧打开暴露双足,取软枕垫在老年人膝下支撑,足下铺橡胶单和浴巾,水盆放在浴巾上;将老年人一只足浸于水中,涂拭浴液,专用脚巾擦洗足部(注意洗净脚趾缝),洗后放在浴巾上,同法清洗对侧。撤去水盆,拧干脚巾,擦干双足,再用浴巾沾干足部水分	要求:更换水盆。另一只脚用浴巾遮盖
(8)擦洗会阴	更换水盆(专用盆),照护人员一手托起老年人臀部,一手铺垫橡胶单和浴巾,将专用毛巾浸湿拧干。女性老年人:擦洗由阴阜向下至尿道口、阴道口、肛门,边擦洗边转动毛巾,清洗毛巾后分别擦洗左右侧腹股沟部位。男性老年人:擦洗顺序为尿道外口、阴茎、包皮、阴囊、腹股沟和肛门。随时清洗毛巾,直至清洁无异味。撤去橡胶单和浴巾。协助老年人更换清洁衣裤	清洗会阴部、足部的水盆和毛巾要分开,单独使用
	操作后	
	整理用物:撤去屏风。帮老年人盖好被子,整理用物。开窗通风。 洗手。 记录	

【任务评价】

身体清洁任务学习自我检测单

姓名：		专业：	班级：	学号：
任务分析	身体清洁的重要性：			
	身体清洁的要求：			
	清洁用品使用的指导：			
	老年人沐浴的种类：			
任务实施	协助老年人淋浴			
	协助老年人盆浴			
	为老年人床上拭浴			

任务 8-4　衣物更换

衣物更换实操

【任务描述】

刘爷爷,70岁,失能老年人,既往史:脑梗死后遗症左侧肢体偏瘫卧床多年,左手屈曲,没有办法伸直,左脚也不能弯曲,口齿不清。今日查房,照护人员为刘爷爷翻身时发现他尿湿了裤子,照护人员需根据老年人的肢体情况为其更换衣物。

【任务目标】

⊙ 老年人理解并配合操作,更换过程顺利;
⊙ 老年人衣物整洁,外阴部皮肤清洁、干燥;
⊙ 老年人在清洁和更换衣物过程中无不适反应。

【任务分析】

老年人身体由于脊柱弯曲、关节硬化等生理变化,身体各部位长度变短,活动范围减少,甚至活动受限。老年人的体质和年轻人差别较大,老年人的着装更要讲究,正确地为老年人选择衣物,及时为老年人更衣,对于提升老年人的舒适度,提升自信,改善健康有着很大的帮助。照护人员需掌握老年人穿着的4个特点、为老年人选择及搭配衣物等相关知识,为老年人更换开襟衣服、穿脱套头上衣、更换裤子等服务技能。

一、帮助老年人更衣的重要性及要求

老年人着装不仅要美观、保暖,更要舒适、健康。有些老年人由于自理能力下降,需要照护人员协助穿脱衣裤。掌握快捷适宜的穿脱方法,可避免老年人受凉,同时减轻护理劳动强度。老年人选择合适的服装穿着,不仅感觉舒适,而且对健康长寿大有益处。老年人穿着应具有实用、舒适、整洁、美观4个特点。

1. 实用

衣着有保暖防寒的作用。老年人对外界环境的适应能力较差,许多老年人冬季畏寒,夏季畏热。因此,老年人在穿着上首先要考虑冬装求保暖,夏装能消暑。

2. 舒适

穿着应力求宽松舒适,柔软轻便,利于活动。在面料选择上,纯棉制品四季适宜。夏季,真丝、棉麻服装凉爽透气。

3. 整洁

衣着整洁不仅使老年人显得神采奕奕,而且有利于身体健康。内衣及夏季衣服更应常换常洗。

4. 美观

根据老年人自身文化素养、品味选择适宜的素雅、沉稳老年人服装。款式上简单大方,方便穿着。

二、老年人衣物的选择及搭配

1. 老年人适宜的袜子

适合老年人穿着的袜子是棉质的松口袜子。袜口过紧会导致血液回流不好,出现肿胀不适。袜子应勤换洗,有利于足部健康。

2. 老年人适宜的鞋

老年人应选择具有排汗、减震、安全、柔软、轻巧、舒适等特点的鞋穿着,大小要合适。日常行走可选择有适当垫高后跟的布底鞋,运动时最好选择鞋底硬度适中、有点后跟、前部翘一点的运动鞋。少穿拖鞋,若居室内穿着拖鞋,也应选择长度和高度刚刚能用足部塞满整块鞋面的,后跟高度为2~3 cm的拖鞋为宜。

【任务实施】

操作步骤	操作程序	注意事项
操作前		
1.评估与沟通		
(1)评估	评估环境:关闭门窗、窗帘,冬季调节室温至24~26 ℃,光线充足,适合操作。 评估老年人:照护人员应评估老年人的意识状态、身体状况、受压局部皮肤和会阴部皮肤情况等	
(2)沟通	对于能够有效沟通的老年人,照护人员应询问老年人床号、姓名,并向老年人解释操作目的和方法,以取得老年人的配合	对于不能进行有效沟通或低效型沟通的老年人,应主动核对老年人的床头卡,耐心解释,用心观察不适反应
2.准备		
(1)老年人准备	如病情允许,协助老年人取坐位,其次为卧位	
(2)物品准备	清洁的开襟上衣或套头上衣、裤子,如有需要可酌情备脸盆(盛温水)、毛巾、护肤油	
(3)照护人员准备	服装整洁,洗手	
操作中		
1.沟通	照护人员耐心向老年人解释操作目的,更衣时需要配合的动作、注意事项等,取得老年人的配合	
2.清洗局部皮肤	清洗被尿液浸润的皮肤,擦干,抹护肤油	

续表

操作步骤	操作程序	注意事项
3.更换开襟上衣	一手扶住老年人肩部,另一手扶住髋部,协助老年人翻身侧卧。 　　脱去一侧衣袖。 　　脱旧穿新: 　　取清洁开襟上衣,穿好一侧(患侧)的衣袖。 　　其余部分(清洁及被更换的上衣)平整地掖于老年人身下。 　　协助老年人取平卧位。 　　从老年人身下拉出清洁及被更换的上衣。 　　脱下被更换的上衣。 　　穿着整齐:穿好清洁上衣另一侧衣袖(健侧),整理、拉平衣服,扣好纽扣。 　　盖好被子,整理床铺	协助老年人翻身时,要注意老年人的安全。 　　若老年人一侧肢体不灵活,应卧于健侧,患侧在上。 　　操作轻柔快捷,避免老年人受凉
4.更换套头上衣	如病情允许,可协助老年人取坐位。 　　脱衣: 　　套头上衣的下端向上拉至胸部,从背后向前脱下衣身部分。 　　一手扶住老年人肩部,另一手拉住近侧袖口,脱下一侧衣袖,同法脱下另一侧衣袖。 　　穿衣: 　　①辨别上衣前后面。 　　②照护人员一手从衣袖口处伸入至衣身开口处,握住老年人手腕,将衣袖套入老年人手臂,同法穿好另一侧。 　　先穿患侧(左侧)肢体衣袖。 　　③握住衣身背部的下开口至领口部分,套入老年人头部	当老年人一侧肢体不灵活时,应先脱健侧,后脱患侧。 　　当老年人一侧肢体不灵活时,应先穿患侧,后穿健侧。 　　操作轻柔快捷,避免老年人受凉

续表

操作步骤	操作程序	注意事项
5.更换裤子	体位：协助老年人取坐位或平卧位。 脱下裤子： ①为老年人松开裤带、裤扣。 ②协助老年人身体右倾，将裤子左侧部分向下拉至臀下。 ③再协助老年人身体左倾，将裤子右侧部分向下拉至臀下。 ④照护人员两手分别拉住老年人两侧裤腰部分向下褪至膝部，抬起一侧下肢，脱去一侧裤腿。同样方法，脱去另一侧裤腿。 更换裤子： 取清洁裤子辨别正反面。 照护人员左手从裤腿口套入至裤腰开口，轻握老年人脚踝，右手将裤腿向老年人大腿方向提拉。同样方法穿上另一侧裤腿。 照护人员两手分别拉住两侧裤腰部分向上提拉至老年人臀部。 协助老年人身体左倾，将右侧裤腰部分向上拉至腰部，再协助老年人身体右倾，将裤子左侧部分向上拉至腰部。 系好裤带、裤扣	当老年人一侧肢体不灵活时，应先脱健侧，后脱患侧。 遇老年人一侧肢体不灵活时，应先穿患侧，后穿健侧
	操作后	
	协助老年人盖好被子。 整理床单位。 洗手。 记录	

【任务评价】

衣物更换任务学习自我检测单

姓名：　　　　专业：　　　　班级：　　　　学号：

任务分析	帮助老年人更衣的重要性及要求：	
	老年人衣物的选择及搭配：	
任务实施	操作前：评估与准备	
	操作中：更衣帮助	
	操作后：整理及记录	

任务 8-5 压疮预防

压疮预防

压疮的护理实操

【任务描述】

刘爷爷,86 岁,三年前因无人照护入住养老机构。刘爷爷平日可使用手杖独立行走,三日前他在护理区走廊行走时不慎摔倒,后经医院检查为低尾部软组织挫伤,医嘱要求刘爷爷在养老机构保守治疗,近期需卧床休养,保证营养摄入,按规定时间进行复查。照护人员注意刘爷爷床单位及个人卫生,协助定时翻身,避免压疮的发生。

【任务目标】

⊙老年人卧床期间床单位及个人卫生维持清洁状态;
⊙老年人卧床期间皮肤完好,未出现压疮。

【任务分析】

卧床老年人最易出现的皮肤问题就是压疮。绝大多数压疮是可以预防的,照护人员在工作中做到勤翻身、保持皮肤清洁、勤更换,避免局部长时间受压,严格检查老年人皮肤情况,认真执行照护措施,就可以很大程度减少压疮的发生。照护人员需掌握预防老年人发生压疮的方法和观察要点等知识,以及为卧床老年人翻身的服务技能。

一、压疮及帮助老年人翻身的目的

压疮是指身体局部组织长时间受压,组织血液循环障碍,持续缺血、缺氧、营养不良,皮肤失去正常功能,导致软组织溃烂坏死。为卧床老年人翻身可以保护骨隆突处的软组织,避免长期受压,交替解除压迫是预防压疮最重要的方法。

二、预防压疮的观察要点

(1)根据老年人不同的卧位,重点查看骨隆突处和受压部位皮肤情况,例如有无潮湿、压红,压红消退时间及水泡、破溃、感染等。

(2)了解老年人皮肤营养状况,如皮肤弹性、颜色、温度、感觉等。

(3)了解患者躯体活动能力,有无肢体活动障碍、意识状态。

(4)了解老年人全身状态,例如有无发热、消瘦或肥胖、昏迷或者躁动、大小便失禁、水肿等。

上述因素是老年人发生压疮的高危因素。

三、预防压疮发生的方法

(1)评估老年人营养状态、局部皮肤状态,了解压疮的危险因素。

(2)减少患者局部受压。

①对活动能力受限或卧床的老年人,定时被动变换体位。

②翻身间隔时间应根据老年人病情及受压处的皮肤情况决定,一般间隔 2 h 翻身一次,必要时,间隔 30 min 至 1 h 翻身一次。受压皮肤在解除压力 30 min 后,压红不

消退者,缩短翻身时间。

③长期卧床老年人可以使用交替式充气床垫,使身体受压部位交替着力。也可使用楔形海绵垫垫于老年人腰背部,使老年人身体偏向一侧,与床铺成30°角。

④坐轮椅的老年人,轮椅座位上需增加4~5 cm厚的海绵垫,并且每15 min抬起身体一次,变换坐位的身体着力点。

⑤关节、骨隆突部位的压疮预防,可在一侧肢体两关节之间肌肉丰富的部位加垫软枕,骨隆突处皮肤可使用透明贴膜或者减压贴膜保护局部或减压。

(3)皮肤保护。

①清洁皮肤:用温水清洗皮肤,保持皮肤清洁无汗液,大小便后及时清洗局部。清洗时不要用刺激性大的碱性肥皂,可用清水或弱酸性的沐浴露,最好采用冲洗的方法,不要用力揉搓。

②加强护肤:清洗后皮肤可涂擦润肤乳液预防干燥。清洁后的皮肤不要使用粉剂,避免出汗液后堵塞毛孔。大小便失禁老年人,肛周清洗后涂油剂保护。

(4)加强患者营养,摄取高热量、高蛋白、高纤维素、高矿物质食物。必要时,少食多餐。

(5)勤更换内衣及被服:卧床老年人应选择穿着棉质、柔软、宽松的内衣,吸汗且不刺激皮肤。内衣及被服每周更换,一旦潮湿应立即更换,并保持床铺清洁、干燥、平整。

【任务实施】

操作步骤	操作程序	注意事项
操作前		
1.评估与沟通	评估环境:关闭门窗,拉上窗帘,冬季调节室温至24~26 ℃,光线充足,适合操作。 评估老年人:评估老年人营养状态、局部皮肤状态、躯体活动能力、全身状态,如有无水肿、大小便失禁等 对于能够有效沟通的老年人,照护人员应询问老年人床号、姓名,了解翻身情况,并向老年人讲解操作目的、方法和注意事项,以取得老年人的配合	对于不能进行有效沟通的老年人,应核对老年人的床头卡,查看翻身记录卡
2.准备		
(1)物品准备	软枕数个、脸盆(盛温水)、毛巾、翻身记录单、笔,必要时备床档	体现人文关怀
(2)照护人员准备	衣帽整洁,清洗并温暖双手	
操作中		
1.沟通	对于能够有效沟通的老年人,照护人员再次向老年人解释操作目的、翻身时需要配合的动作以及注意事项等,取得老年人的配合	卧床老年人一般情况下,2 h翻身1次,必要时1 h翻身1次

续表

操作步骤	操作程序	注意事项
2.协助卧床老年人翻身	根据老年人身体情况,协助其取舒适的体位。 ①掀开被角,将老年人近侧手臂放于枕边,远侧手臂放于胸前。 ②在盖被内将远侧下肢搭在近侧下肢上。 ③照护人员双手分别扶住老年人的肩和背部,向近侧翻转,使老年人呈侧卧位 ④双手环抱住老年人的臀部移至床中线位置,老年人面部朝向照护人员	翻身时动作应轻、缓,以免引起患者不适。 应将老年人抬起,避免拖、拉、推等动作,以免挫伤皮肤
3.放置软枕	在老年人胸前放置软枕,上侧手臂搭于软枕上。小腿中部垫软枕。保持体位稳定舒适 	
4.检查背部臀部、皮肤	掀开老年人背部盖被,检查背部、臀部皮肤是否完好	
5.擦背,整理上衣	用温热毛巾擦净背部、臀部汗渍,拉平上衣。 用软枕支撑背部,盖好被子	
操作后		
	整理床单位:被褥平整、干燥、无皱褶,必要时加装床档。 洗手:照护人员洗净双手。 记录:记录内容包括翻身时间、体位、皮肤情况(潮湿、压红、压红消退时间及水泡、破溃、感染等)。 发现异常及时报告	记录准确全面

【任务评价】

压疮预防任务学习自我检测单

姓名：　　　　　专业：　　　　　班级：　　　　　学号：

任务分析	压疮及帮助老年人翻身的目的：	
	预防压疮的观察要点：	
	预防压疮发生的方法：	
任务实施	操作前：评估与准备	
	操作中：协助翻身	
	操作后：整理、记录及报告	

任务9 冷热应用

冷热应用是老年照护中常用的一种物理方法。冷和热对人体是一种温度刺激,无论用于局部或全身,都可引起皮肤和内脏的血管收缩或扩张,改变体液循环和新陈代谢。冷的应用指用比人体温度低的物体(固体、液体或气体)使皮肤的温度降低,以达到给高热老年人降温的目的。热的应用指用比人体温度稍高的物体(固体、液体或气体)使皮肤的温度升高,以达到促进老年人血液循环,给老年人取暖的目的。本任务将主要介绍帮助老年人使用热水袋、帮助老年人使用湿热敷、为老年人测量体温、使用冰袋为高热老年人进行物理降温及使用温水拭浴为高热老年人进行物理降温5个任务。

任务9-1 热水袋使用

热水袋使用

【任务描述】

王奶奶,88岁,自理老年人,在某老年公寓包房居住。两天前因天气突然降温,在晚班照护人员小王查房时,王奶奶提出天气冷,要在被窝放置热水袋。照护人员小王婉言劝说,告知王奶奶使用热水袋容易发生烫伤,如果感觉冷可以帮助开空调。王奶奶认为使用空调取暖房间内太过干燥不舒服,坚持使用热水袋,照护人员小王需要协助王奶奶使用热水袋及告知王奶奶使用热水袋的注意事项。

【任务目标】

⊙老年人在照护人员的协助下正确使用热水袋;
⊙老年人知道了使用热水袋的注意事项,并按照注意事项的要求实施;
⊙老年人晚上睡觉时感觉温暖舒适。

【任务分析】

一、热水袋的类型

(1)橡胶热水袋:热水袋是以橡胶制成的袋囊,在袋囊中装入热水,放置在所需部位,达到取暖的目的。

(2)电热水袋:将电热水袋平放于干燥水平台面上,连接电源充电大约5 min,充电指示灯灭后,断开电源即可放置在所需部位,用于取暖。

(3)其他致热用物:暖宝宝使用前,去掉外袋,让内袋(无纺布袋)充分暴露在空气中,贴至所需部位,立刻就能发热。

使用暖宝宝的注意事项如下。

(1)贴于内衣外侧,不要直接贴于老年人皮肤上。

(2)晚上睡觉时不宜使用,防止低温烫伤。

(3)避免外包装袋损伤或破坏,否则产品会失效。

(4)若不慎接触到眼睛,要立即用清水冲洗并及时报告,误食后要立即催吐并及时就医。

二、热水袋的安全使用

(一)使用热水袋可能出现的危害

使用热水袋会造成烫伤,因为热水袋虽然基础温度不高,但皮肤长时间接触高于体温的低热物体,如接触70 ℃的物体持续1 min,接触近60 ℃的物体持续5 min以上时,就会造成烫伤,这种烫伤就叫"低温烫伤"。

低温烫伤和高温烫伤不同,创面疼痛感不十分明显,仅在皮肤上出现红肿、水泡、脱皮或者发白的现象,面积也不大,烫伤皮肤表面看上去烫伤不太严重,但创面深,严重者甚至会造成深部组织坏死。如果处理不当,严重者会发生溃烂,长时间无法愈合。

(二)热水袋的安全使用方法

(1)热水袋表面不能用锐器刺压,强力摔打,以免破裂、漏液造成伤害,如出现破损、漏液现象,绝不能使用。

(2)在使用热水袋取暖时,一定要把盖拧紧,在热水袋外面套一个防护布套,防止水流出来烫伤。

(3)老年人使用热水袋时要注意水温不要太热,一般以50 ℃为宜,使用时间不要太长,禁止和皮肤直接接触。热水袋应放置于脚旁,注意不是脚上;最好是睡觉前放在被子里,睡觉时取出来。

(4)糖尿病、脊髓损伤或脑卒中的老年人由于存在感觉、运动功能障碍,常伴有痛觉、温觉的减退或消失,极易发生意外烫伤,最好不要使用热水袋。

(5)电热水袋使用时应避免袋内水温不均,充电时可以轻轻摇动袋身,让袋内水温均匀。

(三)热水袋的保健用途

1. 促进炎症消散及伤口愈合

连续用灌上温水的热水袋放在手上热敷,可刺激组织再生且有减轻疼痛和加强组织营养的作用。当热作用于体表的创口时,大量浆液性渗出物增多,能协助清除病理产物;热可使血管扩张,血管通透性增强,有利于组织代谢产物的排出和对营养物质的吸收,抑制炎症的发展,促进炎症的消散和伤口的愈合。臀部肌肉长期注射青霉素等针剂,注射局部肌肉易生硬结并伴疼痛红肿,用热水袋热敷患处,能促使药液吸收,预防或消除硬结块。

2. 缓解疼痛不适

膝关节疼痛拿热水袋放在膝盖上热敷,疼痛会很快得到缓解。热敷不光可以缓解关节疼痛,对腰痛、坐骨神经痛、痛经等疼痛均有缓解的作用。将热水袋放在局部疼痛处,每次20 min,每天1~2次,可明显缓解疼痛;对扭、挫伤引起的皮下血肿,于受伤24 h后,用热水袋热敷,可以促进皮下淤血吸收和消散。

3. 缓解咳嗽症状

冬季受风寒咳嗽,用热水袋灌满热水,外用薄毛巾包好,敷于背部驱寒,能够很快

缓解咳嗽。热敷背部,可使上呼吸道、气管、肺等部位的血管扩张和血液循环加速,可增强新陈代谢和白细胞的吞噬能力,具有缓解咳嗽的作用。

4. 催眠

睡觉时把热水袋放在后颈部,会感到温和舒适,先双手发热,慢慢脚部也感觉温暖,就可起到催眠作用。此法还可以治疗颈椎病、肩周炎,但需注意使用的安全性。

【任务实施】

操作步骤	操作程序	注意事项
操作前		
准备		
(1)照护人员准备	仪表端庄,着装整洁,修剪指甲,洗手	
(2)物品准备	热水袋1个、水壶(盛装50 ℃左右温水)、布套1个、水温计、毛巾1块、记录单1份、笔1支等 橡胶热水袋　水壶　布套　水温计 毛巾　记录单　笔	
(3)环境准备	清洁、安静、舒适、安全,调节室温至18～22 ℃,相对湿度60%	
(4)老年人准备	排便、排尿、洗漱完毕	
操作中		
1.评估沟通	评估老年人有无感觉、运动功能障碍,痛觉、温觉的减退或消失,有无皮肤破损情况。 向老年人解释应用热水袋的目的、方法,以取得配合	
2.灌热水袋	往量杯中先倒入少量冷水,然后再兑入部分热水。 取水温计正确测量水温,调节温度至50 ℃,用纱布擦干水温计放回原处。 检查热水袋外观完好,灌入热水。一手持热水袋袋口边缘,另一手灌入热水至热水袋体积的1/2～2/3,边灌边提高热水袋口端以防热水外溢。 将热水袋口端逐渐放平,见热水达到袋口即排尽袋内空气,旋紧塞子。 用毛巾擦干热水袋外壁水迹;倒提热水袋并轻轻挤压有无漏水。 将热水袋全部装入布套内	老年人使用热水袋时,水温应调节至50 ℃,热水袋外套布套,避免与皮肤直接接触,防止烫伤

续表

操作步骤	操作程序	注意事项
3.放置热水袋	携热水袋至老年人床旁,再次检查热水袋有无漏水;掀开被尾放置于距离足部或身体 10 cm 处,袋口朝向身体外侧或依老年人喜好将热水袋放置在铺好的被子里的适宜位置,如腰部或足部的位置。 告知老年人热水袋已经放置好,避免触及,若感觉不适,按铃呼叫照护人员。使用热水袋期间照护人员加强巡视	使用热水袋过程中照护人员要经常巡视,观察老年人局部皮肤,如有潮红,应立即停止使用,局部降温以保护皮肤,并及时报告
4.取出热水袋	用热水袋 30 min 后,取出热水袋,询问老年人用热水袋后肢体是否温暖,观察老年人用热水袋后周围皮肤有无潮红、水泡等烫伤的迹象	避免老年人长时间用热水袋,时间以 30 min 为宜
操作后		
1.帮助整理床单位	协助老年人躺卧舒适,将被子盖严、床铺整理好	避免被子温度下降
2.整理用物	将热水袋内的水倒空,倒挂晾干后吹入空气旋紧塞子,放在阴凉干燥处备用	
3.洗净双手,记录	记录内容包括热水袋放置时间、取出时间、老年人用热水袋后的情况	

【任务评价】

热水袋使用任务学习自我检测单

姓名：　　　　专业：　　　　班级：　　　　学号：

任务分析	热水袋的类型：
	热水袋的安全使用：

任务实施	操作前：评估与准备	
	操作中：热水袋的使用	
	操作后：整理与记录	

任务 9-2　湿热敷运用

【任务描述】

王爷爷,75 岁,自理老年人,一年前老伴去世后入住养老机构。三天前夜里王爷爷上厕所时不慎左侧膝盖碰到椅子上,听到房间响声后值班照护人员小王赶到房间查看,当时王爷爷皮肤未出现破损,但膝盖处发红且压之有痛感,值班医生赶到后询问情况。王爷爷自诉除左侧膝盖处稍有痛感外,其他无异常。第二天早晨小王查房时发现王爷爷左侧膝盖出现青紫及肿胀,随即告知医生,医生嘱 48 h 后小王给予王爷爷湿热敷处理。

湿热敷运用

湿热敷处理实操

【任务目标】

⊙老年人愿意接受照护人员进行湿热敷;
⊙老年人左侧膝关节肿胀疼痛得以缓解。

【任务分析】

湿热敷是养老机构照护人员常用的一种简便实用的治疗疾病的方法。照护人员的操作过程需做到专业、谨慎,以免烫伤老年人。通过对老年人使用湿热敷的作用与禁忌,以及使用湿热敷时认真观察的学习,照护人员能熟练为老年人使用湿热敷,从而减轻老年人局部疼痛。

一、湿热敷的作用及禁忌

1. 湿热敷的作用

湿热敷一般用湿布敷法,穿透力强,能利用热传导促进血液循环,帮助炎症吸收或促进消散;湿热敷可作用于深层组织,使痉挛的肌肉松弛而止痛。湿热敷常用于慢性炎症及痛症(患处没有发红或发热的症状),例如慢性腰痛、慢性颈痛、慢性退行性膝关节炎、肌肉疲劳或痉挛等。在推拿的运用上,常于手法操作后辅以湿热敷,湿热敷有祛风散寒、温经通络、活血止痛作用,还可以加强手法治疗效果,减轻手法刺激所产生的局部不良反应。

2. 湿热敷的禁忌

患有急性炎症、皮肤炎、血栓性静脉炎、外周血管疾病的老年人,患处有伤口、刚愈合的皮肤、过分疼痛或肿胀、失去分辨冷热的能力(例如部分糖尿病老年人),不能明白指示的老年人(例如患有严重阿尔茨海默病)等都不宜使用湿热敷。软组织扭伤、挫伤早期、未经确诊的急腹痛、鼻周围三角区感染、脏器出血、恶性肿瘤、有金属移植物的老年人也应禁用湿热敷。

二、湿热敷法的应用范围及温度控制

1. 湿热敷的应用范围

湿热敷的应用范围见表 5-5。

表 5-5 湿热敷的应用范围

分 类	应 用 范 围
非无菌性湿热敷	范围广泛,常用于消炎、镇痛
无菌性湿热敷	用于眼部及外伤伤口的热敷
药液湿热敷	用于辅助治疗
电离子透入疗法	用于风湿痹痛、乳痈、眼科疾病的热敷

2. 湿热敷的温度控制

用 50～60 ℃热水浸透敷布,拧干,用自己的手腕掌侧测试敷布温度是否适当,必须不烫手时才能敷于患处。

【任务实施】

操作步骤	操作程序	注意事项
	操作前	
准备		
(1)环境准备	关闭门窗,调节室温在 22～24 ℃	
(2)照护人员准备	服装整洁,修剪指甲,洗净双手	
(3)老年人准备	老年人取坐位或卧位	
(4)物品准备	水盆(内盛 50～60 ℃热水)、暖瓶 1 个、毛巾 2 条、橡胶单 1 块、大毛巾 1 条、润肤油 1 瓶 	
	操作中	
1.评估沟通	评估老年人身体状况及疾病状况。 告知老年人给予一般性湿热敷可以缓解关节疼痛、肿胀。 告知湿热敷的过程,取得老年人的配合	瘫痪、糖尿病、肾炎等血液循环不好或感觉不灵敏的老年人不应使用湿热敷,以免发生意外

续表

操作步骤	操作程序	注意事项
2.进行湿热敷	备齐物品携至老年人床旁。使老年人露出需要湿热敷的关节部位,铺好橡胶单1块、铺上大毛巾。 将毛巾浸在水盆中湿透,再拧干,以不滴水为宜,抖开,在自己的手腕掌侧测试敷布温度,感觉热但不烫时放于老年人关节部位上,干毛巾附在上面,以防散热过快  询问老年人有无不适。每3～5 min更换一次,水盆内随时添加热水,湿热敷20～30 min(或按医嘱)。湿热敷期间观察局部皮肤有无发红、起水泡等烫伤情况 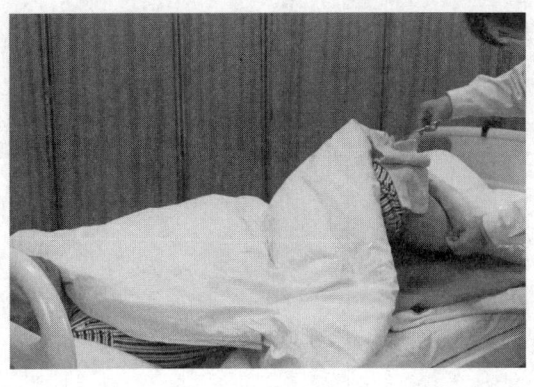	若老年人感到湿热敷部位烫热,可揭开湿毛巾散热。 照护人员在操作的过程中应严密观察热敷部位皮肤的状况,尤其是危重老年人使用时需严防烫伤
	操作后	
	湿热敷完毕,用毛巾擦干局部皮肤,撤去用物的部位涂润肤油。整理好盖被,清理用物。 洗手。 记录。做好过程的记录和操作后结果的记录	面部热敷的老年人,敷后30 min方能外出,以防受凉

【任务评价】

湿热敷的应用任务学习自我检测单

姓名：　　　　　专业：　　　　　班级：　　　　　学号：

任务分析	湿热敷的作用及禁忌：
	湿热敷的应用范围及温度控制：

任务实施	操作前：准备	
	操作中：进行湿热敷	
	操作后：整理与记录	

任务 9-3 体温测量

【任务导入】

李奶奶,86岁,失能老年人,两年前因脑梗导致右侧肢体偏瘫,大部分时间卧床。昨天下午照护人员在给李奶奶喂水时发现她面色潮红、食欲不佳,询问她是否不适,李奶奶自述感觉全身酸痛且畏寒。照护人员需要为老年人进行体温测量。

【任务目标】

⊙ 老年人愿意接受照护人员为其进行体温测量;
⊙ 为老年人选择合适的体温计及合适的测量部位测量体温;
⊙ 准确测量出老年人体温。

体温测量

体温测量
实操

【任务分析】

人体内部的温度称体温。保持恒定的体温是保证新陈代谢和生命活动正常进行的必要条件。体温是人体进行物质代谢的结果。正常人的体温相对恒定,它通过大脑和下丘脑的体温调节、中枢调节和神经-体液调节的作用,使产热和散热保持动态平衡。照护人员通过学习老年人体温的正常值和影响体温的因素后,能熟练地为老年人测量体温。

一、体温计的分类

体温计依材料种类来分,可分为下列几种。

1. 水银体温计

在所有体温计种类中,这种体温计目前最常用,所测量出来的体温是最准确的。我国使用的水银体温计为摄氏温度,体温计一端装入水银,利用水银遇热膨胀的原理,测试时水银升入有刻度的玻璃细管中。储汞槽和玻璃管连接处有一狭窄部分,可防止温度下降时水银自动降落,以保证能够看到准确的读数。水银柱必须经过用力甩动才能下降。用水银体温计测量体温的方法有口腔测温法、直肠测温法和腋下测温法三种。为方便人体不同部位的测量,水银体温计又可分为肛温计(身圆头粗)、腋温计(身扁头细)、口温计(身圆头细)三种。

2. 电子数字显示体温计

这是近十年来逐渐被广泛使用的新产品,是一种以数字显示的体温计,克服了玻璃水银温度计不易读数的缺点。电子体温计的形状只有一种,可以同时用来测量肛温、腋温或口温。如果电池不受潮,通常可以测量10000次左右,使用时应避免重摔,以免电路受损而失灵。

二、体温测量的方法及适用范围

1. 腋下测温法

此法不易发生交叉感染,是测量体温最常用的方法,适合昏迷、口鼻手术、肛门手术以及不能合作的老年人。

若消瘦不能夹紧体温计、腋下出汗较多,以及腋下有炎症、创伤或手术的老年人,不宜使用腋下测温法。

2. 口腔测温法

此法多用于清醒、合作状态下,无口鼻疾患的老年人。精神异常、昏迷、口鼻腔手术以及呼吸困难、不能合作的老年人,不宜测量口温。

3. 直肠测温法

此法多用于昏迷老年人。直肠或肛门手术、腹泻,以及心脏疾患老年人不宜使用直肠测温法。因肛表刺激肛门后,可使迷走神经兴奋,导致心动过缓。

三、体温的正常值和影响因素

1. 体温的正常值

正常体温的标准是根据多数人的数值得来的,并非为个体的绝对数值。

每日早晚、人体各个部位及不同性别之间的体温均存在差异。人体正常体温有一个较稳定的范围,口腔温度(口温)为 36.3~37.2 ℃;腋下温度(腋温)较口腔温度低 0.2~0.5 ℃;直肠温度(肛温)较口腔温度高 0.2~0.6 ℃。超出这个范围就是不正常体温,以口腔温度为例,37.3~38 ℃是低热,38.1~39 ℃是中热,39.1~41 ℃是高热,41 ℃以上是超高热。

2. 影响因素

体温并不是固定不变的,可受年龄、性别、昼夜、情绪、运动及环境等因素的影响而出现生理性波动,但此波动常在正常范围内。

(1)年龄因素的影响:老年人由于代谢速度慢,体温在正常范围的低值。

(2)性别因素的影响:一般女性的体温略高于男性。

(3)昼夜因素的影响:人体的体温一般在清晨 2~6 时最低,在下午 4~8 时最高,但波动范围不超过 1 ℃。这种昼夜的节律性波动,可能与人体活动、代谢速度、血液循环及肾上腺素分泌的周期性变化有关。

(4)情绪因素的影响:激动、紧张等可使交感神经兴奋,机体代谢速度加快,导致体温呈一时性升高。

(5)运动因素的影响:运动时由于骨骼肌紧张并强烈收缩,产热量增加并超过散热量,导致体温一时性升高。

(6)环境因素的影响:外界环境温度的高低直接影响体表温度。

(7)其他因素的影响:如睡眠、饥饿、服用镇静剂等均可使体温下降。

项目五 | 老年人日常健康问题与安全护理(实践技能模块)

【任务实施】

一、腋温测量

操作步骤	操作程序	注意事项
操作前		
准备		
(1)照护人员准备	仪表端庄,着装整洁,修剪指甲,洗手	
(2)物品准备	腋温计1支(盛放在垫有纱布的容器中)、带盖容器(内放配制好的消毒液)、消毒纱布、体温记录单、记录笔和记录表	
(3)老年人准备	在测量体温前避免喝热饮或冷饮、剧烈运动、情绪激动及洗澡,安静休息30 min以上	
(4)环境准备	环境安静整洁,温湿度适宜	
操作中		
1.评估沟通	照护人员应评估老年人的身体状况,确定老年人在30 min内没有影响实际体温的因素。 向老年人解释操作目的,取得老年人的合作	
2.检查体温计	照护人员检查体温计有无破损,水银柱是否甩到35 ℃以下	甩体温计时,注意勿触及他物,以防破碎
3.测量体温	解开老年人胸前衣扣,用老年人自己的干毛巾帮助擦干腋下汗液,将体温计水银端放在老年人腋窝深处并贴紧皮肤,屈臂过胸,用上臂将体温计夹紧,必要时托扶老年人手臂,以免脱位或掉落,测量时间为5~10 min	避免体温计掉落破碎误伤老年人
操作后		
1.读取体温	计时到后,取出体温计,读取体温:一手横拿体温计尾部,即远离水银柱的一端,手不可触碰水银端,背光站立,使眼与体温计刻度保持同一水平,然后慢慢地转动体温计,从正面看到很粗的水银柱时就可读出相应的温度值	一旦发现体温计破碎、水银外流,照护人员应立即采取安全的方法处理
2.整理记录	帮助老年人系好衣扣,整理床单位。 洗手后及时记录,如体温异常及时报告医生,发热时协助给予物理降温等处理。 体温计按要求消毒。 洗手。 记录	体温计用后按要求及时消毒

227

二、口温测量

操作步骤	操作程序	注意事项
操作前		
准备		
(1)照护人员准备	七步洗手法洗净双手、修剪指甲、戴上口罩。检查体温计有无破损,水银柱是否甩到35 ℃以下。对老年人做好解释以取得合作	
(2)物品准备	口温计1支(盛放在垫有纱布的容器中)、带盖容器(内放配制好的消毒液)、消毒纱布、体温记录单、记录笔和记录表 	
(3)老年人准备	在测量体温前避免喝热饮或冷饮、剧烈运动、情绪激动及洗澡,安静休息30 min以上	
(4)环境准备	环境安静整洁,温湿度适宜	
操作中		
	备好用物携至床前,确定老年人在30 min内没有影响实际体温的行为。 让老年人张开嘴,将口表水银端斜放于老年人舌下(舌系带两侧),嘱老年人闭紧口唇用鼻呼吸,勿用牙咬,测量时间为3~5 min。 计时到后,取出体温计,用消毒纱布擦拭干净后读数,读数方法同腋温测量	与病情结合,可口温和肛温对照。 口温计破碎造成误吞水银,应立即清除玻璃碎屑,再口服蛋清或牛奶以延缓汞的吸收;身体状况允许时,可口服大量粗纤维食物,加速汞的排出。 其他注意事项同腋温测量
操作后		
	读取温度数据后,将口温计放入消毒液中,帮助老年人整理床单位,盖好盖被。 洗手。 在记录表上记录体温,如体温异常及时报告并协助给予物理降温	

项目五 老年人日常健康问题与安全护理(实践技能模块)

【任务评价】

体温测量任务学习自我检测单

姓名： 专业： 班级： 学号：

任务分析	体温计的分类：	
	体温测量的方法及适用范围：	
	体温的正常值和影响因素：	
任务实施	操作前:准备	
	操作中：测量体温	腋温测量：
		口温测量：
	操作后:读取与记录	

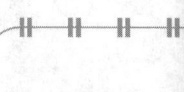
NOTE

使用冰袋物理降温

任务 9-4　使用冰袋物理降温

【任务描述】

张爷爷，84 岁，自理老年人，两天前因洗澡时不慎着凉引发感冒，遵医嘱服用口服退烧药，照护人员在为张爷爷进行午后照护时发现他精神欠佳，为张爷爷测量腋温为 38 ℃。照护人员将张爷爷情况电话告知医生，医生嘱张爷爷多饮水，并告知照护人员需使用冰袋为老年人进行物理降温。

【任务目标】

⊙老年人接受照护人员为他进行冰袋降温；
⊙正确使用冰袋为老年人物理降温；
⊙老年人体温逐渐下降到正常范围。

【任务分析】

冰袋是常用的一种对身体局部进行物理降温的工具。本任务主要介绍冰袋的类型、使用方法、使用的禁忌，以及如何使用冰袋对发热老年人进行安全有效的物理降温。

一、冰袋的类型

常用的冰袋有橡胶冰袋和化学冰袋两种。

(1)橡胶冰袋：以橡胶制成的袋囊，在袋囊中装入冰块，放在所需用冷的部位，达到局部用冷的目的。

(2)化学冰袋：采用特殊冷冻介质，可反复使用，简单方便，制冷迅速且无需冷源。袋体柔软，冷敷时能最大限度地增加与人体的接触面。化学冰袋解冻融化时没有水质污染，在反应前后都不会对人体和环境造成任何污染和毒副作用。

二、冰袋的使用方法

发热老年人降温可将冰袋放在前额、头顶或体表大血管处，避开禁用冷疗的部位。一般冷疗的时间为 10～30 min，时间过长或反复用冷，可导致不良反应，如寒战、面色苍白、冻疮，甚至影响呼吸或心率。

三、冰袋使用的禁忌

(1)组织破损及慢性炎症的老年人禁用冷，由于冷疗使局部毛细血管收缩，血流量减少，致使组织营养不良，影响伤口愈合及炎症吸收。

(2)局部血液循环明显不良的老年人禁用冷，冷疗会加重血液循环障碍，导致局部组织缺血、缺氧，甚至出现变性、坏死。

(3)有些老年人对冷刺激格外敏感，用冷后会出现皮疹、关节疼痛、肌肉痉挛等情况，因此不能用冷。

(4)禁用冷疗的部位:①枕后、耳廓、阴囊处,用冷后容易引起冻伤。②心前区,用冷会出现反射性心率减慢和心律失常。③腹部,用冷会造成腹泻。④足底,用冷不仅会收缩末梢血管影响散热,而且会反射性地引起一过性冠状动脉收缩,可诱发心绞痛。

【任务实施】

为老年人使用冰袋降温(以橡胶冰袋为例)。

操作步骤	操作程序	注意事项
	操作前	
准备		
(1)环境准备	酌情关闭门窗,需要时用屏风遮挡老年人身体	
(2)照护人员准备	服装整洁,修剪指甲、洗净双手	
(3)老年人准备	评估老年人对使用冰袋目的、作用、方法和注意事项的了解程度	
(4)物品准备	大治疗盘内盛放冰袋、布套、帆布袋、木槌、冰匙、橡胶圈,面盆内盛放冰块。 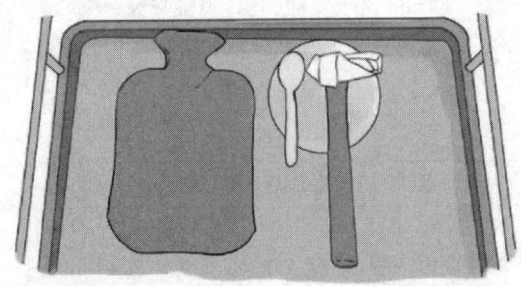 备冰装袋:将冰块用帆布袋装好,用木槌将冰块敲碎,将敲碎的冰块倒入冷水中冲去棱角。 将碎冰装入冰袋中,装至冰袋容量的1/2~2/3即可,将冰袋内的气体排出,拧紧冰袋口,用毛巾擦干冰袋,将冰袋倒提检查无漏水后装入布套 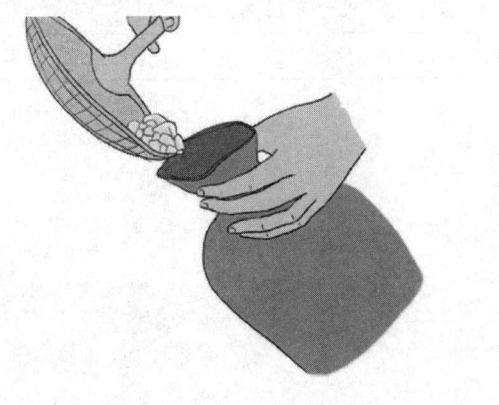	

续表

操作步骤	操作程序	注意事项
操作中		
1.评估沟通	照护人员应评估老年人的身体状况。向老年人解释操作目的,取得老年人的合作	
2.放置冰袋	照护人员用布套或小巾将冰袋包裹,置于前额、头顶和体表大血管处,如腹股沟、腋下,禁止直接接触皮肤。用冰袋期间,询问老年人感受,观察冰袋情况及局部皮肤颜色,有无冻伤。冰块融化后及时更换	照护人员每10 min观察用冷部位皮肤状况,若有苍白、青紫、灰白、颤抖、疼痛或麻木感,需立即停止用冷
3.复测体温	物理降温后30 min给予复测体温,观察降温效果,如给予腋下测温注意要在未放置冰袋侧腋窝处测量体温	应密切观察老年人病情及体温变化,降温后体温一般不宜低于36 ℃,如有异常及时报告
操作后		
1.整理用物	体温下降后取出冰袋,整理床单位,安置好老年人,使其体位舒适。将冰袋中冰水倒空,倒挂冰袋晾干,吹入空气后拧紧袋口(以防两层橡胶粘连),放于通风阴凉处,清洗布套,晾干备用。如用一次性化学冰袋,用毕按医疗垃圾分类处置	化学冰袋用前检查有无破损,防止破损后化学物质渗漏,造成皮肤损伤
2.洗手	操作结束后,用七步洗手法洗手	
3.记录	记录老年人体温前后变化	

项目五 | 老年人日常健康问题与安全护理(实践技能模块)

【任务评价】

使用冰袋物理降温任务学习自我检测单

姓名：　　　　专业：　　　　班级：　　　　学号：

任务分析	冰袋的类型：	
	冰袋的使用方法：	
	冰袋使用的禁忌：	
任务实施	操作前：准备	
	操作中：冰袋降温	
	操作后：整理与记录	

任务 9-5 使用温水拭浴物理降温

【任务描述】

王奶奶,88岁,自理老年人,半年前入住老年公寓,年轻时职业为护士,三天前不慎感冒,照护人员为王奶奶测量体温,腋温 38.9 ℃。医生予王奶奶口服退烧药,但王奶奶不愿服药退烧,医生嘱照护人员为其采用温水拭浴进行物理降温。

【任务目标】

⊙老年人接受照护人员进行温水拭浴物理降温;
⊙按照正确流程为老年人进行温水拭浴物理降温;
⊙老年人体温逐渐下降到正常范围。

【任务分析】

温水拭浴属于全身用低于老年人皮肤温度的温水降温的一种物理降温方式,是养老机构照护人员常使用的一种操作技能。照护人员用低于老年人皮肤温度的温水进行拭浴,可很快将皮肤的温度通过传导发散。皮肤在接受冷刺激后,初期可使毛细血管收缩,继而扩张,拭浴时加用按摩的方式刺激血管被动扩张,可促进热量的散发。

【任务实施】

操作步骤	操作程序	注意事项
操作前		
准备		
(1)物品准备	32~34 ℃温水一盆,内浸纱布或小毛巾2块,大毛巾1条、冰袋1个、热水袋1个、布套或小巾2块,屏风,必要时可备干净衣裤一套,体温计1个、体温记录单、笔	
(2)老年人准备	排空大小便,穿着合适的衣物,躺在床上	
(3)照护人员准备	衣着整洁、干净,修剪指甲	

续表

操作步骤	操作程序	注意事项
(4)环境准备	安静整洁,温湿度适宜,温度最好在22~24℃,关闭门窗,屏风遮挡老年人身体	
操作中		
1.评估沟通	照护人员应评估老年人的身体状况。 向老年人解释操作目的,取得老年人的合作	
2.实施拭浴	照护人员松开老年人盖被。将准备好的冰袋、热水袋用布袋或小毛巾包裹,在老年人额头放冰袋、脚下置热水袋 协助老年人露出擦拭部位,下面垫大毛巾,拧干浸湿的小毛巾缠在手上成手套式,以离心方向边擦边按摩,其顺序如下: ①露出一侧上肢,自颈部沿上臂外侧擦至手背,自侧胸部经腋窝内侧至手心,同法擦拭另一侧上肢。 ②使老年人侧卧,露出背部,自颈向下擦拭全背部,擦干后穿好上衣。 ③露出一侧下肢,自髋部沿腿的外侧擦至足背,自腹股沟的内侧擦至踝部,自股下经腘窝擦至足跟,同法擦拭另一侧下肢,擦干后穿好裤子。 ④移去热水袋,协助老年人盖好被子	擦拭过程中,应观察老年人全身情况,如有寒战、面色苍白,脉搏、呼吸异常,应立即停止,及时报告。 拭浴过程中注意保暖
3.复测体温	拭浴30 min后测量体温,如体温降至38.5℃及以下,取下额头冰袋	
操作后		
	整理记录,照护人员使老年人躺卧舒适,按要求整理好热水袋和冰袋。 洗手。 记录体温变化	

【任务评价】

使用温水拭浴物理降温任务学习自我检测单

姓名：　　　　专业：　　　　班级：　　　　学号：

任务分析	温水拭浴的作用：	
	温水拭浴的操作要点：	
任务实施	操作前：准备	
	操作中：温水拭浴	
	操作后：整理与记录	

（余　幸　燕雪琴　杨　珍　吴文静）

参考文献

[1] 杨术兰,周丽娟.老年护理[M].武汉:华中科技大学出版社,2019.
[2] 胡秀英,肖惠敏.老年护理[M].5版.北京:人民卫生出版社,2022.
[3] 邱淑珍.老年护理[M].北京:中国中医药出版社,2016.
[4] 李彩福,杨术兰.老年护理学[M].北京:人民卫生出版社,2016.
[5] 孙建萍,张先庚.老年护理学[M].4版.北京:人民卫生出版社,2018.
[6] 彭蓓,周海荣.老年护理[M].上海:第二军医大学出版社,2016.
[7] 周郁秋,张会君.老年健康照护与促进[M].北京:人民卫生出版社,2019.
[8] 王小慈,邢凤梅.养老护理员照护技能教程[M].北京:中国协和医科大学出版社,2022.